PUNTO DE VISTA

TEXTE UND AUFGABEN
FÜR DIE OBERSTUFE

Cornelsen

ÍNDICE

LOS JÓVENES EN ESPAÑA

VIVIR LA CULTURA

EMIGRANTES

AMÉRICA AYER Y HOY

LOS AÑOS DUROS

EL CONO SUR

* textos de nivel avanzado

LOS JÓVENES EN ESPAÑA

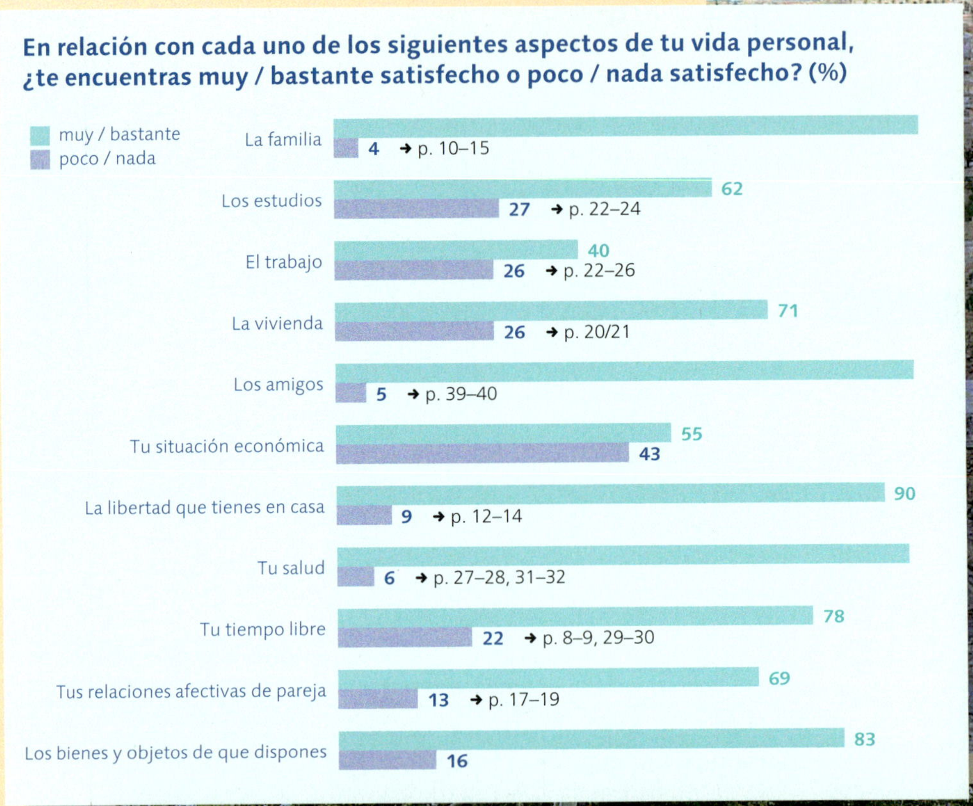

¿Cuáles son los dos problemas que más te preocupan en el plano personal?* (%)
* máximo: dos repuestas

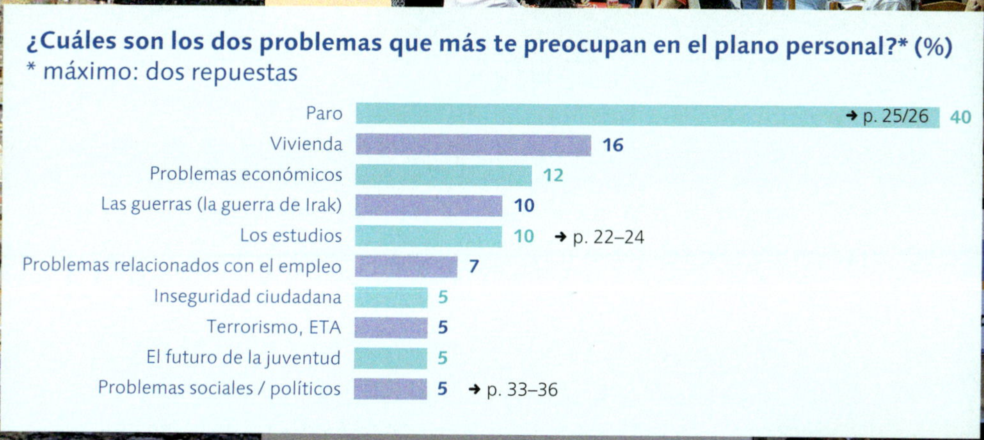

¿Representan para ti, en tu vida, algo muy / bastante importante o poco / nada importante? (%)

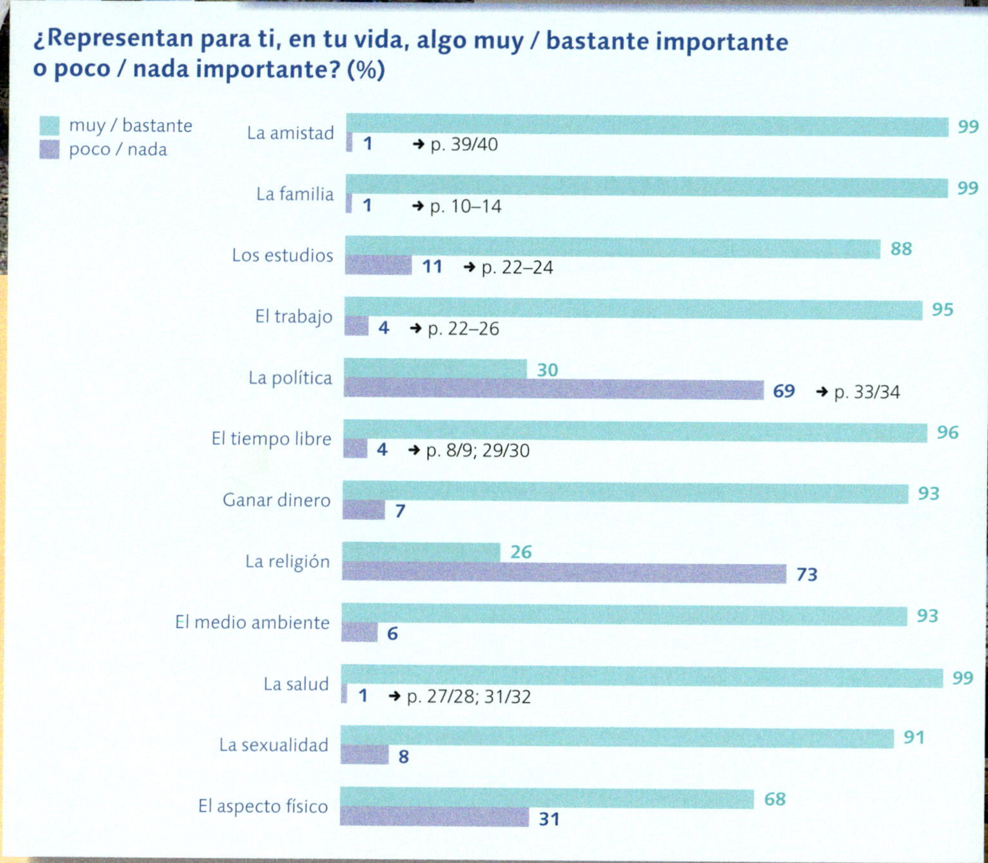

1 *Imagina que eres un periodista y que tienes que resumir los resultados de las encuestas en un artículo de prensa. Escríbelo.*
2 *Haced estas encuestas en clase: ¿Cuáles son los aspectos más / menos importantes para vosotros?*
3 *Comparad vuestros resultados con las respuestas de los jóvenes españoles: ¿Dónde hay diferencias?*

VIVIR Y CONVIVIR

COMO NOS VEN

EL TEMA

Un periodista español quiere hacer un reportaje sobre los estudios, la situación de trabajo, la familia y los padres así como sobre el tiempo libre de los jóvenes en Alemania. ¿Qué le dirías? Busca dos o tres ejemplos para cada tema.

EL TEXTO **A**

Captar el enunciado general de un texto

¿Qué imagen de España se da en los textos? ¿Es más bien positiva o más bien negativa? ¿Por qué?

B

Comprender un artículo periodístico

1 *Apunta los aspectos de la vida en España que más les gustan a Tobias y a Cindy y los aspectos que critican.*
2 *Compara las opiniones de Tobias y Cindy: ¿En qué aspectos coinciden? ¿En qué aspectos son diferentes?*
3 *Luego expón los resultados de tu lectura a tus compañeros.*

→ Exponer un tema, p. 232

JÓVENES DE OTROS PAÍSES

TOBIAS FALK · *Alemania*

Tobias es alemán, tiene 19 años y hace tres meses vino a Madrid a la aventura y a aprender nuestro idioma. Ahora está encantado con España: reconoce que la vida es muy diferente, pero no le importa. Le gusta y la disfruta.

Estudios/Trabajo: «No quiero estudiar aquí». Los alemanes se preocupan demasiado por el futuro, aquí la gente sabe cómo aprovechar su juventud, les interesa más vivir que estudiar. Pero es verdad que en mi país la gente sale mejor preparada, todos hablamos inglés y las carreras son mucho más prácticas, por eso no quiero estudiar aquí. Además, hay muchos currillos que te permiten sacar dinero para tus gastos. Por ejemplo, este verano gané 1.700 euros en tres semanas, montando una feria.

Familia/Padres: «En España hay más niños de papá». En Alemania hay muchos padres que te compran de todo pero no te dan afecto, aquí la gente es más cariñosa. De alguna manera, los padres parece que son más amigos de sus hijos, pero también hay más niños de papá, porque en Alemania la gente se independiza antes de los 20 años, no como aquí.

De marcha: «Hay pocas alternativas». Los españoles salen mucho de casa, les gusta vivir al aire libre y eso me gusta. Pero a la hora de salir, todo el mundo va a discotecas, mientras que en Alemania hay más alternativas, más fiestas en casas, festivales, conciertos. En cuanto a las drogas, yo no las consumo, pero están al alcance de todos, en las discotecas, en los colegios, en los parques, creo que en este tema no hay mucha diferencia con España.

CINDY FIGUEROA · *Colombia*

Cindy no está en España de paso. Tiene 16 años y hace tres que salió de Colombia con su familia buscando un futuro mejor. Ahora, estudia bachillerato artístico y quiere ser modelo. Aquí es feliz.

Estudios / Trabajo: «Los colombianos nos sacrificamos más». Los colegios tienen más nivel en España, noté mucho el cambio. Además, hay muchas desigualdades: Si tu familia tiene dinero, vas a una buena escuela, si no, olvídate. A los 16 años la gente deja de estudiar, aunque encontrar trabajo es muy difícil.

Familia / Padres: «Los padres españoles son más tolerantes». En Colombia los adultos son muy estrictos, porque es un país muy inseguro y suele haber muchos problemas. Quizás por eso es bastante más fácil encontrar padres tolerantes en España. Eso sí, los jóvenes se suelen independizar a los 20 años, algo que allí los padres inculcan, y que aquí no ocurre.

De marcha: «En España se consumen más drogas». Cuando llegué a España me impresionó ver que todo el mundo fuma mogollón y desde muy joven. Siempre se habla de que en Colombia hay mucha coca y es verdad, porque se cultiva, pero pienso que los jóvenes españoles, en general, consumen más drogas.

18 **el currillo:** *dim. de* el curro, *fam.* el trabajo 21 **montar una feria:** beim Messeaufbau arbeiten 66 **inculcar:** meter firmemente una idea en la cabeza de otra persona 71 **mogollón:** *fam.* mucho 73 **la coca:** *aquí* la cocaína

LA LENGUA
→ Palabras de enlace, p. 259

Palabras de enlace

Busca en el texto las expresiones que los jóvenes utilizan para estructurar su punto de vista.

La oración impersonal

1 «En España se consumen más drogas». *(ll. 68/69)*
Busca en el mismo párrafo más ejemplos de la oración impersonal.
Explica la regla y traduce las frases al alemán.

2 *Escribe una carta a* ***Ragazza*** *en la que comentas lo que dice Tobias sobre los jóvenes en Alemania. ¿Hay cosas que añadir o que corregir?*
Utiliza la oración impersonal:
En España …
En mi país …

ESCUCHAR

En el reportaje «Como nos ven» habla también una española: Celia es madrileña, estudia magisterio musical y tiene 18 años.
Escucha y apunta lo que dice sobre los estudios, la familia y la marcha.

MEDIACIÓN
→ Mediación, p. 233

Un amigo tuyo que no habla español quiere saber lo que cuenta Tobias sobre la vida de los jóvenes en España y en Alemania.
Resume en alemán lo que cuenta Tobias en el reportaje.

FAMILIAS HOY

EL TEMA

1 *Mira las siguientes definiciones: ¿Qué ha cambiado de 1980 a 2001?*
2 *¿Qué significa «familia» para ti?*

Familia –
1. *El padre, la madre y los hijos que viven bajo un mismo techo; sinónimo: matrimonio, hogar, casa, tribu*
2. *Los hijos solamente: cargados de familia*
3. *Todas las personas de la misma sangre, como tíos, primos, sobrinos, etc.*

1. *Grupo de personas emparentadas entre sí y que viven juntas bajo la autoridad de una de ellas.*
2. *Conjunto de ascendientes, descendientes y demás personas emparentadas directa o indirectamente entre sí.*
3. *Conjunto de hijos o descendientes de una persona.*
4. *Conjunto de personas o de cosas unidas por una característica o por una condición comunes.*

EL TEXTO **A**

Entender el contenido de un texto

1 *Lee el título del texto y mira la foto. ¿De qué tema crees que trata el texto?*
2 *Lee el texto completo. Después explica si te parece adecuado el título.*

B

Analizar e interpretar un texto

→ Textos informativos, p. 245

1 *El texto habla de un fenómeno social y su evolución a lo largo de los últimos 25 años. Descríbelo.*
2 *¿Cuál es el concepto clásico de familia al que se refiere el texto?*
3 *Explica y comenta la frase: «Al haber crecido juntos, tienen más en común que muchos hermanos». (ll. 33–35)*

«No compartimos padres, pero somos hermanos»

JULIA LLEIXA (23 AÑOS), ESTUDIANTE DE INGENIERÍA QUÍMICA, Y DANI CAMÓS (23 AÑOS), ESTUDIANTE DE INGENIERÍA INDUSTRIAL

Aunque no comparten ni apellidos ni sangre, Dani y Julia se sienten tan hermanos como cualquier pareja de hermanos al uso. Han crecido lado a lado desde los 11 años, cuando Emma, la madre de Julia, y Manel, el padre de Dani, empezaron a vivir juntos.
Hace tiempo que el concepto clásico de familia está cambiando. Ya nadie se sorprende porque un niño viva solo con su madre, por ejemplo. Pero en su momento, muchos tuvieron que sumar a su pena el sufrimiento añadido de sentirse un bicho raro. En 1981, 6.851 parejas se separaron y otras 9.483 se divorciaron. Veinte años más tarde, las separaciones se han multiplicado por 10 (66.199) y los divorcios por más de cuatro (39.278). «Es verdad que cuando mis padres se separaron, en 1988, fue más extraño», cuenta Julia. «Pero no me he sentido distinta. Nunca lo he visto como un problema. Fue duro, pero ahora lo llevo muy bien. Tengo muy buena relación con mis padres y sus nuevas parejas». «Sí que me sentía un poco diferente respecto a mis

amigos, pero rechazado, nunca», dice Dani. «Nos preguntaban, pero era curiosidad por entender cómo era la cosa». Al haber crecido juntos, tienen más en común que muchos hermanos. Ambos pertenecen a Enginyeria sense Fronteras (Ingenierías Sin Fronteras) y este curso Julia lo pasará en Aquisgrán (Alemania) y Dani en Kassel (Alemania).

16 **sumar:** añadir 18 **un bicho raro:** una persona muy extraña 25 **distinto/-a:** diferente 31 **rechazar:** no aceptar
38 **Aquisgrán:** Aachen

ESCUCHAR

¿Hasta qué edad uno es joven?
Apunta lo que dicen Julia y Dani.

LA LENGUA

Campo léxico

Busca en el texto las palabras que tienen que ver con el tema de la familia y completa la lista con otras más que conoces.

El uso de los tiempos del pasado

1 *Busca las formas del pretérito imperfecto, del préterito indefinido y del préterito perfecto en el texto (ll. 23–32) y explica su uso.*
2 *Cuenta cualquier anécdota que haya ocurrido en tu familia: ¿cómo era la situación? ¿Qué pasó?*

PARA PROFUNDIZAR

Analiza y comenta, en el gráfico de la derecha, las modificaciones en la estructura de los hogares en España entre 1991 y 2001.

DISCUSIÓN

Discutid las ventajas y desventajas del concepto clásico de familia.

Hogares en España		% variación 2001/1991
Hogares unipersonales	2.876.572	81,9
Tamaño medio del hogar (persona)	2,9	–9,4
Parejas sin hijos	2.448.542	22,3
Parejas con 3 hijos o más	853.831	–41,7
Familias reconstituidas	232.863	–
Parejas de hecho	563.785	155,0

MADRE E HIJA

EL TEMA

→ Imágenes y cuadros, p. 250

Según tu opinión, ¿qué sentimientos quiere transmitir el artista?

Pablo Picasso, Maternité (1963)

EL TEXTO **A**

→ Textos narrativos, p. 241

Indicar elementos típicos de un género

1 *¿De qué tipo de texto se trata?*
2 *¿A quién se dirige el texto?*
3 *Indica los elementos que caracterizan este tipo de texto.*
4 *Busca ejemplos para comprobar que no se trata de un texto objetivo.*

B Analizar e interpretar un texto

Formad cuatro grupos. Cada grupo se concentra en un tema y lo presenta a los demás:

→ Hacer un resumen, p. 238

1 *Resumid las ideas principales del texto en unas cinco frases. ¿Cuáles son los problemas que tiene la narradora (Raquel) con su familia?*
2 *Describid la relación entre madre e hija. ¿Por qué piensa Raquel que su mamá «es odiosa» (l. 1)?*

→ Caracterizar a un personaje, p. 234

3 *Haced una caracterización de la madre según la información que hay en el texto.*
4 *¿Qué papel juega el padre?*

Raquel es una joven de 17 años.

2 de diciembre

Mamá es odiosa. Creo que me tiene tirria. Creo que todos los padres tienen manía a sus hijos por el mero hecho de crecer. Ellos querrían tenernos siempre pequeños, impotentes y débiles, a su merced, siempre pegados a las faldas de mamá o al pantalón de papá. En cuanto empezamos a independizarnos de ellos, comienzan a detestarnos. ¿Qué creen que somos? ¿Muñecas de carne y hueso?

Ayer, como era mi cumpleaños, va mamá y me regala un vestido. ¿Cuántas veces le he dicho que mi ropa la escojo yo? Tuve que decirle que aquel vestido era horrible y que no me lo pondría en la vida, y se puso histérica. Yo, lo reconozco, estuve un poco dura con ella, pero es que ya no resisto más. ¡Tengo tantas ganas de irme de casa! De dejar atrás las órdenes, el control, la tacañería ... Papá es igual que ella, pero al menos no se entromete tanto. ¡Y el vestido ...! Daría risa con él. ¡Una cosa del tiempo de Maricastaña! ... ¡Claro, como ella es tan anticuada, tan pasada de moda! ...

Me había hecho el propósito de analizar a los demás. Y quiero hacerlo con mamá. Tal vez cuando relea esto más adelante, no estaré tan indignada y me parecerá exagerado, pero ¿y qué? Es mi diario, ¿no?

Tiene treinta y nueve años, pero parece mayor. Oficio: ama de casa. Me imagino que debe ser insoportable, pero ella tampoco puede quejarse, porque lo eligió voluntariamente. Sabía cómo era papá y cómo sería la vida que le esperaba. Yo, si me caso, que no sé si lo haré –creo mucho más en vivir en pareja–, estoy segura de algo: no quiero tener hijos y no quiero ser ama de casa. Bueno, continúo: viste fatal, de lo más quico. Se ha descuidado mucho, porque tiene bastante barriga y unos pechos enormes. Además, está arrugada. Y eso que se da todo tipo de cremas y se lo funde todo en cosméticos. Cuando sale, lleva siempre zapatos de tacón alto. [...]

Vive en la Edad Media: «Raquel, hija, las chicas tienen que estar en casa a las diez». «Hija, no comas embutido, que salen granos y las chicas tienen que cuidarse ...» En fin, no hay nada que hacer con ella.

Pero es que, además, de mí no sabe nada. Ni me entiende ni tiene capacidad para llegar a entenderme. [...]

¿Qué más? ¡Ah, sí! Nerviosa, exigente. Siempre cree tener razón. Esa insistencia en tratarme como si fuera una niña debe de ser una autodefensa, para no reconocer que se ha hecho mayor y que ya no tiene ninguna misión en la vida. Está acabada. Todo ha terminado para ella. Y reconocerlo supondría hundirse.

Yo estoy segura de que, me vaya la vida como me vaya, no acabaré como ella. Sus preocupaciones son tan triviales, tan estúpidas, tan vacías ... Por ejemplo, el veraneo. Siempre habla de lo mismo. O de qué hará para comer. O de que si Concha –una amiga suya– ya tiene, qué sé yo ... coche nuevo, o ha pintado la casa. Es una vida tan sumamente vacía, que da escalofríos sólo de pensarlo.

---

1 **tener tirria:** *fam.* tener manía 2 **la manía:** la antipatía, la aversión 3 **mero/-a:** solo/-a, único/-a 5 **a su merced:** bajo su dominio 10 **la muñeca:** Puppe 13 **escoger:** elegir 15 **en la vida:** nunca 20 **la tacañería:** la avaricia 21 **entrometerse:** meterse en los asuntos de otra persona sin ser invitado a ello 22 **del tiempo de Maricastaña:** *fam.* pasado/-a de moda 40 **quico/-a:** *fam.* feo/-a, absurdo/-a 41 **la barriga:** Bauch 41 **los pechos:** Busen 42 **arrugado/-a:** faltig 44 **fundir:** *fam.* gastar 48 **el embutido:** Wurst 49 **el grano:** Pickel 66 **el veraneo:** las vacaciones de verano 71 **los escalofríos:** Schauer

El próximo domingo salgo con el grupo, que ya empieza a hartarme. ¡Siempre los mismos! Nos tenemos tan vistos, que ya no sabemos ni de qué hablar. Y, además, está Mateo. Todo lo que pasó entre él y yo todavía me hace más odioso el grupo. Aunque, oficialmente, los dos lo hayamos olvidado ...
Suerte que papá me ha regalado dinero, que buena falta me hacía.
He vuelto a insistir a mis padres que quiero una paga semanal. Porque pedir cada vez que sales es humillante y, encima, ellos aprovechan para saber adónde vas y con quién, cosa que no les incumbe en absoluto. Yo quiero mi propio dinero y hacer con él lo que me venga en gana. Tengo que volver a intentarlo, pero a ver si la próxima vez me sale mejor, porque esta vez sólo me han ofrecido mil pesetas por semana.
¿Qué esperan que haga con semejante miseria?

Isabel-Clara Simó, Raquel

---

74 **hartar:** *de* harto/-a, überdrüssig 85 **humillante:** erniedrigend 87 **incumbir a/c a alg.:** interesar a alg., ser cosa de alguien 92 **mil pesetas:** unos 6 euros 93 **semejante:** parecido/-a

LA LENGUA

El estilo indirecto en el pasado

1 *Transforma la siguiente frase al estilo directo:*
«Tuve que decirle que aquel vestido era horrible y que no me lo pondría en la vida ...» (ll. 13–15): → Raquel dijo: «[¿] vestido [¿] horrible y no me lo [¿] en la vida».
Explica las reglas que seguiste.

2 *Ahora formula frases en estilo indirecto. Utiliza: La madre dijo que...*
a) «Raquel, hija, las chicas tienen que estar en casa a las diez» (ll. 46–48).
b) «Hija, no comas embutido, que salen granos y las chicas tienen que cuidarse...» (ll. 48–50).
c) «Ponte el vestido que te he regalado».
d) «Llama a papá para saber cuándo volverá».
e) «Te damos mil pesetas por semana y ya está».

DEBATE
→ El debate, p. 231

¿Es justificada la crítica de la hija?
Trabajad en tres grupos: uno defiende a la hija, otro la acusa de ser injusta y demasiado exigente. El tercer grupo observa el debate y elige al grupo con los mejores argumentos.

ESCRIBIR

¿Qué pensará la madre de Raquel? Escribe una página de su diario.

COMPRENSIÓN AUDIOVISUAL
DVD

Como agua para chocolate
Compara el comportamiento de Raquel hacia su madre con el de Tita en la película «Como agua para chocolate» (pp. 61–63).

JUEGO DE ROLES

«¡Tengo tantas ganas de irme de casa!» (l. 18)
Imaginad la discusión entre Raquel y sus padres y representadla en clase.

PARA PROFUNDIZAR

Según tu opinión, ¿por qué la independencia va adquiriendo cada vez más importancia entre los jóvenes españoles?

Según un estudio del Injuve en 2002, los jóvenes que viven de forma independiente abandonaron el hogar familiar para formar su propio hogar o familia (43%) y en menor medida para conseguir independencia y autonomía (23%). Sin embargo, este motivo parece imponerse cada vez más, ya que en el año 2000 sólo era de 16%.

COMO ME FUI DE CASA*

EL TEXTO **A**

Comprender un texto

1 *Presenta a los personajes.*
2 *Explica por qué Lazarillo se va de su casa.*
3 *Indica lo que llegamos a saber sobre su padre.*
4 *Resume el texto con tus propias palabras.*

→ Hacer un resumen, p. 238

B

Analizar e interpretar un texto

1 *Explica la expresión «mi nuevo y viejo amo» (l. 13).*
2 *Compara a partir del texto el papel de las madres hoy en día y en la época del Lazarillo.*

El «Lazarillo de Tormes» es una de las novelas picarescas más famosas. El siguiente texto es un extracto del «Tractado primero», en el que Lazarillo narra su juventud.

En este tiempo vino a posar al mesón un ciego, el cual, paresciéndole que yo sería para adestralle, me pidió a mi madre, y ella me encomendó a él, diciéndole cómo era hijo de un buen hombre, el cual, por ensalzar la fe, había muerto en la de los Gelves, y que ella confiaba en Dios no saldría peor hombre que mi padre y que le rogaba me tractase bien y mirase por mí, pues era huérfano. Él respondió que así lo haría y que me recibía, no por mozo, sino por hijo. Y así le comencé a servir y adestrar a mi nuevo y viejo amo.

Como estuvimos en Salamanca algunos días, paresciéndole a mi amo que no era la ganancia a su contento, determinó irse de allí; y cuando nos hubimos de partir yo fui a ver a mi madre, y, ambos llorando, me dio su bendición y dijo:

– Hijo, ya sé que no te veré más. Procura de ser bueno, y Dios te guíe. Criado te he y con buen amo te he puesto; válete por ti.

Y así, me fui para mi amo, que esperándome estaba.

Anónimo, La Vida de Lazarillo de Tormes y de sus fortunas y adversidades, Burgos / Amberes / Alcalá de Henares 1554

El ciego y Lazarillo (Salamanca)

1 **posar:** *ant.* descansar 1 **el mesón:** el albergue 3 **adestralle:** adestrarle: *de* adestrar: *ant.* guiar a alg. 4 **encomendar:** entregar una persona a otra persona para que cuide de ella 5 **ensalzar:** loben, preisen 6 **la de los Gelves:** la batalla de Gelves (1510) 13 **el amo:** el dueño 17 **hubimos de:** *ant.* tuvimos que 22 **válete por ti:** *etwa* hilf dir selbst, mach etwas aus dir

LA LENGUA

Vocabulario

¿Qué significa el sustantivo moderno «lazarillo»? Explica su etimología.

El español del siglo XVI

1 *Busca los gerundios en el texto. Después sustituye los gerundios por otra forma verbal sin cambiar el sentido de las frases.*
2 *Mira las líneas 20 a 24: hay unas frases con una sintaxis diferente a la moderna. ¿Cuáles son? ¿Cómo se diría hoy?*

TAREA CREATIVA

Imagina lo que pasa después de esta escena.

PARA PROFUNDIZAR

La novela picaresca

El Lazarillo de Tormes (1554) es el primer ejemplo de la novela picaresca. En siete capítulos narra en primera persona las aventuras del Lazarillo, desde cuando era un muchacho en Salamanca y empezó a trabajar al servicio de otras personas.

Las novelas picarescas son autobiografías ficticias de aventureros que roban y engañan a los demás porque es la única forma de sobrevivir en un mundo hóstil e injusto. El personaje principal, el pícaro, es siempre un niño o joven que se busca la vida como puede.

Otras novelas picarescas famosas son: «Guzmán de Alfarache» de Mateo de Alemán (1599, 1604) e «Historia de la vida del Buscón», de Francisco de Quevedo (1613).

COMPRENSIÓN AUDIOVISUAL

DVD

Lázaro de Tormes

Mira la escena de la infancia del Lazarillo:

1 *Describe a los personajes.*
2 *Analiza el comportamiento de cada uno y la relación entre ellos.*
3 *Analiza y comenta el enfoque de la cámara en esta escena: ¿qué efecto se quiere transmitir?*
4 *Compara la escena de la película con el extracto de la novela y comenta el ambiente creado en ambas escenas.*

→ Películas, p. 247

FLECHAZO

EL TEMA

«Al amor lo pintan ciego». Explica este refrán.

EL TEXTO **A**

Comprender un texto

Un grupo trabaja con el texto de la revista (p. 17), el otro con el texto de García Márquez (p. 18).

1 *¿Dónde se ven las parejas por primera vez?*
2 *El flechazo, ¿cuándo y cómo se produce? Busca los ejemplos en los textos.*
3 *Lo que cuentan los chicos y las chicas: ¿en qué se parece / es diferente? (texto de* ***Ragazza****)*
4 *¿Qué sentido tiene la expresión «el cazador solitario» (ll. 74/75) en el contexto? (texto de García Márquez)*

B

→ Textos narrativos, p. 241

Comparar textos

1 *Busca y describe las diferencias entre el texto de la revista (p. 17) y el texto de García Márquez (p. 18) y lo que tienen en común. Fíjate en:*
- el tipo y la estructura del texto,
- el / la «autor/a»,
- el estilo,
- el lenguaje,
- el contenido,
- la época en la cual se desarrolla la acción,
- los personajes y su vida,
- el comportamiento de «ellos» y «ellas».

2 *¿Cuál de los textos te parece más interesante – aburrido – actual – verosímil? Explica por qué, basándote en las respuestas de 1.*

Estefanía y Juan Antonio

«Nos conocíamos de vista aunque al principio él no me cayó muy bien. Hasta que, un día, estábamos en una fiesta en la playa y empezamos a hablar». Así relata Estefanía su primer encuentro. Pero, para Juan Antonio, la historia fue diferente: «Desde que la vi, me gustó; sus ojos me impactaron muchísimo. En ese momento sentí un verdadero flechazo». Ella le mira sonriente, «bueno, yo también me fijé en sus ojos», y aclara «aunque él fue el que sintió el flechazo, al final, yo tuve que dar el primer paso. Juan no se enteraba de que me gustaba, y como es muy cortado, no me lo preguntaba. Así que, hablé con una amiga que teníamos en común para que ella se lo dijera. Ahora llevamos casi tres años y no nos separamos ni ¡para comprar ropa!».

Carolina y Emilio

«Nuestra historia es muy graciosa, – comienza Emilio –. Una de las mejores amigas de Carolina es prima de uno de mis mejores amigos. Un día, juntamos los dos grupos. Y allí, en el Parque de Almansa, de Madrid, nos vimos por primera vez. Desde el primer momento me fijé en ella. Me encantó todo: su cara, su forma de vestir … Supe que esa niña tenía que ser para mí, y no sé cómo, lo conseguí». Carolina le mira y afirma: «Para mí no fue igual. Desde que le vi supe que había algo especial, aunque tardé más en estar segura». Ya, pero el flechazo… ¿cuándo se produjo?: «Todos se habían marchado y nos quedamos solos. Entonces, me subí a un columpio y en ese momento, él lo paró y nuestras miradas se encontraron. Al salir, ya íbamos cogidos de la mano».

13 **impactar:** impresionar   20 **cortado/-a:** tímido/-a   46 **el columpio:** Schaukel

Fermina y Florentino

Al pasar frente al cuarto de coser vio por la ventana a una mujer mayor y a una niña, sentadas en dos sillas muy juntas, y ambas siguiendo la lectura en el mismo libro que la mujer mantenía abierto en el regazo. Le pareció una visión rara: la hija enseñando a leer a la madre. La apreciación era incorrecta sólo en parte, porque la mujer era la tía y no la madre de la niña, aunque la había criado como si lo fuera. La lección no se interrumpió, pero la niña levantó la vista para ver quién pasaba por la ventana, y esa mirada casual fue el origen de un cataclismo de amor que medio siglo después aún no había terminado.

[...] La niña tenía trece años y se llamaba igual que la madre muerta: Fermina. [...] Al contrario de las otras alumnas, que iban al colegio en grupos o acompañadas por una criada mayor, Fermina Daza iba siempre con la tía soltera, y su conducta indicaba que no le estaba permitida ninguna distracción.

Fue de ese modo inocente como Florentino Ariza inició su vida sigilosa de cazador solitario. Desde las siete de la mañana se sentaba solo en el escaño menos visible del parquecito, fingiendo leer un libro de versos a la sombra de los almendros, hasta que veía pasar a la doncella imposible [...].

A su lado, marcando el paso a duras penas, la tía con el hábito pardo y el cordón de San Francisco no dejaba el menor resquicio para acercarse. Florentino Ariza las veía pasar de ida y regreso cuatro veces al día, y una vez los domingos a la salida de la misa mayor, y con ver a la niña le bastaba. Poco a poco fue idealizándola, atribuyéndole virtudes improbables, sentimientos imaginarios, y al cabo de dos semanas ya no pensaba más que en ella. Así que decidió mandarle una esquela simple escrita por ambos lados con su preciosa letra de escribano. Pero la tuvo varios días en el bolsillo, pensando cómo entregarla, y mientras lo pensaba escribía varios pliegos más antes de acostarse, de modo que la carta original fue convirtiéndose en un diccionario de requiebros, inspirados en los libros que había aprendido de memoria de tanto leerlos en las esperas del parque.

---

50 **coser:** nähen 54 **el regazo:** Schoß 62 **el cataclismo:** un desastre grande 74 **sigiloso/-a:** secreto/-a, silencioso/-a 74 **el cazador:** persona cuyo oficio es matar animales salvajes 76 **el escaño:** el banco 78 **el almendro:** Mandelbaum 79 **la doncella:** *lit.* la chica joven 81 **el hábito:** el vestido de un religioso 81 **el cordón de San Francisco:** la cuerda que llevan los monjes de San Francisco alrededor de su vientre 91 **la esquela:** la carta 93 **el escribano:** persona cuyo oficio es escribir documentos a mano 95 **el pliego:** Briefbogen 98 **el requiebro:** *culto* el piropo

LA LENGUA

Los marcadores de tiempo

1 *Busca en los textos de Ragazza las palabras y expresiones que utilizan los jóvenes para contar su primer encuentro.*
Ordénalas cronológicamente: al principio – al final

2 *Busca las formas del pretérito indefinido en los textos de Ragazza y explica su uso.*

OPINIÓN

1 *Texto p. 17: ¿qué te parecen las entrevistas? ¿Por qué (no) te gustan?*

2 *Texto p. 18: ¿crees que Fermina va a contestar la carta de Florentino? ¿Por qué (no)?*

TAREA CREATIVA

¿Qué contará Fermina años después a una amiga o a su hija sobre su primer encuentro con Florentino?

EXPOSICIÓN

→ Exponer un tema, p. 232

Preséntales a tus compañeros de clase tu libro / película / canción favorita cuyo tema principal es el amor. Para hacerlo, resume su contenido y explica por qué te gusta tanto la obra. Diseña un póster para llarmarles la atención a tus compañeros sobre tu obra favorita con el fin de que la lean / vean / escuchen.

UN POEMA DE PABLO NERUDA*

EL TEMA

¿Con qué sentimientos y con que imágenes asocias los colores? Anota espontáneamente tus ideas y compáralas después con las de tus compañeros.

EL TEXTO **A**

Percibir un poema a través del oído

1 *Escucha el poema: ¿qué efecto tienen sobre ti el sonido de las palabras, el ritmo, la melodía del lenguaje?*
2 *¿Cuál es el tema? ¿A quién se dirige el poema?*
3 *¿Qué palabras recuerdas? Compara tus ideas con el texto.*

B

Analizar un poema

→ Recursos estilísticos, p. 249

→ Poemas, p. 243

1 *¿Por qué el yo lírico ama a la persona? Busca tres razones indicadas en el poema.*
2 *Busca en el poema los colores y las imágenes que usa el yo lírico. Si se te da la pintura, puedes pintar un cuadro con estos elementos.*
3 *Haz una lista con las afirmaciones que hace el yo lírico de sí mismo.*
4 *Analiza el poema basándote en los resultados de B1–3.*

Soneto VIII

Si no fuera porque tus ojos tienen color de luna,
de día con arcilla, con trabajo, con fuego,
y aprisionada tienes la agilidad del aire,
si no fuera porque eres una semana de ámbar,

si no fuera porque eres el momento amarillo
en que el otoño sube por las enredaderas
y eres aún el pan que la luna fragante
elabora paseando su harina por el cielo,

oh, bienamada, yo no te amaría!
En tu abrazo yo abrazo lo que existe,
la arena, el tiempo, el árbol de la lluvia,

y todo vive para que yo viva:
sin ir tan lejos puedo verlo todo:
veo en tu vida todo lo viviente.

Pablo Neruda, Soneto VIII, en: Cien sonetos de amor © Editorial Universitaria, Santiago de Chile 1959

2 **la arcilla:** Ton(erde) 4 **el ámbar:** Bernstein 6 **la enredadera:** Kletterpflanze 7 **fragante:** wohlriechend

TAREA CREATIVA

Escribe un poema usando: «Si no fuera porque… yo no viviría».

PARA PROFUNDIZAR

Compara la información sobre el soneto con el poema: ¿cuáles son los elementos que Neruda (no) utiliza?

El soneto está compuesto de catorce versos endecasílabos o de catorce sílabas (alejandrinos), distribuidos en dos cuartetos y dos tercetos. Mientras que los cuartetos riman según el orden ABBA-ABBA, los tercetos pueden variar, pero generalmente tienen la forma CDE-CDE. Sobre todo en los sonetos del Barroco el contenido corresponde a la forma: los cuartetos presentan una tesis y una antítesis, los tercetos llevan a la síntesis, concentrando el enunciado principal en el último verso. Nacido en Italia en el siglo XIV, el soneto se ha extendido a todas las literaturas modernas.

SER JOVEN NO ES JAUJA

SER JOVEN MOLA

EL TEMA *Describe y comenta los folletos.*

EL TEXTO **A**

➔ Cifras y porcentajes, p. 251

Hacer una encuesta y comparar los resultados con el texto

¿A qué edad una persona deja de ser niño? ¿A qué edad uno deja de ser joven?

1 *Haced una encuesta en clase y presentad los resultados.*
2 *Discutid en qué argumentos se basan vuestras cifras.*
3 *Buscad en el texto los resultados de la misma encuesta. Explicad las diferencias.*

B

Formular una hipótesis y compararla con el texto

1 *Lee las últimas dos frases del artículo. ¿Por qué se duplicó el número de jóvenes españoles que siguen viviendo con sus padres? Formula hipótesis.*
2 *Lee el texto y comprueba si aparecen tus ideas.*

Si hacemos caso a la publicidad, ser joven mola. Juergas y diversión sin responsabilidades. ¡Los mejores años! Pero ¿qué pasa cuando uno quiere empezar a vivir como un adulto y no puede? [...] Algo debe de estar pasando cuando la bolsa de vivienda joven en alquiler, que anuncia la Web del Injuve y que facilita

alquileres baratos, está disponible para «jóvenes» entre 18 y 35 años.
Carmen, una cordobesa de 80 años, no sale de su asombro. A lo largo de su vida ha visto a la juventud estirarse como un chicle. Ella se casó a los 24 y dice que ya le parecía tarde. «Antes, con 17 años se era un muchacho joven. Y a los 30, todos estábamos asentados y con la vida encarrilada. Ahora veo que a esa edad muchos siguen en casa de sus padres. En mi época, uno se hacía mayor antes».
En 1990, el Instituto de la Juventud preguntó a una muestra de españoles de entre 15 y 29 años: «¿A qué edad una persona deja de ser joven?». La respuesta fue «30 años y medio». Diez años después, en 2000, se repitió la pregunta. La respuesta fue «33 años y ocho meses». En ambas ocasiones, los encuestados fijaron en 15 años y medio la edad en que se deja de ser niño. Así que, según los propios jóvenes, la juventud dura ahora 18 años y tres meses. El triple que en los tiempos de Carmen.
El estiramiento del periodo de formación –carrera, máster, prácticas, beca–, la precariedad del empleo juvenil –con una temporalidad del 47% y salarios más bajos– y el carísimo precio de la vivienda –el pago de la hipoteca media absorbe ya el 50% del salario medio bruto– han prolongado la dependencia familiar y retrasado el salto a la vida adulta. En 1990, uno de cada cuatro españoles entre 26 y 29 años vivía con sus padres. En 2000 eran dos.

Carmen Pérez-Lanzac © El País Semanal, septiembre de 2003

2 **molar:** *impers. fam.* ser estupendo/-a 2 **la juerga:** la fiesta 7 **la bolsa de vivienda joven en alquiler:** *etwa* Mietwohnungsbörse für junge Leute 8 **el Injuve:** el Instituto de la Juventud 8 **facilitar:** verschaffen 12 **el asombro:** Verwunderung 13 **estirarse:** hacerse más largo/-a 17 **asentado/-a:** *etwa* gesetzt 17 **encarrilado/-a:** *etwa* auf dem rechten Weg 28 **ambos/-as:** los / las dos 36 **la precariedad:** la inseguridad 40 **el salario:** el sueldo

LA LENGUA

Estructuras verbales con infinitivo

Utiliza: ***deber de, dejar de, empezar a, volver a*** *+ infinitivo*

a) Algo (estar) pasando cuando la bolsa de vivienda joven está disponible para «jóvenes» entre 18 y 35 años.
b) Según una encuesta del Injuve, una persona (ser) niño a los 15 años.
c) En 1990, el Injuve preguntó a una muestra de españoles entre 15 y 29 años a qué edad una persona (ser) joven. En 2000, (hacer) la misma pregunta.
d) ¿Qué pasa cuando un joven quiere (vivir) como un adulto y no puede?
e) (Ser) bastante difícil hacer un máster.
f) La prolongación de la vida en casa (ser) dura para los jóvenes que no se llevan bien con sus padres.

Familia de palabras

Busca, para las siguientes palabras, otras de la misma familia.

→ Utilizar un diccionario, p. 255

Ejemplo: la diversión – divertir(se) – divertido/-a
el alquiler, anunciar, el asombro, la dependencia, disponible, encontrar, el / la encuestado/-a, el estiramiento, la formación, joven, el pago, repetir, la responsabilidad, retrasar, el salto, suceder

BÚSQUEDA DE INFORMACIÓN

Busca en la página Web del Ministerio de Trabajo y Asuntos Sociales (www. mtas.es) información sobre el Instituto de la Juventud: ¿qué es y qué hace? Después elige un tema (p.ej. vivienda, estudios u otro), busca más información y preséntasela a los demás.

BUSCAR TRABAJO

EL TEMA

Esta pregunta forma parte de una encuesta hecha a jóvenes españoles (15–29 años) por el Injuve en el año 2003. Haced esta pregunta en clase y comparad vuestros resultados con los de la encuesta.

→ Cifras y porcentajes, p. 251

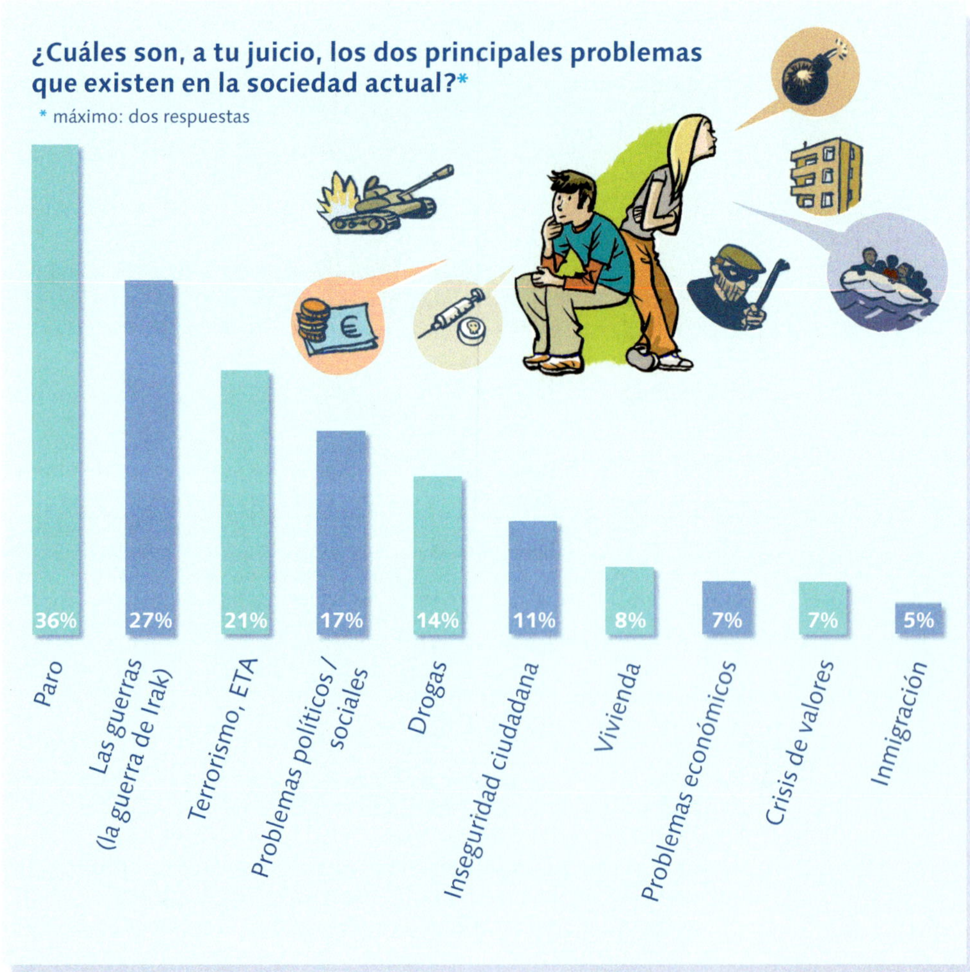

EL TEXTO **A**

Buscar información concreta en un texto

1 *Apunta todo lo que ha hecho Vanesa durante y después de su carrera universitaria.*
2 *El texto cita a dos personas más, Carlos y Yolanda. ¿Qué carrera han hecho ellos?*

B
DELE

Apuntar palabras clave

1 *Lee rápidamente el texto y explica en una frase por qué una chica como Vanesa no encuentra trabajo.*
2 *Apunta lo que dice el texto sobre*
  – *la situación de los universitarios,*
  – *el nivel de educación de los jóvenes en España,*
  – *el mercado laboral en España.*

→ Tomar apuntes, p. 258

«Por más que echo currículos, no me llaman»

VANESA PACHECO (29 AÑOS).
LICENCIADA EN DERECHO. BUSCA TRABAJO.

«El tema laboral me tiene obsesionada. Es mi problema *number one*. Por más que echo currículos, no me llaman. ¡Pero si lo tengo todo!». Vanesa Pacheco, gaditana de 29 años, terminó derecho hace cinco. Su siguiente paso fue hacer un máster en derecho comunitario. Después, por medio de una empresa de trabajo temporal, trabajó repartiendo publicidad y en el servicio de atención al cliente de un banco. Hasta aquí, lo normal. Es difícil meter cabeza, así que Vanesa siguió buscando. «Hice muchas entrevistas, pero como no tenía experiencia ... Trabajé en una consultora, de comercial, hice prácticas gratis en una asociación de consumidores. Me apunté a un curso de comercio exterior, a ver si así ... Me fue bien y me dieron una buena beca, en una naviera. Me pasé un mes haciendo fotocopias. Me desesperé porque me veía cada vez mayor». Hace dos años, Vanesa decidió apostar fuerte y empezó la carrera de empresariales. Por medio de una organización de estudiantes (AIESEC) consiguió una beca en Google, el archiconocido buscador de Internet. «Cuando volví de EEUU pensé: ‹Ya, ahora seguro que encuentro algo›. Pero no».

La sobrecualificación es uno de los grandes problemas de los jóvenes españoles. Que se lo digan a Carlos de la Cuesta, bioquímico santanderino de 28 años en paro. En las entrevistas dicen que tiene «perfil de directivo». O a Yolanda, una microbióloga de 30 que se doctoró en enero y acabó eliminando ese detalle de su currículo para no asustar a las empresas. En 2002, las ofertas de empleo para titulados superiores descendieron un 14,3% por segundo año consecutivo. Hacer una carrera e incluso un máster no garantiza un buen trabajo, y los 245.000 matriculados en la universidad lo saben. El 70% califica su futuro laboral de malo o muy malo, según una encuesta de la Escuela de Estadística de la Complutense. «Los jóvenes españoles están tres veces más educados que sus padres», dice Almudena Soro, economista coautora del estudio «El observatorio de la inserción laboral de los jóvenes». «Pero la estructura productiva no requiere tantos trabajadores altamente cualificados. Además, los jóvenes son los más susceptibles de la precariedad, ya que los que están dentro del sistema son intocables». «Ofertas hay. El problema son los salarios, la temporalidad y la inadecuación laboral», dice Elena Ponte, psicóloga de la asociación Eslabón, brazo madrileño de la red Araña, que promueve el empleo. «Recibimos unas 5.000 visitas al año, la mayoría de gente entre 25 y 30. La mitad son universitarios, los que más dificultades tienen para encontrar un empleo relacionado con sus estudios».

1 **echar currículos:** *fam.* sich bewerben 8 **el/la gaditano/-a:** de Cádiz 11 **el derecho comunitario:** el derecho de la Unión Europea 15 **meter cabeza:** *fam.* ser admitido/-a 18 **la (empresa) consultora:** Consultingfirma 19 **el/la comercial:** Handelsvertreter/in 21 **el comercio exterior:** el comercio con otros países 23 **la naviera:** Reederei 27 **apostar fuerte:** alles auf eine Karte setzen 27 **la carrera de empresariales:** das BWL-Studium 30 **archiconocido/-a:** conocido/-a en el mundo entero 44 **el/la titulado/-a superior:** Hochschulabsolvent/in 55 **la inserción:** Eingliederung 59 **susceptible de la precariedad:** *etwa* von Ungewissheit betroffen 63 **la inadecuación laboral:** Nichterfüllen des Anforderungsprofils

LA LENGUA

El gerundio

Sustituye las partes subrayadas por una perífrasis verbal:
***acabar, ir, llevar, seguir** + gerundio.*

a) Vanesa <u>vive todavía</u> en casa de sus padres porque no encuentra trabajo. <u>Necesita todavía</u> el apoyo de sus padres.
b) <u>Desde hace</u> cinco años <u>busca</u> trabajo.
c) Ojalá que no <u>se desespere finalmente</u>.
d) Hace algunos años le dieron una beca en una naviera donde <u>hizo</u> fotocopias <u>durante</u> un mes.
e) Yolanda, una microbióloga de 30 años, <u>eliminó finalmente</u> el título de doctora de su currículo para no asustar a las empresas.
f) Parece que en España la juventud <u>se estira cada vez más</u>.

Campo léxico

→ Mapa mental, p. 257

Busca las palabras y expresiones relacionadas con el mundo del trabajo y de los estudios y organízalas. Puedes utilizarlas en las siguientes tareas.

DISCUSIÓN

→ La discusión, p. 230

«Hacer una carrera e incluso un máster no garantiza un buen trabajo». Explicad por qué (no) estáis de acuerdo con esta afirmación.

JUEGO DE ROLES

Vanesa tiene una entrevista de trabajo en una empresa consultora. Buscan a una mujer abierta que sepa hablar inglés y que haya acabado la carrera de empresariales. Lo que no necesitan –o lo que los asusta– son los demás títulos que Vanesa ha obtenido.
Preparad la entrevista en dos grupos. Uno prepara la presentación de Vanesa e intenta anticipar las posibles preguntas, el otro prepara al menos diez preguntas. Después repartid los roles y simulad la entrevista.

TAREA CREATIVA

1 *Trabajad en parejas: seguid con la entrevista imaginando al menos cinco preguntas más. Basad las preguntas y respuestas en vuestros conocimientos sobre la vida de los jóvenes españoles en general.*

→ Escribir un currículum vitae, p. 237

2 *Escribid el CV de Vanesa inventando libremente los detalles que faltan.*

HACIENDO PRÁCTICAS

EL TEMA *¿Ya has hecho o quieres hacer unas prácticas? Cuenta tus experiencias o expectativas.*

EL TEXTO **A**

Comprender la información central de un texto

1 *Echa una ojeada al texto y contesta las preguntas:*
- *¿Quién es la narradora?*
- *¿Qué experiencias cuenta?*
- *¿Valora positiva o negativamente estas experiencias?*

2 *Busca otro título para el texto.*

B

→ Recursos estilísticos, p. 249

Analizar los recursos estilísticos de un texto

1 *Describe las experiencias que cuenta la narradora.*

2 *Analiza los recursos estilísticos:*
- *¿Qué te parece el tono de la narradora? ¿Es entusiasmado – agresivo – comprometido – irónico – enfadado – divertido – resignado – cínico? Justifica tu opinión citando ejemplos.*
- *¿Qué recursos estilísticos utiliza la narradora para generar este tono?*

Cuando me fui de casa estuve trabajando una temporada en una oficina. Era una multinacional de la informática. Hardware. O sea, ordenadores, impresoras, CD-Roms y demás robotitos inteligentes creados supuestamente para facilitar el trabajo a los seres humanos. Qué ironía. Toda la información sobre sus productos venía escrita en inglés, así que a servidora, la joven estudiante de filología inglesa, contratada en prácticas, le tocaba traducirla y adaptarla [...].
Me teníais que haber conocido entonces. Controlaba perfectamente términos como interface, tarjeta VGA, puerto paralelo, driver, puerto de serie b, slot de 16 bits, filtros digitales para audio, transferencia térmica de cera o microprocesador. Me pasa-

5 **el robotito:** de robot (Roboter) 6 **supuestamente:** angeblich 6 **facilitar:** hacer más fácil 9 **el / la servidor/a:** Diener/in (*aquí* yo) 11 **contratado/-a:** empleado/-a

ba allí la vida, sentada en mi cubículo, mi punto de engorde, un espacio de apenas dos metros cuadrados acotado por dos mesas de formica dispuestas en forma de ele. Se me jodió la vista a cuenta de pasarme los días forzándola, cegada por la luz fantasmal del ordenador, y la claridad excesiva de las lámparas halógenas y la constante inclinación forzada sobre el teclado me provocaron unos dolores de espalda espantosos. Dos dioptrías y escoliosis, así, de golpe. Y todo por un sueldo de mierda, porque como servidora era estudiante, le habían hecho un contrato de prácticas, que en cristiano quería decir que curraba lo mismo que los demás pero ganaba mucho menos. [...]
Jamás salíamos a nuestra hora, jamás cumplíamos las ocho horas reglamentarias, y no nos pagaban horas extraordinarias, por supuesto, porque había que trabajar y sacrificarse por la empresa, y bastante afortunados podíamos sentirnos de estar allí, con un canto en los dientes nos podíamos dar, porque por cada uno de nosotros había cuatro muertos de hambre, cuatro buitres carroñeros volando en círculos alrededor de nuestras cabezas, dispuestos a hacerse con nuestro puesto a la mínima oportunidad, como el jefe de personal no perdía ocasión de recordarnos. Cuando hacías cuentas descubrías que cobrabas menos por hora que una asistenta. Yo me levantaba a las ocho de la mañana y llegaba a casa a las ocho y media de la noche, totalmente agotada, sin ganas de nada, excepto de cenar e irme a la cama. Dejé de leer, dejé de ir a conciertos, dejé de ir al cine.

19 **el cubículo:** despacho pequeñísimo en una oficina 20 **el engorde:** die Mast 21 **acotado/-a:** limitado/-a 22 **el formica:** Resopal (Markenname eines Kunststoffes) 23 **joder:** *vulg. aquí* destruir, estropear 23 **a cuenta de:** *aquí* por 24 **forzar:** *hier* überanstrengen 24 **cegar:** erblinden; blenden 27 **la inclinación:** das Beugen 27 **el teclado:** Tastatur 29 **la escoliosis:** Skoliose (Fehlstellung der Wirbelsäule) 33 **currar:** *fam.* trabajar 36 **jamás:** nunca 41 **afortunado/ -a:** con suerte, feliz 42 **darse con un canto en los dientes:** cantar de alegría 45 **el buitre carroñero:** Aasgeier 47 **hacerse con a/c:** apropiarse de a/c 49 **no perder ocasión de hacer a/c:** hacer a/c siempre que sea posible 54 **agotado/-a:** muy cansado/-a

LA LENGUA

Lenguaje familiar

Encuentra en el texto las expresiones familiares que corresponden a estas expresiones del español estándar: estropeársele la vista a alguien – un sueldo muy bajo – en palabras sencillas – trabajar

El uso de los tiempos del pasado

DELE

1 *Explica el uso de los tiempos del pasado (pretéritos indefinido e imperfecto) en las últimas líneas del texto (ll. 52–56).*

2 *Así podría continuar la narración. Completa el texto con el pretérito indefinido, imperfecto o pluscuamperfecto de los verbos entre paréntesis.*

«Los sábados por la noche (estar) tan harta que (ponerse) los vaqueros y las botas de cuero y (salir) a la desesperada, a bailar hasta la madrugada para olvidarme de la vida que (llevar). Aquel año (agarrarse) las peores borracheras que me haya agarrado en todos los días de mi vida.
Luego (llegar) junio y los exámenes, y (pasarse) un mes entero intentando aprobar como fuera. No (tener) ninguna posibilidad de ganar aquella batalla. Y encima en el curro me (exigir) un certificado firmado por mi profesor para probar que efectivamente (estar) en un examen y no de cañas con mis amigos.»

2 **el cuero:** Leder 3 **agarrarse una borrachera:** *fam.* emborracharse 6 **la batalla:** la lucha 8 **estar de cañas:** *fam.* salir a tomar cerveza

CONTRA LA DROGADICCIÓN

EL TEMA

Compara las respuestas de las dos encuestas en las páginas 6/7 y 22 con respecto al tema de las drogas.

EL ANUNCIO **A**

Comprender un anuncio

1 *¿A quién se dirigen estos anuncios?*
2 *¿Qué objetivo tienen?*
3 *¿Cuál de los tres te convence más? ¿Por qué?*

B

→ Imágenes y cuadros, p. 250

Analizar un anuncio

1 *Describe detalladamente los tres anuncios.*
2 *Analiza el mensaje que cada uno quiere transmitir.*
3 *Analiza cómo se transmite este mensaje.*
4 *«La educación lo es todo.» Explica este eslogan.*

enterarse: *aquí* darse cuenta, comprender **el riesgo:** Risiko **la lejía:** Waschlauge **pasar factura:** die Rechnung präsentieren

COMPRENSIÓN AUDIOVISUAL
DVD

Un spot en la tele

1 *Las tres campañas también comprenden spots televisados. Escucha el texto de uno de estos spots. Indica a cuál de los tres carteles le corresponde y justifica tu opinión.*
2 *Luego mira el spot original y describe el efecto que te produce.*

LA LENGUA

El imperativo

Completa los imperativos afirmativos con las formas negativas correspondientes (o al revés). Ejemplo: ¡Abre los ojos! – ¡No abras los ojos!
¡No me ayudes! ¡No lo hagas! ¡No hagáis botellón! ¡Bebe! ¡Cantad! ¡Dúchate!
¡No os lavéis las manos! ¡Tened cuidado! ¡No tengas miedo! ¡No te vayas!
¡No os preocupéis! ¡No te preocupes! ¡No salgas! ¡No te diviertas! ¡No os divirtáis!
¡Levantaos! ¡No os despidáis! ¡Sígueme! ¡No te pongas así! ¡No vengas!

La oración condicional

DELE

1 *¿Qué harías si te encontraras en los siguientes dilemas? Contesta utilizando la oración condicional irreal del presente o el condicional.*
   – Ves a un buen amigo tuyo vendiéndoles drogas a otros alumnos.
   – Vas a una tienda con tu mejor amiga. De repente ves que ella mete algo en su bolsillo sin pagarlo.
2 *Imagina más dilemas y discute con tus compañeros de clase lo que haríais.*

DISCUSIÓN

¿Cómo prevenir efectivamente el consumo de drogas entre los jóvenes?

PARA PROFUNDIZAR

Prevalencia de los consumos de drogas habituales entre estudiantes de 14–18 años, según sexo.

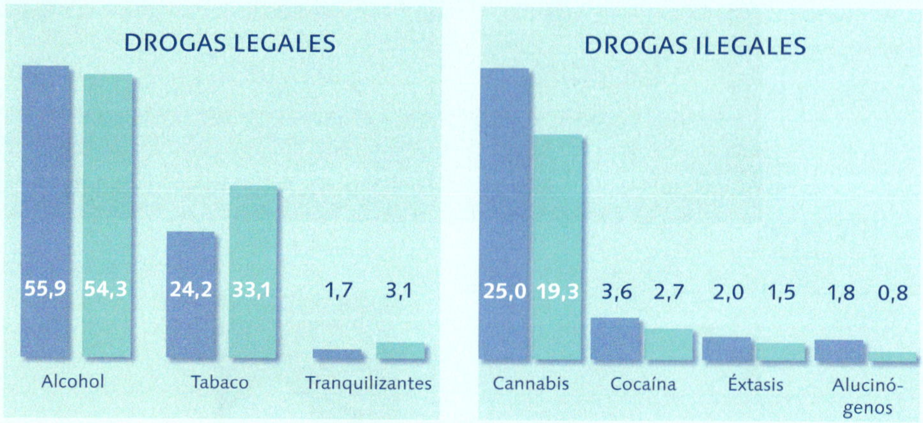

Las motivaciones que predominan para el consumo de drogas son de carácter lúdico: la diversión, la experimentación de nuevas sensaciones, el placer. En sustancias como el alcohol, el cannabis y los tranquilizantes aparecen también en menor medida otras razones vinculadas a la evasión, la relajación y la superación de ciertos problemas. La razón más referida para no consumir drogas es el daño a la salud. En el caso del alcohol se señalan en menor medida la pérdida de control, los efectos molestos y accidentes. En el caso de las drogas ilegales se señala en segundo lugar el sentirse bien y no necesitarlas.

Encuesta sobre drogas a población escolar
© Ministerio del Interior, 2002

CON UNA COPA DE MÁS

EL TEXTO

Reconstruir una encuesta

1 *Comenta el título del reportaje.*

2 *Reconstruye las preguntas de la encuesta.*

El 12% de los jóvenes bebe cuando conduce los fines de semana

BARCELONA

Un 12% de los jóvenes de entre 18 y 25 años afirma que siempre bebe alcohol cuando conduce los fines de semana, según un estudio de la Fundación Alcohol y Sociedad. Por sexos, este porcentaje se reduce a un 2% si el conductor es mujer y aumenta hasta un 16% en caso que el conductor sea un varón. Un 52% de los encuestados bebe alguna vez y un 27% no lo hace nunca cuando conduce.

Los principales motivos por los que los conductores no beben alcohol son la responsabilidad y el miedo a los accidentes de tráfico. Un 17% de los jóvenes no lo hace por miedo a las multas de tráfico.

Pese a que un 68% de encuestados utiliza el coche cuando «sale de marcha», sólo un 47% utiliza un vehículo de su propiedad. Por este motivo, un 32% se niega a «ceder» el coche si han bebido demasiado.

No obstante, la mitad de los encuestados deja de beber a lo largo de la noche pero un 19% ni deja de beber ni reduce el ritmo de consumo por tener que conducir. Además, un 37% de los jóvenes reconoce haber conducido «en alguna ocasión» con alguna copa de más.

9 **aumentar:** subir 11 **el varón:** el hombre 20 **pese a +** ***sustantivo*****, pese a que +** ***verbo:*** trotz 23 **la propiedad:** lo que le pertenece a una persona 24 **ceder:** *hier* abgeben 26 **no obstante:** sin embargo 32 **de más:** demasiado

LA LENGUA

Vocabulario

1 *Apunta las expresiones que utiliza el periodista para exponer los resultados de la encuesta.*

2 *Completa la lista con palabras y expresiones que conoces.*

➔ Cifras y porcentajes, p. 251

3 *Resume la información más importante de la siguiente encuesta y coméntala, basándote en tu lista.*

Hora de regreso a casa de los estudiantes en fin de semana por edad

Hora de regreso	14 años	16 años	18 años
Antes de las 12 de la noche	36,0	12,1	2,4
Entre las 12 y las 2 de la madrugada	35,6	29,3	11,8
Entre las 2 y las 4 de la madrugada	17,2	33,0	27,2
Después de las 4 de la madrugada	11,3	25,6	58,7

Encuesta sobre drogas a población escolar © Ministerio del Interior, 2002

JUEGO DE ROLES

Estás en España con un/a amigo/-a para hacer un curso de español en una escuela de idiomas. Hoy, sábado, habéis salido en coche con una pandilla de jóvenes españoles muy simpáticos a una discoteca. A las cuatro de la madrugada salís todos juntos de la discoteca y los españoles van hacia el coche ... ¡para volver a casa en él!

Utilizad la información del texto (p. 29) y preparad los siguientes roles:

- El conductor: ha bebido algo pero todavía se controla bien. El coche no es suyo y no quiere cederlo de ninguna manera.
- Dos amigos suyos y tu amigo/-a: también han bebido. Conducir con «alguna copa de más» les parece bastante normal, pero tienen un poco de miedo a las multas de tráfico y a los accidentes. Ya no circulan ni autobuses ni el metro, pero ¡ir andando a casa ni se les ocurriría!
- Otro chico español: no bebe nunca, por eso podría conducir perfectamente.
- Tú: has tomado alguna copa y no quieres ir andando a casa, pero tampoco quieres subir a un coche cuyo conductor haya bebido.

PROYECTO

En 2004, el Ministerio de Sanidad y Consumo lanzó la campaña de concienciación «El alcohol pasa factura. Si bebes no conduzcas». La campaña incluye también un spot televisado con este texto:

«Hasta que haya coches inteligentes que detecten el grado de alcoholemia de sus conductores, el único dispositivo inteligente para evitar los accidentes eres tú.
El alcohol pasa factura. Abre los ojos».

1 **el grado de alcoholemia:** Blutalkoholspiegel 2 **el dispositivo:** el aparato

1 *Imaginad las escenas televisadas que podrían acompañar al texto y grabadlas en vídeo.*
2 *Presentad vuestros vídeos ante el curso.*

PILI

EL TEXTO A

Acercarse individualmente a un texto

1 *Lee el texto y apunta los aspectos que te parecen importantes.*
2 *Decidid en la clase qué aspectos queréis discutir en detalle.*
3 *Analizad el texto discutiendo estos aspectos.*

B

Analizar los recursos estilísticos de un texto narrativo

1 *Indica el tema del texto.*
2 *Señala en el texto*
  – *los acontecimientos concretos en los que se basa el texto,*
  – *más información sobre las protagonistas.*
3 *Describe el efecto que te produce el texto.*
4 *Describe el tono del texto: ¿es emocionante – indiferente – sencillo – patético – natural? ¿Cómo lo consigue la narradora?*

→ Recursos estilísticos, p. 249

Como cada noche, lo primero que hizo al llegar a casa fue mirar cómo estaban sus hijas. Encendía la luz del pasillo, pero no la de los dormitorios, por no molestar. Pili no le contestó y entonces ella avanzó hasta la cama. Le cogió una mano y le preguntó si necesitaba ayuda. Pili respondió que no. La madre se acostó y volvió a levantarse dos horas después. Pili seguía respirando con dificultad. Repitió su pregunta y Pili su respuesta. A las cuatro y media se levantó por tercera vez, la vencida, y le preguntó si quería una ambulancia. Pili hizo que sí con la cabeza.

Había pasado lo que nos anunciaron tres meses antes y que a todas, menos a ella misma, nos ponía un nudo en la garganta. Ella siguió como si nada, comprando su muerte a precio de oro cada día, como venía haciendo desde los diecisiete años. No es que no se lo creyera, pero no pensaba en ello porque decía que era una tontería preocuparse por cosas que no tienen remedio. Se la llevaron al hospital, la llenaron de tubos y murió al amanecer, así como estaba de maquillada, que la víspera parecía que fuera a ligar, de reguapa que se puso. Siempre lo fue, aunque los últimos meses se ha-

5 **avanzar:** ir adelante 9 **respirar:** atmen 12 **la tercera es la vencida:** *etwa* beim dritten Mal aufgeben 17 **ponerle a alg. un nudo en la garganta:** jdm. die Kehle zuschnüren 23 **no tener remedio:** sin esperanza, sin posibilidad de volver atrás 24 **el tubo:** Schlauch 25 **al amanecer:** bei Anbruch der Dämmerung 26 **la víspera:** el día anterior 27 **reguapa:** muy guapa

bía estropeado. Tenía unos ojos preciosos, pero al final, si no se los maquillaba, parecían saltones, a punto de invadir toda la cara.

A veces, al principio, sobre todo, discutíamos. Bueno, no en el sentido de reñir, sino en el de intentar convencer a la otra. Más yo que Pili, porque ella creía en que cada uno de nosotros tiene marcado un destino que nunca podrá eludir. O sea, que para qué gastar energías.

Seguramente yo tenía razón, porque sigo viviendo y ella no. Pero no creo que eso pruebe nada. [...]

La madre sabía que Pili no era lo suficientemente fuerte, que se estaba metiendo en un mundo del que nunca podría salir. Lo supo desde que perdió la vista del ojo derecho por las cándidas. Pero no hizo nada por intentar convencer a Pili de que diera marcha atrás. Le ayudó en todo lo que pudo, buscó dinero, la cuidó, pero lo del ojo no tuvo vuelta atrás. Pili nunca hablaba de ello, y nosotras casi lo olvidamos, como casi habíamos olvidado que sólo tres meses antes un médico legal, no uno de esos chorizos sermoneros, le había dicho que para ella había llegado el momento de parar.

Arantxa Urretavizcaya, Casa de mujeres, en: Rosa Chacel, Relatos de mujeres (2) © Popular, Madrid 1988

31 **los ojos saltones:** Glupschaugen 34 **reñir:** discutir fuerte y violentamente 38 **eludir:** evitar 47 **las cándidas:** Pilzinfektion 48 **dar marcha atrás:** volver 54 **legal:** *hier* vertrauenswürdig 55 **el chorizo sermonero:** *fam. etwa* Quacksalber, Kurpfuscher

LA LENGUA

El estilo indirecto en el pasado

Escucha y transforma las frases utilizando el estilo indirecto en el pasado. ¡Varía los verbos introductorios!

Ejemplo: «Pili, ¿necesitas ayuda?»: La madre le preguntó a Pili si necesitaba ayuda.

ESCRIBIR

El texto es parte de un cuento. Aunque no conoces el cuento entero, escribe una reseña para tus amigos en España: ¿por qué (no) les recomendarías la lectura?

PARA PROFUNDIZAR

¿Cómo reaccionarían tus padres, si hicieras las siguientes cosas?

	Sin ningún problema %	Podría hacerlo, pero se disgustarían %	Podría hacerlo si se empeña pero tendría una bronca familiar %	No me dejarían %
Levantarme cuando me apetezca	58,5	20,5	8,5	12
Reunirme en casa con un grupo de amigos	72	15	5,5	6
Tomarme unas copas	53,5	18	9,5	17
Llegar por la noche a la hora que quiera	54	18	11	16,5
No ir a comer a casa	68	18,5	6	6,5
Reunirme en casa con mi novio/-a o un amigo/-a	70	14	5,5	8
Decorar mi habitación a mi gusto con entera libertad	79	13	3	4
Pasar la noche fuera de casa	53	21	9,5	15,5
Organizar una fiesta	29,5	19	14	35

Sondeo Jóvenes (15-29 años) © Injuve, 2002

SUEÑOS Y METAS

UNA JOVEN DIPUTADA

EL TEMA *¿Qué puede hacer una persona (como tú), un municipio o un gobierno por los demás?*

En las Cortes de Madrid

EL TEXTO **A**

Analizar la estructura temporal de un texto

1 *Copia este esquema en tu cuaderno y complétalo con la información que se da en el texto así como con el tiempo y modo utilizado.*

Contenido del texto	**Información concreta**	**Tiempo y modo utilizado**
datos personales	Leire, 25 años, del PSOE, la más joven diputada de España	presente
lugar de la acción	...	...
currículum de Leire	...	...
actividades actuales	...	...
opinión sobre las actividades	...	...
posibles cambios	...	...

→ Hacer un resumen, p. 238

2 *Escribe un resumen basándote en la estructura temporal del texto.*

B

Interpretar un texto

1 *Leire da tres ejemplos de lo que haría si fuera presidenta: ¿cuáles son?*

2 *Sus afirmaciones son muy generales. Explica, con ejemplos concretos, lo que podrían significar. Puedes consultar a tu profesor de Ciencias Sociales.*
Ejemplo: los ciudadanos pueden votar directamente

Leire Pajín: **«En el Parlamento falta debate»**

DIPUTADA DEL PSOE Y ENCARGADA DE MOVIMIENTOS SOCIALES Y ONG, 25 AÑOS

Recibe en su despacho de la sede del PSOE en Ferraz (Madrid). Es más que cordial desde el principio. Se afilió al parlamento con 18 años y dice que la pulsión por hacer algo por los demás le entró en el cuerpo sin darse cuenta. «Mis referentes más activos han sido mis padres, militantes siempre». Ahora tiene entre sus manos algo complicado. Se divide entre la actividad parlamentaria y relaciones con las ONG del PSOE. «Significa realizar una política útil en cuanto a drogodependencias, minorías étnicas, derechos humanos, participación ciudadana, libertades sexuales ... Mucho trabajo». Para la diputada más joven de España, la actividad parlamentaria arrastra déficit: «No existe verdadera agilidad para debatir los problemas».
¿Qué haría Leire Pajín si fuera presidenta del Gobierno? «Empezaría por cambiar las formas de participación ciudadana en las decisiones públicas». ¿Cómo avanzamos hacia un mundo mejor? «En primer lugar, habría que recuperar el poder político por encima del económico. Y lograr el reequilibrio entre Norte y Sur».

4 **el despacho:** la oficina 5 **el PSOE:** Partido Socialista Obrero Español 11 **el / la militante:** persona que forma parte activa de un partido 20 **arrastrar a/c:** *hier* etwas nach sich ziehen

LA LENGUA

La oración condicional irreal

1 Leire no es presidenta del Gobierno. Pero si lo fuera, cambiaría muchas cosas.
Analiza la segunda oración: ¿qué tiempo y qué modo se utilizan?

2 *Utiliza ahora los resultados del ejercicio B para formar oraciones irreales que expresen las posibles ideas concretas de Leire.*
Ejemplo: Si yo fuera presidenta del Gobierno, los ciudadanos podrían votar directamente por sus representantes políticos.

3 *También pueden cambiar cosas en otros sectores mencionados en el texto, por ejemplo, la drogodependencia, las minorías étnicas y los derechos humanos. Forma también oraciones condicionales irreales.*

BÚSQUEDA DE INFORMACIÓN

→ Escribir una carta, p. 235

1 *Busca en internet (www.bundestag.de) información sobre el diputado o la diputada más joven del* Bundestag.
Escribe una carta a tu escuela hermana en España y preséntalo/-la.

2 *Busca información y preséntala en clase:*
– *sobre los dos partidos mayores en España*
– *los partidos que forman el gobierno actual (www.congreso.es)*

DISCUSIÓN

¿Qué harías tú si tuvieras un puesto dirigente en la política? Ponte de acuerdo con tus compañeros sobre cinco decisiones que habría que tomar.

SER SOLIDARIO

EL TEMA *Infórmate sobre lo que hace una ONG (organización no gubernamental) y presenta ejemplos.*

EL TEXTO **A**

Comprender un texto

1 *Haz una lista de las afirmaciones que hace Deborah sobre su trabajo.*
2 *Explica con tus propias palabras en qué consistía el trabajo de Deborah en Mauritania.*
3 *Analiza las conclusiones que saca Deborah con respecto a su propia vida.*
4 *Explica la frase: « … la sensación que me daban era la de estar compartiendo y nunca la de estar haciéndoles un favor.» (ll. 27–30)*
5 *Compara a Deborah con Leire, la joven diputada del texto en la página 34, y apunta lo que tienen en común y en qué se diferencian.*

B

Analizar el título de un texto periodístico

1 *Lee el título del reportaje y formula una hipótesis: ¿En qué trabajará Deborah?*
2 *Lee el texto e indica cuál es, para ti, la frase más importante del texto.*
3 *Propón otro título basándote en la frase que hayas elegido.*
4 *Comenta la función que tiene el título de un texto periodístico.*

DEBORAH RUBIO: **«Algunos dicen que los jóvenes no somos solidarios, pero no es verdad»**

Deborah Rubio tiene 26 años y es maestra. Voluntaria en distintas ONGs, siempre ha sido sensible al tema social. «Algunos dicen que los jóvenes no somos solidarios, pero eso no es verdad», asegura, «he visto muchas pruebas de ello». Y la propia Deborah, desde luego, es una de ellas.

Se enteró casi por casualidad de las becas de la Fundación Ideo para el Programa Cooperación y Jóvenes. Tras la impresión inicial que provocó su decisión en el seno familiar –«Mi madre se tiraba de los pelos, pero luego lo llevó bien», recuerda entre risas–, acabó desplazándose a Nouadhibou (Mauritania) donde ha participado en un Proyecto de Alfabetización para Mujeres Adultas de Radio Ecca. Su trabajo era apoyar «logística- y administrativamente a los técnicos del proyecto» durante seis meses, una experiencia que define como «muy enriquecedora y muy bonita».

Deborah recuerda que «la gente era increíblemente agradable, suave, muy cercana; la sensación que me daban era la de estar compartiendo y nunca la de estar haciéndoles un favor.» «Ahora», afirma, «soy más consciente que nunca del lema de Radio Ecca, que la educación te hace más libre y que allí cobró mucho sentido».

8 **la prueba:** Beweis 10 **enterarse:** saber, informarse 12 **la beca:** un dinero que dan a estudiantes para financiar los estudios 16 **tirarse de los pelos:** *fam.* desesperarse, enfadarse 30 **ser consciente de a/c:** sich etw. bewusst sein

LA LENGUA

Vocabulario

1 *¿Qué verbos utiliza el periodista para citar a Deborah?*
2 *Señala los sustantivos que corresponden a estos verbos (si los hay).*

¿Subjuntivo o indicativo?

DELE

1 *Indica las expresiones que rigen el subjuntivo.*

me gusta que
no me gusta que
pienso / creo que
no pienso / no creo que
es verdad que
es cierto que
me parece bien / mal que
no me parece + *adjetivo* que
es fenomenal que
me extraña que

2 *Utiliza las expresiones de 1 y comenta las ideas de Deborah.*

PROYECTO

1 *Informaos en estas páginas web sobre las posibilidades de colaboración que ofrecen las ONGs.*
2 *Después discutid si, cómo y en qué ONG os gustaría colaborar.*
3 *Poneos en contacto con la ONG que hayáis elegido.*

OBJETIVO: TRIUNFAR

EL TEMA *¿Qué sueños tienes para tu futuro y qué haces para realizarlos?*

EL TEXTO **A**

Clasificar la información de un texto
Clasifica en una lista las cosas que hacen los tres jóvenes para realizar sus sueños, por un lado, y las cosas que tienen que dejar de hacer, por otro lado.

B

Caracterizar a personas
1 *Busca en el texto las expresiones con las que cada uno de los tres define las cualidades necesarias para su trabajo. Apúntalas en tres listas.*
2 *Describe el perfil de uno de los tres jóvenes resaltando su carácter.*

➔ Caracterizar a un personaje, p. 234

JÓVENES CAMINO DEL ÉXITO

Haciendo realidad su sueño
El Atlético apuesta por los jóvenes

Toche, Gabi y Arizmendi son tres jóvenes futbolistas procedentes de la cantera rojiblanca que han hecho realidad su sueño. Desde hace unos meses entrenan junto a sus ídolos en el primer equipo atlético, y Gregorio Manzano ya les ha dado la oportunidad de debutar en liga.
El Atlético de Madrid apuesta por la cantera, en formar jugadores que puedan triunfar y hacer grande el primer equipo. Cuando no se tiene presupuesto para fichar a grandes estrellas, hay que encontrarlas dentro. Fernando Torres es el mejor ejemplo. El «Niño» ha mostrado el camino a seguir al resto de jóvenes de la cantera rojiblanca que quieren triunfar en el mundo del fútbol, pero no es fácil, por lo que Gabi, Toche y Arizmendi tienen mucho que luchar para consolidarse como jugadores del primer equipo y obtener el reconocimiento de la afición.

No es fácil llegar hasta donde habéis llegado, muchos son los que lo intentan y pocos lo que lo consiguen. ¿Cuáles han sido las claves para llegar a debutar en liga con la camiseta del primer equipo?

TOCHE: Entrenando con constancia y sabiendo lo que tienes que hacer en cada momento. Hay que estar muy centrado y no desviarse. Jugar con el primer equipo siempre ha sido mi sueño.
GABI: La familia nos ha apoyado siempre y nos ha llevado por el camino que debíamos seguir. Hemos puesto la mayor ilusión y nos hemos dedicado exclusivamente al fútbol, sacrificando otras cosas como el salir y estar por ahí.
ARIZMENDI: Para llegar arriba, además de tener cualidades, debes tener ilusión,

3 **apostar por:** *aquí* tener confianza en alg. 5 **la cantera:** *hier* Nachwuchs 5 **rojiblanco:** Rot-Weiß (Farben des Clubs) 14 **el presupuesto:** la suma de dinero disponible 14 **fichar:** *aquí* comprar 29 **la clave:** *aquí* el aspecto decisivo (Schlüssel)

tener confianza en ti mismo, dedicación, entrenar al máximo para seguir mejorando y ser receptivo a los consejos que te puedan dar, quedándote con lo mejor de cada uno de ellos.

¿Qué es lo más difícil para consolidarse en el primer equipo y triunfar como Fernando Torres?

TOCHE: Hay que superar la presión, ya no disfrutas tanto como cuando eres pequeño. No se puede defraudar a la afición y hay que luchar al máximo para conseguir las metas marcadas.

ARIZMENDI: Ser muy competitivo, tener mucho carácter, muchas ganas de ser el mejor.

GABI: Tener mucha ilusión en lo que se hace, confiar en ti mismo y tener ganas de triunfar y conquistar a la gente.

¿Cómo es vuestra vida fuera del fútbol?

TOCHE: Por la tarde estudio Magisterio y Educación Física. Me lo tomo con tranquilidad porque me quita mucho tiempo el fútbol. Como aficiones salir con la novia, ir al cine … muy normal.

ARIZMENDI: Estudio Ingeniería, pero te cuesta ponerte a estudiar porque el fútbol te quita mucho tiempo y energía. Es difícil compaginar las dos cosas. También tengo novia, y paso mucho tiempo con ella.

GABI: Quiero empezar este año a estudiar. Como aficiones, salir con la novia, el cine, estar con la familia … todavía podemos tener una vida normal, ya que no nos conoce mucho la gente por la calle.

Gabi, Toche y Arizmendi, tres jóvenes futbolistas felices, que están haciendo realidad su sueño, aunque son conscientes de que les falta mucho camino por recorrer.

Su próximo objetivo es triunfar en el primer equipo atlético y volver a situar al club en el lugar que se merece por historia y afición. Estamos seguros de que lo van a conseguir. Mucha suerte y a por todas.

David M. Ruiz © De Jóvenes del siglo XXI, verano de 2004

55 **defraudar:** desilusionar 55 **la afición:** *aquí* el amor, la pasión 57 **la meta:** el fin, el objetivo
66 **el magisterio:** la carrera para ser maestro de escuela 91 **a por todas:** mucho éxito

LA LENGUA

→ Utilizar un diccionario, p. 255

Campo léxico

Haz una red de palabras alrededor del fútbol. En vez de poner una palabra suelta, apunta el vocabulario en un minicontexto. Puedes completar con palabras que no están en el texto, si te interesa el tema. Usa el diccionario.
Ejemplo: jugar en primera liga

DELE

El subjuntivo

Haz una lista con las expresiones que sirven para formular una necesidad, un deseo, una obligación, etc. Después forma 5 frases sobre cómo tiene que ser un joven futbolista para triunfar.
Ejemplo: Es necesario que entrene muchas horas al día.

TAREA CREATIVA

Imagina la vida de uno de los tres jóvenes en el texto en 20 años más.

DISCUSIÓN

El gran poeta español del Siglo de Oro Pedro Calderón de la Barca (1600–1681) ha formulado en su famosa obra «La vida es sueño» el verso: «…que toda la vida es sueño, y los sueños, sueño son».
Explica esta frase y discútela con tus compañeros.

RINCÓN DE LECTURA

De chavales, cuando jugábamos una pachanga en el patio de la escuela, no había problemas. Lo dejábamos participar y nos divertía su terquedad en perseguir el balón como si éste estuviese imantado y él calzase herraduras, sin importarle que traspasase la red imaginaria de la portería o que la sirena pusiera fin al recreo. Durante un tiempo, él continuaba su atropellada carrera, la cara enrojecida, la respiración entrecortada, y parecía entonces que era el balón quien jugaba contra él. [...]
Stop, Félix. ¡A clase!
En verdad, nadie disfrutaba el juego como él. Le iba la vida. [...]

Cuando comenzamos a jugar en serio, con partidos concertados fuera de la escuela, Félix no era convocado, pero él se presentaba siempre, avisado por un sexto sentido, y muy animoso tras la silenciosa cuadrilla. Nos hacía sentir incómodos, pero Valdo Varela, el más decidido, muy capitán, le impartía órdenes sin miramientos.
–Tú, Félix, de recogepelotas. ¡Así empezó Maradona!
Y Félix, o Feliz, correteaba atareado por las bandas, con la larga lengua fuera, pero sin descanso, y brincaba los setos tras los balones perdidos con un entusiasmo profesional. Si vencíamos, Varela sabía tener con él la grandeza de un líder: «¡Lo has hecho muy bien, Dieguito!». Pero si perdíamos, lo dejábamos atrás como una oveja coja. [...]

Y allí estábamos el día de la verdad. Con los pies helados y el corazón brioso. La cita era en el campo de Agra Vella, donde jugaba el glorioso Unión de Beiramar, la liga de la Costa. Había llovido por la mañana y el campo, a la orilla del río, era un archipiélago, con una calva de arenas movedizas delante de cada portería. Pero nadie iba a recular.
–¿Dónde está Varela?
Nos faltaba uno. Nuestro capitán. Lo retendrían en casa, con alguna labor. Estaría en camino. Hicimos tiempo. Varela era el central. No hacía virguerías, pero era un auténtico destructor. Su voz era como una tercera pierna. Gritaba tanto que teledirigía el equipo y acojonaba al rival. [...]
–El Varela no viene– aventuró Zezé.
Los de las Casas Baratas se fueron colocando en perfecta formación. Callados, la mirada dura, casi todos rapados como si los soltasen del Reformatorio, con los brazos tensados, a punto de desenfundar un revólver invisible. De entre ellos, el que tenía la voz cantante era el guardameta. Lo conocía de vista. Coco liso. Le llamaban Tokyo.
–No va a venir. Te lo digo yo. Le tiene miedo a ese bestia.
–¿Miedo Varela?
Zezé era menudo de cuerpo, pero muy bravo. Fibroso, siempre alerta, mitad ratón y mitad gato, trastornaba el área contraria y era capaz de tumbar a un defensa sin tocarlo, sólo con el baile. Nunca buscaba el cuerpo a cuerpo, el enfrentamiento. Tenía esa cualidad de hacerse respetar de abajo arriba. [...]

–¡Nos falta uno! Podemos jugar otro día.
–¡Yo cuento once!– gritó, sarcástico, el gigantón.
Y fue entonces cuando lo vimos, sonriente en la banda, con su balón de Reyes Magos, de estreno, debajo del brazo, en brillante blanco y negro, como un ajedrez esférico, rotulado rombo a rombo por él mismo.
Vestía la flamante camiseta de Grúas Fe- ▶

---

4 **la terquedad:** Hartnäckigkeit 5 **imantar:** magnetizar 6 **la herradura:** Hufeisen 9 **atropellado/-a:** precipitado/-a 26 **corretear:** correr sin descanso (como los niños) 28 **brincar:** saltar 28 **el seto:** Hecke 34 **cojo/-a:** se aplica a personas o animales que cojean (hinken) 36 **brioso/-a:** con ánimo, *adj. de* el brío: el ánimo, la energía 38 **Beiramar:** pueblo en Galicia 48 **la virguería:** la cosa extraordinaria, perfecta 55 **rapado/-a:** (el pelo) cortado muy corto 57 **desenfundar a/c:** sacar a/c 60 **el coco liso:** Glatzkopf 80 **rotulado rombo a rombo:** mit Filzstift beschriebene Rauten (a. d. Fußball) 81 **Grúas Ferreiro:** el nombre de una empresa

rreiro, caída como una túnica hasta las rodillas, marcando así una barriga en forma de aguacate.

–¿O es que el mongol no juega?

–¡Se llama Down!– gritó Zezé con coraje. Los propios compañeros lo miramos muy extrañados.

–Tiene nombre, ¿sabes? ¡Se llama Down!

–¿Quién es? ¿Un fichaje inglés? – ironizó alguien en el otro lado.

–Sí. Es nuevo en el equipo.

Zezé llamó a Félix. Él acudió corriendo, excitado.

–Hoy no vas a recoger pelotas. Vas a jugar de titular.

–Titular.

–Sí, titular. Aquí. Con tu equipo.

Le temblaban las piernas. La mirada desdoblada entre el enemigo y nosotros.

–Te llamas Down –le dijo Zezé con firmeza– . Desde hoy eres Down, nuestro lateral derecho.

–Down. Lateral derecho.

–Eso es. Vas a defender. Tú estate ahí, en esa banda. Que no pase el balón. Chuta hacia delante. Siempre hacia delante. ¿Entiendes?

–Siempre adelante.

–Ahora fíjate bien en lo que te voy a decir, Down. Es muy importante. No dejes sola tu banda. Pegado siempre al delantero. No lo sueltes nunca. No lo dejes respirar. No pases nunca, nunca, más allá del medio campo. ¿Ves esta raya?

Down seguía la marca, casi borrada por el agua. La rotulaba de nuevo con los ojos.

–Pues aquí, en esta raya, paras.

Down se quedó pensativo. Parecía calibrar su crédito, la tremenda responsabilidad de asumir un límite.

–Parar en la raya.

–Muy bien, Down. ¡Vamos a ganar este partido! [...]

Félix se clavó con el balón a un paso de la meta. Miraba ese su balón de estreno, el balón de Reyes, todo sucio, empapado, convertido en un recuerdo de guerra. Iba a llevárselo a las manos. Yo intuía, sabía, que ahora iba a cogerlo con las manos sin rematar la jugada. Los de las Casas Baratas se rieron. El grandullón Tokyo, el guardameta vikingo, se irguió de nuevo. La realidad dejó de rodar a cámara lenta.

–¡Tira, Down!

–¡Tira, Félix!

–¡Tira de una puta vez!

Me salió el grito de los adentros, un gallo distorsionado y ronco que nunca antes había oído. Pero siguió sin moverse, hasta que por fin surgió la voz de Zezé.

–¡Pasa la raya, Félix! ¡Pasa la raya!

Entró, entró. Félix apañó el balón del fondo de la red, lo limpió con las mangas, y volvió cabizbajo, cojeando, con la cara arañada, con su labio partido. Hacia fuera, la larga lengua rosa, como el pico de un cisne. Corrimos hacia él. Lo abrazamos. Esos ojos rasgados y separados. Ese respirar entrecortado. El vapor de su boca en la anochecida. Su barriga de aguacate. Revolcados con él en el suelo. Ese beso de saliva y carmín de sangre.

Manuel Rivas, El partido de Reyes, en:
Las llamadas perdidas © Alfaguara, Madrid 2002

---

90 **el fichaje:** la compra de un jugador 96 **el titular:** *aquí* un jugador fijo de un equipo 106 **chutar:** kicken 112 **el delantero:** Stürmer 115 **la raya:** la línea 117 **rotular:** recorrer 119 **calibrar su crédito:** medir la responsabilidad 130 **rematar la jugada:** tirar al arco 133 **erguirse:** levantarse 143 **apañar:** recoger, tomar 145 **la cara arañada:** zerkratztes Gesicht 149 **los ojos rasgados:** Schlitzaugen

1 *¿Quién es Félix? ¿Con qué otros nombres lo llaman? Explica cómo ven los diferentes chicos a Félix, según el nombre que le dan.*
2 *Describe la relación entre Félix y sus compañeros de equipo antes y al final del partido.*

PUNTO FINAL

REVISIÓN

1 *Revisad los textos que habéis leído en este capítulo y reunid en un mapa mental la información que habéis obtenido.*
2 *Buscad en los demás textos temas que no habéis tratado y añadidlos al mapa.*
3 *Señalad el tema o el texto que más / menos os haya gustado e indicad también por qué.*

DIARIO DE LECTURA

Anota lo que
– *te ha llamado la atención en el capítulo y explica también por qué,*
– *te ha aportado algo nuevo (ideas, conocimientos) que no quieres perder de vista.*

PORTAFOLIO

1 *Escoge tu tema favorito y sigue buscando información por tu cuenta. Escribe, a base de los resultados, una carta, un artículo o prepara una exposición.*
2 *Dentro de las tareas que has preparado para este capítulo, elige la que mejor te haya salido.*

DISCUSIÓN

Si quisieras cursar un año en un instituto en España, ¿qué dirían tus padres? ¿Te ayudarían o no querrían que te marcharas? ¿Cuáles serían tus argumentos para convencerlos?

PROYECTO

Imaginad que para una nueva campaña contra el consumo de las drogas os han encargado idear un anuncio y un spot para la radio. Diseñad el anuncio y grabad el spot, utilizando los resultados de la encuesta sobre drogas en la página 28.

PARA LEER MÁS

Miguel Delibes, *El príncipe destronado,* Destino, Barcelona 1997.
José Ángel Mañas, *Historias del Kronen,* Destino, Barcelona 1994.
Gonzalo Moure Trenor, *Lili Libertad,* SM, Madrid 1996.
Soledad Puértolas, *Todos mienten,* Anagrama, Madrid 2002.
Jordi Sierra i Fabra, *Noche de viernes,* Alfaguara, Madrid 2002.

DIRECCIONES DE INTERNET

Instituto de la Juventud: www.injuve.mtas.es
Consejo de la Juventud de España: www.cje.es

VIVIR LA CULTURA

Diego de Velázquez, La Venus del espejo (1648–1651)

Santiago Calatrava,
El Museo de las Ciencias
(Valencia)

Eduardo Chillida,
Elogio del horizonte
(Gijón)

1 *Elige espontáneamente tres ejemplos que son para ti «cultura». ¿Qué es cultura y qué no, según tu opinión, y por qué?*
2 *¿Qué aspectos faltan, según tu opinión?*

DESCUBRIR EL ARTE

EL QUITASOL, FRANCISCO DE GOYA

EL CUADRO **A**

Acercarse a un cuadro

1 *Vamos a hacer un viaje en el espacio y en el tiempo. Cierra los ojos y escucha.*
2 *Ponte en el lugar del joven o de la joven en el cuadro e imagina que nos cuenta algo de su vida. Aprovecha los colores e imagina una historia verosímil, compatible con el cuadro.*

B

→ Imágenes y cuadros, p. 250

Describir un cuadro

1 *Mira el cuadro y expresa espontáneamente qué sensación produce en ti.*
2 *Describe a los personajes y formula una hipótesis:*
¿cuál es la relación entre los dos?
3 *Fíjate en los colores, en la luz y eventualmente en la perspectiva:*
¿qué podría significar el juego de luz y sombra?
Ten en cuenta que los colores pueden tener valor simbólico.

Francisco de Goya, El quitasol (1777)

el abanico: Fächer **el quitasol:** Sonnenschirm

TAREA CREATIVA

Dirígete a la pareja como un/a joven del siglo XXI y desarrolla un diálogo con ellos sobre las diferencias entre sus vidas y la tuya.

PARA PROFUNDIZAR

Explica el cuadro «El quitasol» a partir del texto de José Ortega y Gasset. Ten en cuenta cómo era la vida de los campesinos de la época.

José Ortega y Gasset, un escritor y filósofo del siglo XX, opina lo siguiente sobre los tapices de Goya:

Me refiero a los temas de los tapices. Algunos de estos temas son escenas populares o semipopulares españolas. Por una ignorancia, que no es perdonable, se supuso que ese carácter popular de los asuntos se debía al albedrío de Goya. Y de aquí salió disparada la idea de un Goya entusiasta de lo popular y castizo. [...] Hoy sabemos que no sólo la indicación general de que pintase cuadros de costumbres nacionales le llegaba a Goya desde arriba, sino incluso que le fueron sugeridos no pocos de los temas singulares. [...]

Durante el siglo XVIII se produce en España un fenómeno extrañísimo que no aparece en ningún otro país. El entusiasmo por lo popular, no ya en la pintura, sino en las formas de la vida cotidiana, arrebata a las clases superiores. [...]

Las clases superiores sólo se sentían felices cuando abandonaban sus propias maneras y se saturaban de plebeyismo. [...]

Para los nobles la vida popular es una bella forma posible de jugar a la vida. Les divierte, les place contemplarla, representarla, sumergirse por momentos en ella precisamente porque es otra.

José Ortega y Gasset, Goya

2 **el tapiz:** Wandteppich 8 **el albedrío:** *aquí* la voluntad, el gusto 10 **castizo/-a:** originario/-a de un lugar, auténtico/-a, puro/-a 22 **arrebatar a alg.:** *hier* jdn begeistern 25 **saturar:** llenar completamente

BÚSQUEDA DE INFORMACIÓN

1 *Busca datos biográficos sobre Francisco de Goya. Rellena luego una ficha como la siguiente:*

Nombre completo:

Fecha y lugar de nacimiento:

Domicilios:

Temas de su pintura:

Características de su pintura:

Otros datos de interés:

Francisco de Goya, Autorretrato (1815)

2 *Busca en la página de Internet http://goya.unizar.es el cuadro «Retrato de Manuel Osorio Manrique de Zúñiga» (1788) y el grabado «Capricho 25: Se quebró el cántaro».*

3 *Describe y compara la situación de los chicos en ambos cuadros.*

LAS MENINAS, DIEGO DE VELÁZQUEZ

EL CUADRO **A**

Identificar a los personajes de un cuadro

1 *Mira el cuadro e indica el número total de «personas».*
2 *¿Quién es para ti el personaje principal?*
Explica también por qué lo identificas como tal.
3 *Identifica a las personas con la ayuda del texto de al lado.*

B

Descifrar un cuadro a partir de un texto auditivo

1 *Escucha lo que cuenta el pintor, Diego de Velázquez, sobre las personas de su cuadro.*
2 *Trabajad en tres grupos: escuchad otra vez el texto y reunid la información sobre el pintor, la familia real y las demás personas. Exponed los resultados en clase.*

Diego de Velázquez da Silva, Las meninas (1656)

La escena transcurre dentro de una estancia del Alcázar de Madrid, decorada con una serie de cuadros. Los personajes se agrupan en un primer plano en el que la figura principal, la infanta Margarita, ocupa la parte central del grupo; a sus lados, Isabel Velasco y Agustina Sarmiento –las «meninas»–; junto a esta última los enanos María Bárbola, y Nicolás Pertusato en actitud de jugar con el mastín que dormita a sus pies. Detrás de ellos, en la penumbra, aparecen Marcela de Ulloa y un caballero que no se ha podido identificar. A la izquierda se encuentra la figura de Velázquez con sus instrumentos de trabajo delante de un gran lienzo que ocupa todo el ángulo del cuadro.
En el fondo de la habitación, junto a una puerta abierta, se encuentra don José Nieto de Velázquez, aposentador de la reina, que es el centro perspectivo de la obra. Preside el muro del fondo un espejo donde aparecen reflejadas las figuras de los reyes Felipe IV y Mariana de Austria.

27 **el aposentador:** Quartiermacher

LA LENGUA
→ Imágenes y cuadros, p. 250

Busca en el texto las expresiones para describir una imagen y completa tu lista con expresiones de la página 263.

ESCRIBIR

Al fondo del taller de Velázquez hay una puerta por la cual entra una persona. Asume este rol e inventa una razón para entrar y un diálogo.

EL PRINCIPIO DEL ARTE MODERNO*

EL TEXTO **A**

→ Imágenes y cuadros, p. 250

Relacionar un texto con un cuadro

1 *Señala en el cuadro «Las meninas», p. 46, los personajes que se nombran en el texto.*
2 *Describe la posición exacta de los personajes en el cuadro.*

B

Extraer el mensaje central de un texto

Indica las frases que explican algo sobre la novedad de la pintura de Velázquez, según tu opinión, y resúmelas con tus propias palabras.

En *Las Meninas,* sorprendemos a Velázquez trabajando. Está haciendo lo que quiere y puede hacer: pintar. Pero éste no es un autorretrato del pintor pintando. Es un retrato del pintor no sólo pintando, sino viendo lo que pinta y, lo que es más, sabiendo que lo ven pintar tanto los personajes a los que pinta, como los espectadores que lo ven, desde fuera del cuadro, pintando. Nosotros. Ésta es la distancia necesaria pero incómoda o imperfecta que Velázquez se propone suprimir, introduciendo al espectador en el cuadro y proyectando el cuadro fuera de su marco al espacio inmediato y presente del espectador.

Primero, ¿a quién pinta Velázquez? ¿A la Infanta, sus dueñas, la enana, el perro dormilón? ¿O al caballero vestido de negro que aparece entrando al taller –a la pintura – por un umbral iluminado? ¿O pinta Velázquez a las dos figuras reflejadas de manera opaca en un turbio espejo perdido en los rincones más oscuros del *atelier:* el padre y la madre de la Infanta, los reyes de España, [...]?

Podemos creer que, en todo caso, Velázquez está allí, pincel en una mano, paleta en la otra, pintando el cuadro que nosotros estamos viendo, *Las Meninas.* Podemos creerlo – hasta darnos cuenta de que la mayoría de las figuras, con excepción del perro dormilón, nos miran a nosotros, a ti y a mí. ¿Es posible que seamos *nosotros* los verdaderos protagonistas de *Las Meninas,* el cuadro que Velázquez, en este momento, está pintando? Pues si Velázquez y la corte entera nos invitan a entrar a la pintura, lo cierto es que al mismo tiempo la pintura da un paso adelante para unirse a nosotros. Tal es la verdadera dinámica de esta obra maestra. Tenemos la libertad de ver la pintura y, por extensión, de ver el mundo, de maneras múltiples, no sólo una, dogmática, ortodoxa. [...]

En *Las Meninas,* Velázquez establece un principio del arte moderno. El reproche que se le hizo en vida –pintar obras inacabadas– es hoy el signo mismo de su contemporaneidad y, diría yo, de su libertad. Velázquez deposita la obra en la mirada del espectador. Corresponde a éste, no concluir, sino continuar la obra.

Carlos Fuentes, Velázquez, en: En esto creo © Seix Barral, Barcelona 2002

8 el autorretrato: Selbstporträt **19 el marco:** Rahmen **30 el umbral:** (Tür-)Schwelle

LA LENGUA

El gerundio

1 *Indica en el texto cinco ejemplos del gerundio y explica su uso.*

2 *Forma cinco frases más relacionadas con el tema, por ejemplo, describiendo el cuadro.*
Ejemplo: Velázquez pinta a don José entrando por la puerta.

JUEGO DE ROLES

Representad la vida en la Corte tal como la refleja el cuadro:

- *Estableced el orden en el que, una persona detrás de otra, entra en el taller.*
- *Inventad lo que dicen, dirigiéndose a los demás, y lo que éstos contestan.*
- *Pensad también en los gestos, la manera de caminar, de hacer reverencias según el rango de cada uno, etc. No necesitáis más requisitos, los gestos os identifican.*
- *Luego cada uno toma la posición y postura indicadas en el cuadro y se queda quieto. Así se va poblando poco a poco la escena hasta que, con las últimas personas que entran, el cuadro esté completo.*
- *Haced una foto de vuestro cuadro vivo.*

PROYECTO

1 *Compara el cuadro «Las meninas» de Picasso con el cuadro de Velázquez* *(ver p. 46).*

2 *Velázquez ha influido en otros pintores hasta la actualidad.*
Busca más información al respecto.

Pablo Picasso, Las meninas (1957)

LA BELLA DURMIENTE DEL MUSEO*

EL TEMA *Discutid sobre cómo se puede reconocer una obra de arte, según vuestra opinión.*

EL TEXTO **A**

Reconstruir el orden cronológico de un texto

1 *Lee el texto.*

2 *Ordena las siguientes frases según el orden cronológico.*

a) Cuando muere, los habitantes agradecidos colocan una estatua en su honor –una mujer desnuda– en medio del parque de la ciudad.
b) Delante de la estatua de una mujer desnuda, el hombre le cuenta la historia de esta «Bella Durmiente».
c) El nuevo alcalde hace llevar la escultura «inmoral» al sótano del museo donde queda olvidada.
d) Un alcalde de la ciudad se dedica a construir obras públicas en su ciudad.
e) Primero, la gente del pueblo se ríe, pero después se escandaliza de la estatua por estar desnuda.
f) Un hombre lleva a un amigo al sótano del museo municipal.
g) Alguien cubre la escultura con una prenda de ropa interior.

→ Palabras de enlace, p. 259

3 *Enlaza luego las frases para obtener un resumen completo. ¡No olvides la frase introductora!*

B

Explicar las ideas principales de un texto

1 *Teniendo en cuenta el contexto, explica la frase «la escultura viose de improviso convertida en mujer» (l. 77).*

2 *Analiza los dos conceptos de arte y cultura tal como están expuestos en el texto.*

3 *Explica lo que el narrador piensa del «pueblo y su cultura», citando ejemplos del texto.*

No hace mucho tiempo, un amigo mío, artista de gran talento y cultura, me invitó a que le acompañara al Museo Municipal, donde, según él, podríamos hallar un tema interesante para un artículo periodístico.

–Sé la historia –me dijo– de algo que allí se oculta y está injustamente abandonado. Se trata de una Bella Durmiente que espera ansiosa un Príncipe que se comprometa a despertarla. [...]

–Creo adivinar lo que insinúas, querido amigo. Seguramente pretenderás que escriba algo sobre esa Bella Durmiente de la que hablas. La cuestión es meterme en un lío y luego tú ...

–Luego yo te quedaría muy agradecido –continuó–. Se trata de la reivindicación de un artista y de su obra. Ya sabes cómo pienso respecto a estas cosas de arte. Ahora vamos allá y lo verás por tus propios ojos.

El museo está en un edificio morado y serio como un panteón. Una vez dentro, me extrañó mucho que en lugar de subir al piso donde están las salas de exposición, mi amigo se empeñara en descender hacia los sótanos. De pronto, me di cuenta de lo que buscábamos. Allí, entre las tinieblas reinantes, se destacaba una blanca escultura de formas abultadas y reposada actitud. [...]

–Aquí tienes el motivo de esta visita. Ésta es la Bella Durmiente del museo.

Daba la sensación de que la habían arrimado como un trasto inservible. Pero me bastó con examinarla durante unos minutos para comprobar que se trataba de una obra de arte.

–Si quieres –habló mi amigo– te contaré mi historia y así sabrás por qué siendo una buena escultura, se encuentra durmiendo en este lugar. [...]

▶

---

4 **hallar:** encontrar 8 **ocultar:** esconder 9 **la Bella Durmiente:** Dornröschen 12 **adivinar:** tratar de descubrir 12 **insinuar:** decir de manera indirecta 15 **meterse en un lío:** meterse en dificultades 18 **la reivindicación:** acto de reestablecer el reconocimiento público de un autor o artista 22 **morado/-a:** lila 26 **empeñarse en hacer a/c:** insistir en hacer a/c 28 **las tinieblas:** Dunkelheit 30 **abultado/-a:** voluminoso/-a 30 **reposado/-a:** tranquilo/-a 34 **arrimar:** poner 35 **el trasto:** objeto fuera de uso

Esculturas de Fernando Botero

«Érase una vez cierto alcalde cuyo nombre no se puede olvidar. Solía decirse de él que tenía un gran talento y una vasta misión urbana. Y a esto añadíase que se hallaba enamorado del pueblo que presidía.
Dicho alcalde [...] aprobó magníficos proyectos, muchos de los cuales se vieron realizados. El pueblo se vio engalanado con paseos y jardines [...], todo se fue convirtiendo en una hermosa ciudad, donde se daban cita la sombra, la luz, el aroma y el color.
Mas sucedió lo que siempre sucede. La muerte arrebató la vida de aquel hombre y el pueblo, agradecido, quiso perpetuar su memoria. Se pensó en un monumento y se encargó la parte escultórica a un artista, hijo del pueblo, que ya sobresalía por su talento y febril imaginación. Enseguida, con gran entusiasmo, el escultor puso mano a la obra y su cincel fue esculpiendo una soberbia y blanca escultura. Una vez terminada la obra, se colocó en el centro de un hermoso parque [...] y allí [...] aquella escultura exponía, con el barroquismo de sus formas, la fecundidad de un periodo presidido por un alcalde modelo.
Pero he aquí que no se había contado con un factor primordial: el pueblo y su cultura. ¿Y sabes qué ocurrió? Pues sucedió que una mañana, aquel pueblo confundió el barroquismo simbólico de aquella obra de arte, con un barroquismo sexual y la pobre ‹doña Blanca›, que así llamaban a la escultura, viose de improviso convertida en mujer, ostentando sobre sus líneas de piedra la ironía chabacana de una prenda femenina.
Aquello acusó gran revuelo. La gente lo comentaba con grandes carcajadas: ‹ha estado bueno el golpe›, decían. ¡Ya lo creo que estuvo bueno el golpe! Como que fue mortal para ‹doña Blanca›.
El alcalde –otro alcalde– ordenó retirar la estatua por inmoral y el pueblo se vio libre de aquella ‹vergüenza pública›. ¡Pobre gente! Lo que ellos no sabían era que se quedaban sin la mejor muestra de arte que había en la ciudad. Creían en la inmoralidad del artista y de su obra, cuando la in-

moralidad estaba en ellos. ¿Considerarían inmoral también la Maja desnuda de Goya? ¿Y la Venus de Milo? [...] La pena es del escultor, que poco menos que corrido, abandonó su tierra; y la pena es también de ‹doña Blanca›, que duerme abandonada en los sótanos oscuros del museo, sin que nadie la recuerde ya.»

Aquí, mi amigo terminó su historia y, tirando el fin del cigarrillo que le quedaba entre los dedos, me invitó a la exposición de esculturas que se exhiben en el primer piso.

Rafael Arozarena, La Bella Durmiente del museo,
en: Cuentos © InterSeptem, Canarias 2003

43 **érase una vez:** *así comienzan los cuentos en español, forma antigua de:* una vez había, *véase también en el texto:* añadíase: se añadía; viose: se vio 50 **engalanar:** adornar, embellecer 55 **mas:** pero 56 **arrebatar:** quitar 61 **febril:** muy activo, animado y vivo 63 **el cincel:** la herramienta del escultor 70 **he aquí:** aquí tenemos 78 **ostentar:** exponer, exhibir 79 **chabacano/-a:** de mal gusto 79 **la prenda:** la ropa de vestir, *aquí* ropa interior 81 **acusar gran revuelo:** causar discusiones fuertes 88 **la vergüenza pública:** öffentliche Schande 97 **corrido:** *aquí* echado/-a, obligado/-a a marcharse

BÚSQUEDA DE INFORMACIÓN

¿A qué estilo artístico se refiere la palabra «barroquismo» (l. 75)? Busca en una enciclopedia más información, indica las características de esta corriente artística y nombra sus representantes más famosos en el arte.

TAREA CREATIVA

Formula el artículo que el periodista va a escribir después de haber descubierto a la Bella Durmiente.

Francisco de Goya, La maja desnuda (1800)

PARA PROFUNDIZAR

En los años sesenta, en plena época de Franco, el cuadro de la maja desnuda de Francisco de Goya, que se halla en el Museo del Prado, estaba cubierto por una cortina. Se podía ver solamente a petición y sólo un breve momento.

¿En qué sentido el cuento de Arozarena puede ser leído como una postura respecto a la época de Franco?

SENTIR LA MÚSICA

TE AVISO, TE ANUNCIO

EL TEMA *¿Cuándo sueles escuchar música?*

LA CANCIÓN **A**

Describir la música de una canción y la emoción que provoca

1 *Escucha los primeros compases y di de qué estilo de música se trata. ¿De dónde viene este estilo?*
2 *Sigue escuchando y describe la música.*
3 *Cierra los ojos y vuelve a escuchar. ¿Cómo se siente el yo lírico? Formula hipótesis.*
4 *Lee la letra de la canción y comprueba si aparecen tus ideas.*

B

Explicar el estado de ánimo de un yo lírico

1 *Indica el tema de la canción.*
2 *Explica cómo se siente el yo lírico.*
3 *¿Cómo será la música que acompaña la letra?*
4 *Luego escucha la música y compárala con tu hipótesis.*

Nunca pensé que doliera el amor así,
cuando se entierra en el medio de un
«no» y un «sí».
Es un día ella y otro día yo,
me estás dejando sin corazón
y cero de razón.

Ay, te aviso, te anuncio que hoy renuncio
a tus negocios sucios.
Ya sabes que estoy de ti vacunada,
a prueba de patadas.
Por ti me quedé como Mona Lisa,
sin llanto y sin sonrisa.
Que el cielo y tu madre cuiden de ti.
Me voy, será mejor así.

Sé que olvidarte no es asunto sencillo.
Te me clavaste en el cuerpo como un cu-
chillo.
Pero todo lo que entra ha de salir
y los que están tendrán que partir,
empezando por mí.

Ay, te aviso, te anuncio …

Tal vez tú no eres ése para mí,
no sé cómo se puede ya vivir
queriendo así.
Es tan patético, neurótico, satírico y
psicótico …
¿Que no lo ves?
El tango no es de a tres.
Llevo planeando escapar
y me sale al revés,
pero voy a intentarlo una y otra vez.

Ay, te aviso, te anuncio …

Ya me voy, ya me fui, es mejor así …

Te aviso, te anuncio, en: Laundry Service © Shakira, 2002

2 **enterrar:** begraben 9 **vacunado/-a:** geimpft 10 **a prueba de patadas:** *fam.* muy firmemente 15 **el asunto:** la cuestión 16 **clavar:** einhämmern, einschlagen 19 **partir:** irse de un lugar 30 **al revés:** umgekehrt

LA LENGUA

Campo léxico

1 *Agrupa todos los sinónimos del verbo «decir» que conoces y que puedes encontrar en el diccionario:* avisar, anunciar, …

2 *Señala los sustantivos que corresponden a los verbos que has encontrado:* avisar – el aviso, anunciar – el anuncio, …

El uso del subjuntivo

1 «Nunca pensé que doliera el amor así». *Explica el uso del subjuntivo en esta frase.*

DELE

2 *¿Indicativo o subjuntivo? Indica lo que conviene.*

a) Reconozco que no es / sea fácil olvidarte.
b) No digo que eres / seas histérica, pero sí digo que eres / seas bastante nerviosa.
c) Le aclaré que no podíamos / pudiéramos seguir así.
d) No pienso que tienes / tengas razón, pero tampoco creo que es / sea correcto lo que dice tu amigo.
e) Ya sabes que te quiero / quiera mucho.
f) ¿Supongo que no has escuchado / hayas escuchado el mensaje que te dejé en el contestador automático?
g) Nunca me gustó que no hablábamos / habláramos de nuestros problemas.
h) ¡Explícame qué tengo que / tenga que hacer!

TAREA CREATIVA

Imagina que eres la persona a la que se dirige esta canción. Acabas de escucharla y le escribes una carta al yo lírico en la que te justificas y aclaras cómo te sientes.

PARA PROFUNDIZAR

Cuando hoy en día se habla de «música latina» se trata, en la mayoría de los casos, de ritmos de la región del Caribe. Mientras que el merengue o la bachata son de la República Dominicana, la salsa tiene su origen en Cuba. Estos ritmos son un auténtico ejemplo de una mezcla de culturas, ya que tienen su origen en los tiempos de la colonia: los españoles trajeron sus ritmos e instrumentos de Europa –la guitarra, el violín, el piano, la flauta– los africanos, transplantados como esclavos al Nuevo Mundo, aportaron instrumentos de percusión, el canto y el baile.
De estos ritmos, la salsa conoció el mayor éxito: se hizo popular en los barrios de inmigrantes hispanos (es decir, cubanos, puertorriqueños y dominicanos) de Nueva York en los años sesenta del siglo XX y se convirtió en la música más popular en América Latina.

MÚSICA Y SENTIMIENTOS

EL TEMA

¿Qué impresiones (sabores, ruidos, olores, imágenes, contactos) relacionas espontáneamente con los cinco sentidos?

el gusto: el sabor a naranja, …
el oído: el canto de un pájaro, …
el olfato: …
el tacto: …
la vista: …

ESCUCHAR

Escucha e indica qué impresión relacionas espontáneamente con esta música.

EL TEXTO A

Leer el principio y el final de un texto e imaginar lo que pasa en medio

1 *Lee las tres primeras frases (ll. 1–8). Seguramente conoces este estado. Descríbelo.*
2 *Lee la última frase: ¿qué habrá pasado entre los dos momentos como para que la persona haya llorado?*
3 *Lee el texto y compáralo con tus ideas: ¿por qué ha llorado la persona?*

B

Analizar un texto

1 *Describe en detalle el «estado de confusa conciencia» del que habla el narrador.*
2 *¿Qué evoca la melodía del tango en él? Haz una lista.*
3 *Indica los sentidos que se estimulan.*
4 *¿Qué provoca la música en el narrador?*
Explícalo tomando en cuenta los resultados de las tareas B2 y B3.

Muchas veces se produce el insomnio en mitad de la noche, poco antes de iniciarse el amanecer. Depués de unas horas de sueño profundo, de pronto te despiertas. Primero se establece un estado de confusa conciencia en que uno se reconoce vivo aunque no acierta a saber quién es ni en qué lugar se halla. Se trata de un instante que carece de perfiles durante el cual tal vez sigues soñando despierto que eres aquel que has soñado. En ese momento, oyes un tango suave en la radio que ha quedado encendida junto a la almohada. ¿Qué hora será? Tampoco sabes si estás en la habitación de un hotel de una ciudad desconocida. La música en la noche te va llevando a lugares de la juventud, a los primeros amores, a los cines de verano, a las playas de la niñez. En medio de la melodía del tango todavía no has recuperado por completo la conciencia que se va revelando lentamente como una placa de la memoria y dentro de ella tú aún lo eres todo y nada: el frescor después de una tormenta de verano, los vencejos que chillaban sobre el claustro de la facultad, los labios apretados de la niña que te besaron, el bañador abandonado detrás de las dunas, el sabor a pimiento asado bajo el emparrado, el tubo de escape de la moto que rayaba la mañana del domingo cuando ibas al mar, y este mismo tango que sonaba con el acordeón en aquella fiesta lejana. Sin que la conciencia se haya revelado del todo, notas un poco de humedad en la almohada y no sabes si eres tú el que está llorando, aunque las lágrimas son ciertas. Piensas en aquel tiempo remoto que embellecía la vida mientras el sonido del tango se sucede hasta la madrugada, y en medio de esta melodía quedas desvelado, y en la oscuridad, finalmente, reconoces tu cuerpo actual, pero dentro de él no hay nadie. [...] Cuando el amanecer empieza en la ventana, te duermes otra vez, y al despertar a media mañana no recuerdas por qué has llorado esa noche.

Manuel Vicent © El País, 8 de diciembre de 1996

1 **el insomnio:** Schlaflosigkeit 7 **acertar a hacer a/c:** conseguir hacer a/c 9 **carecer de:** no tener 9 **el perfil:** Umriss, Profil 25 **el vencejo:** Mauersegler 26 **chillar:** *aquí* los ruidos que hace un vencejo 28 **el bañador:** ropa para bañarse 29 **el sabor a pimiento asado:** der Geschmack nach gebratenen Paprikaschoten 30 **el emparrado:** Laubengang, Pergola 30 **el tubo de escape:** Auspuff 39 **remoto/-a:** lejano/-a 39 **embellecer:** hacer más bonito/-a 40 **sucederse:** continuar 42 **quedar desvelado/-a:** estar despierto/-a

LA LENGUA
DELE

El uso de los pronombres relativos

1 *Explica el uso de **que, el cual, el que**:*
«Piensas en aquel tiempo remoto que embellecía la vida.»
«Se trata de un instante que carece de perfiles durante el cual sigues soñando despierto.»
«No sabes si eres tú el que está llorando.»

2 *Pon los pronombres relativos que convengan.*
a) Somos nosotros [¿] no dijimos la verdad.
b) ¿Te acuerdas todavía del primer beso [¿] recibiste?
c) Paula, ¿eres tú [¿] ha dicho eso?
d) ¡Mira! Allí está la chica de [¿] mi hermano se ha enamorado y con [¿] le gustaría salir.
e) Todos tenemos sueños sin [¿] nuestra vida sería muy triste.
f) A mi madre no le importa que veamos todo el día la televisión. ¡Es mi padre [¿] no lo permite!
g) La puesta de sol es un momento durante [¿] el mundo se vuelve silencioso.
h) ¿Oyes los pájaros [¿] están cantando en los árboles?
i) Ésta es la casa delante de [¿] se produjo el accidente.

Verbos con cambio vocálico

1 *Clasifica estos verbos según el grupo al que pertenecen en el presente (e → ie, o → ue, e → i, c → zc):* acertar, apretar, carecer, cerrar, consolar, defender, despertarse, doler, dormir, elegir, empezar, entender, establecer, impedir, mentir, oler, pedir, pensar, perder, preferir, producir, reconocer, recordar, seguir, servir, sonar, soñar, volver

2 *Forma frases con los verbos subrayados.*

→ Utilizar un diccionario, p. 255

Campo léxico

Busca los verbos y expresiones relacionados con los cinco sentidos del cuerpo.
Ejemplo: el olfato – oler bien / mal, oler a rosas, apestar, ...

TAREA CREATIVA
DVD

Tango

1 *Mira el recorte de la película «Tango» de Carlos Saura. Describe*
- el ambiente del local,
- los instrumentos que se tocan,
- la música y el ritmo del tango,
- el baile.

2 *Imagina una escena (de película o de teatro) en la cual tu música favorita juegue un rol importante.*

BUENAS NOCHES, CHE BANDONEÓN

EL TEMA

→ Imágenes y cuadros, p. 250

Describe la acuarela haciendo énfasis en la atmósfera que crea.

Isabel Civit, Bandoneón

EL TEXTO **A**

Percibir la atmósfera de un texto recitado

1 *Cierra los ojos y escucha. Luego describe la música y la voz.*
2 *¿Qué atmósfera se crea?*
3 *Lee el texto y describe cómo se siente el narrador.*

B

Reconocer un tipo de texto y analizarlo

1 *¿Dé qué tipo de texto se trata?*
2 *Indica algunos elementos típicos de este tipo de texto.*
3 *¿A quién se dirige el narrador tratándole de «usted»?*
4 *Analiza cómo caracteriza a su interlocutor.*

Viviendo en París, el escritor y poeta argentino Julio Cortázar (1914–1984) grabó en disco el texto siguiente, acompañado por Juan José Mosalini, un bandoneonista conocido.

De manera que buenas noches, che Bandoneón.
Qué bueno verte bien y en tan buenas manos.
No se me ponga modesto, don Fuelle.
Hágame escuchar su música
mientras yo lo acompaño con vino y tabaco y tantas nostalgias.
Todo eso que lleva los muchos nombres que Ud. tiene ...
Porque Ud. se llama Ciriaco Ortiz, se llama Federico, se llama
Laurens, se llama Piazzolla, se llama Pichuco, se llama ... tantos otros ...
Y esta noche se llama Juan José Mosalini.
Ya ve si lo conozco ...
Respire a fondo y dele ... cuénteme ... cuénteme de ese Buenos Aires,
tan lejano ahora para mí ...
Cuénteme de mi propia vida de pibe y de muchacho.
Y gracias, che Bandoneón.

Buenas noches, che Bandoneón © Julio Cortázar, 1979

1 **che:** *arg.* hey, hör mal 3 **modesto/-a:** bescheiden 3 **el fuelle:** Blasebalg 7 **Ciriaco Ortiz, Federico, Laurens, Piazzolla, Pichuco, Juan José Mosalini:** nombres de grandes bandoneonistas 11 **y dele:** *etwa* und los! 13 **el pibe:** *arg.* el niño

LA LENGUA

El imperativo con usted

1 «No se ponga modesto. Hágame escuchar su música. Respire a fondo. Cuénteme.»
Explica las formas del imperativo en estos ejemplos.

2 *¿Por qué llevan acento «cuénteme» y «hágame»?*

3 *Utiliza el imperativo con usted y pon los acentos donde sean necesarios. Ejemplo:* explicarme el camino – ¡Explíquenme el camino!

a) (Seguirme), yo sé dónde es el concierto
b) (Pasar, pasar), va a empezar ahora mismo
c) (Decirnos) lo que sabe de Julio Cortázar
d) No (ponerse) triste con esa música
e) (Esperar) el final del concierto
f) (Escuchar) a Mosalini
g) (Volver) mañana si quiere saber más del tango
h) No (tocar) este bandoneón, es muy antiguo
i) (Conducir), por favor, es que yo he bebido algo
j) No (salir) del concierto antes del final

Isabel Civit, Tango

TAREA CREATIVA

Reescribe el texto para que se pueda recitar al sonido de tu instrumento favorito.

SABOR A CINE

COMO AGUA PARA CHOCOLATE: LA IMAGEN

EL TEMA
DVD

1 *Escucha: ¿de qué situación se habla aquí?*
2 *Imagina el argumento y el estilo de la película correspondiente.*
Estas palabras te pueden facilitar la comprensión:

los hombros: *hier* Rücken **la masa:** Teig **el buñuelo:** Fettgebackenes **brotar:** *hier* blubbern, aufsteigen
la burbuja: Luftblase

LA PELÍCULA **A**
DVD

Conocer a los protagonistas a través de la imagen

1 *Mira las tres escenas de la película una vez sin poner el sonido.*
- *¿Quiénes son los protagonistas de la película, según tu opinión?*
- *Describe los recursos fílmicos que usa el director de la película para dar a entender que éstos son los personajes principales.*

2 *Intenta adivinar la relación que hay entre los personajes principales.*
Utiliza: (No) creo que – Me parece que – Es posible / obvio que – Debe de + inf.
3 *Trabajad ahora en parejas. Mirad el recorte una o dos veces más, todavía sin poner el sonido. Formulad hipótesis sobre los diálogos.*
4 *Mirad el recorte con el sonido y comparadlo con vuestras hipótesis de las primeras tres preguntas.*

B
DVD

Comprender y analizar un recorte de película

1 *Mira el recorte de la película y resume la acción de cada una de las tres escenas en dos o tres frases.*
Indica también el lugar de la acción de cada una de las escenas.
2 *¿Quiénes parecen ser los «buenos», quiénes los «malos» de la película? Justifica tu opinión.*
3 *Comenta las reacciones y emociones de Tita tal y como se perciben a lo largo de estas tres escenas.*
4 *Si «Como agua para chocolate» fuera una tragedia clásica, estas tres escenas formarían el primero de cinco actos. Explica.*

La película

«Como agua para chocolate»

(1992; director: Alfonso Arau) fue rodada según la novela del mismo nombre, de Laura Esquivel.
La película obtuvo varios premios internacionales. La acción se sitúa en México, en el año 1910. Doña María Elena, propietaria de un rancho grande, es viuda. Vive con sus tres hijas: Tita, Gertrudis y Rosaura.

LA LENGUA

Familias de palabras: la producción de una película

A partir de la siguiente lista de palabras y con la ayuda de los sufijos indicados, forma los términos necesarios para nombrar algunas de las personas involucradas en la realización de una película y algunas fases de este proceso.

-aje / -ista / -ión / -iz / -or

dirigir – guión – distribuir – actuar – protagonizar – montar – producir – rodar – doblar

Definiciones: hablando de cine

1 *Combina las palabras con las definiciones correspondientes.*

el actor / la actriz	– cada una de las fotografías de una película
el monólogo	– la persona que dirige una película
la trama	– el argumento de una película
el director	– una película que tiene una buena acogida
el fotograma	– la persona que actúa en una película, que interpreta un papel
el largometraje	– una película de larga duración (por ejemplo, de 90 minutos)
el personaje principal	– la enumeración de la gente que ha colaborado en la producción de una película
el papel	– cuando una persona habla sola
el éxito taquillero	– la sustitución de la parte hablada por su traducción en otra lengua
el guión	– el protagonista de una película
el montaje	– el texto que contiene los diálogos y todas las indicaciones técnicas necesarias para realizar una película
los créditos	– el personaje al que un actor representa
el doblaje	– el proceso de poner en un orden los distintos fotogramas

2 *Ahora define tú las siguientes palabras:*
la cámara,
el cortometraje,
el diálogo,
el espectador,
el personaje secundario,
la sincronización

OPINIÓN

→ Dar una opinión, p. 239

Comenta la costumbre de la que habla doña Elena en la tercera escena, teniendo en cuenta la época.

COMO AGUA PARA CHOCOLATE: EL SONIDO

EL TEMA / ESCUCHAR
DVD

1 *Cierra los ojos y escucha (ver el segundo recorte): es lo que se oye en una escena de la película. Imagina a los músicos e inventa una escena en la que esta música pueda servir de fondo.*
2 *Describe la foto. ¿Qué dirán estas dos personas? ¿Qué sentirán?*

LA PELÍCULA **A**
DVD

Imaginar una escena a través del oído

1 *Cierra los ojos y escucha dos o tres veces. Estas palabras te pueden facilitar la comprensión:*

jaqueca: dolor de cabeza; **chillar:** *aquí* llorar

2 *Averigua dónde tienen lugar las escenas y quiénes son los personajes que están hablando.*
3 *Ya conoces a dos de los personajes que oyes. ¿Cómo te imaginas a la tercera persona? Descríbela (edad, físico, carácter ...). ¿Qué relación tiene con las otras dos personas?*
4 *De estas escenas se puede deducir una información importante en cuanto al futuro de los dos jóvenes enamorados del primer texto. Indícala.*
5 *Mira el recorte, después imagina lo que va a pasar inmediatamente después de estas escenas.*

B
DVD
→ Caracterizar a un personaje, p. 234

Analizar un recorte de una película

1 *Mira la escena y caracteriza a doña Elena. Ten en cuenta los recursos fílmicos que usa el director para resaltar sus rasgos o su comportamiento.*
2 *Interpreta la relación entre Tita y su madre tal como se desprende de este recorte.*
3 *Describe cómo se transmite la acción en la escena del banquete.*

TAREA CREATIVA
→ Redactar textos creativos, p. 240

Transforma lo que has visto en un cuento. Puedes elegir entre varias perspectivas: la de Tita, la de su madre, la de una de sus dos hermanas, la de Pedro, la de una sirvienta – o la del narrador omnisciente.
Inventa también el final de la historia. ¡Cuidado con los tiempos del pasado!

MEDIACIÓN

Una compañera de tu colegio que no aprende español ha visto con vosotros en la clase el recorte «La boda» de la película «Como agua para chocolate». Cuéntale lo esencial.

PARA PROFUNDIZAR

Explica por qué se puede decir que el presente recorte de la película «Como agua para chocolate» contiene un elemento del «realismo mágico».

El Realismo Mágico en la literatura presenta lo real como maravilloso y viceversa. El autor describe hechos, personajes y sucesos de la vida cotidiana como si fueran elementos de un mundo irreal, mientras que presenta elementos del mundo irreal y fantástico como algo real.
Desde mediados del siglo XX, la narrativa latinoamericana amplía su perspectiva más allá de la naturaleza, los indígenas y demás temas comunes de la novela realista. Así el Realismo Mágico sirvió a los autores a expresar una identidad regional.

Obras representativas
- El reino de este mundo (1949), Alejo Carpentier
- Hombres de maíz (1949), Miguel Ángel Asturias
- Cien años de soledad (1967), Gabriel García Márquez
- La casa de los espíritus (1982), Isabel Allende

COMO AGUA PARA CHOCOLATE: DE LA NOVELA A LA PELÍCULA

EL TEMA
DVD

Trabajad en grupos. Mirad otra vez los dos primeros recortes de la película (pp. 58 y 60) y comentad lo que revelan sobre el carácter de doña Elena y el de Tita y la relación entre ellas. Anotad en una lista sus rasgos.

LA PELÍCULA **A**

Inventar la escenificación de un texto escrito

1 *Indica en el texto (p. 62) la parte donde se desarrolla la acción concretamente.*
2 *Explica la función de la otra parte del texto.*
3 *Trabajad en grupos e imaginad cómo se podría escenificar el texto.*
Pensad sobre todo en los recursos fílmicos, como por ejemplo:
   - *monólogos / diálogos (en voz alta, en voz baja…)*
   - *miradas*
   - *gestos*
   - *movimientos*
   - *iluminación*
   - *diferentes planos de cámara*
   - *decoración*
   - *música …*

→ Textos dramáticos, p. 246

4 *Cada grupo escribe «su» guión de la escena. Después comparad vuestros guiones en la clase.*

B
DVD

Comparar la versión cinematográfica con el texto literario

1 *Después de haber inventado el «guión» (véase A), mira el correspondiente recorte de la película. Comenta las similitudes y las diferencias que notas.*
2 *Compara cómo está presentada la relación entre Tita y doña Elena en el libro y cómo se ve en la película.*

→ Películas, p. 247

3 *Compara el ambiente creado en el texto literario con el ambiente creado en la película. Fíjate en los recursos estilísticos, específicamente en los recursos cinematográficos.*

Preparar el baño para Mamá Elena era lo mismo que preparar una ceremonia. [...]

Sólo Tita, cuya misión era la de atenderla hasta su muerte, era la única que podía estar presente en el ritual y ver a su madre desnuda. Nadie más. Por eso se había construido este cuarto a prueba de mirones. Tita le tenía que lavar a su mamá primero el cuerpo, luego el cabello y por último la dejaba unos momentos descansando, gozando del agua, mientras ella planchaba la ropa que se pondría Mamá Elena al salir de la tina.

A una orden de su madre, Tita le ayudaba a secarse y a ponerse lo más pronto posible la ropa bien caliente, para evitar un resfrío. Después, entreabría un milímetro la puerta, para que el cuarto se fuera enfriando y el cuerpo de Mamá Elena no sufriera un cambio brusco de temperatura. Mientras tanto le cepillaba el pelo, alumbrada únicamente por el débil rayo de la luz que se filtraba por la rendija de la puerta y que creaba un ambiente de sortilegio al revelar las formas caprichosas del vapor de agua. Le cepillaba el cabello hasta que éste quedaba seco por completo, entonces le hacía una trenza y daban por terminada la liturgia. Tita siempre daba gracia a Dios de que su mamá sólo se bañara una vez por semana, porque si no su vida sería un verdadero calvario.

En opinión de Mamá Elena, con el baño pasaba lo mismo que con la comida: por más que Tita se esforzaba, siempre cometía infinidad de errores. O la camisa tenía una arruguita o no estaba suficientemente caliente el agua o la raya de la trenza estaba chueca, en fin, parecía que la única virtud de Mamá Elena era la de encontrar defectos. Pero nunca encontró tantos como ese día. Y es que Tita verdaderamente había descuidado todos los detalles de la ceremonia. El agua estaba tan caliente que Mamá Elena se quemó los pies al entrar, había olvidado el shi-shi para el lavado del pelo, había quemado el fondo y la camiseta, había abierto la puerta demasiado, en fin, que ahora sí se había ganado a pulso el que Mamá Elena la reprendiera y la expulsara del cuarto de baño.

Laura Esquivel, Como agua para chocolate (1989)

25 **la rendija:** Spalt 26 **el sortilegio:** Wahrsagerei 41 **chueco/-a:** *amer.* krumm 50 **el fondo:** *mex.* Unterrock
52 **a pulso:** por sí misma, sin la intervención o la culpa de otra persona 52 **el que:** *aquí* el hecho de que
53 **reprender a alg.:** mit jdm. schimpfen

LA LENGUA
DELE

El uso de los tiempos del pasado

1 *Explica el uso del pretérito imperfecto (hasta la línea 43).*
2 *Explica el uso del pretérito indefinido, del pretérito imperfecto y del pretérito plusquamperfecto (ll. 43–52).*
3 *He aquí cómo continúa la escena «En el baño».*
Completa el texto con las formas verbales adecuadas.

Tita (caminar) aprisa hacia la cocina, llevando bajo el brazo la ropa sucia, lamentándose del regaño [...]. Lo que más le (doler) (ser) el trabajo extra que (significar) haber quemado la ropa. [...] Tita (fregar) y (fregar) la ropa como tantas veces lo (hacer) con los pañales de Roberto para quitarles las manchas. Pero ahora por más que (sumergir) los pañales en el agua, no (poder) quitar ese horroroso color negro. De pronto (darse) cuenta que no (tratarse) de los pañales de Roberto, sino de la ropa de su madre. [...] Tita (proponerse) poner más atención en lo que (hacer). (Tener) que poner coto a los recuerdos que la (atormentar) o la furia de Mamá Elena (poder) estallar de un momento a otro.

3 **el regaño:** Zurechtweisung 7 **los pañales:** Windeln 8 **la mancha:** Fleck 15 **poner coto a a/c:** impedir que continúe a/c

ESCRIBIR

Escribe una crítica de la película para una revista para jóvenes, utilizando el vocabulario de cine de la página 59.
Piensa en la función de este tipo de textos (recomendar o no recomendarla / despertar curiosidad, atraer al público sin explicar demasiados detalles del contenido).

PROYECTO

← Madre e hija, p. 12
← Flechazo, p. 17
← El partido de Reyes, p. 39/40

Rodar una película

Elegid uno de los textos mencionados al lado.
Poneos de acuerdo sobre
- *la trama de la película (¿qué ocurre y por qué?)*
- *el guión (los personajes, las escenas, los diálogos)*
- *la realización (repartir los papeles, buscar y preparar el lugar del rodaje)*

No olvidéis que después de rodar la película, hay que proceder a un montaje de los fotogramas.
Al final podéis ponerle música de fondo, tenéis que darle un título …

José Clemente Orozco, Zapatistas (1931)

RINCÓN DE LECTURA

La obra de teatro está situada en el año 1656 en el Madrid de Felipe IV. En el escenario se ve el obrador de don Diego Velázquez así como lo vemos en el cuadro «Las meninas».

Las cortinas se descorren despacio y dejan ver el obrador. El caballete y su lienzo se han retirado a la pared; todas las puertas están cerradas. A la altura del primer panel se ha dispuesto un sillón y dos sillas a sus lados. La impresión no llega a ser la de un tribunal: los tres asientos no están exactamente en línea recta. En el centro está sentado El Rey. A su derecha, el dominico. A su izquierda, El Marqués. Despojado de sus prendas de calle, Velázquez entra por el primer término de la izquierda, se acerca y se arrodilla.

EL REY: Alzaos, don Diego. *(Velázquez se levanta.)* El Santo Oficio ha recibido una denuncia contra vos. En su gran caridad y por la consideración que vuestros servicios a la Corona merecen, ha puesto en mis manos el caso para que yo, en su nombre, proceda conforme se deba a la mayor gloria de nuestra Santa Religión. Estáis aquí para hablar ante Dios con toda verdad [...]. Mas no olvidéis que comparecéis ante vuestro Rey cuando respondáis a nuestras preguntas. Y ahora, decid: ¿es cierto que habéis pintado en vuestros aposentos de la Casa del Tesoro una pintura de mujer tendida de espaldas y sin vestido o cendal que cubra su carne?

VELÁZQUEZ: Es cierto, señor.

EL REY: ¿Conocéis la prudente norma que el Santo Tribunal dictó contra tales pinturas?

VELÁZQUEZ: Sí, majestad.

EL REY: Decidla.

VELÁZQUEZ: A quien haga y exponga imágenes lascivas se le castigará con la excomunión, el destierro y una multa de quinientos ducados.

EL REY: ¿Os reconocéis, pues, culpable?

VELÁZQUEZ: No, majestad.

EL REY: Justificaos.

Velázquez le pide al Rey que haga venir a don José Nieto Velázquez, aposentador de la Reina y primo suyo, ya que sospecha que ha sido él el que lo ha denunciado ante el Santo Oficio. El Marqués se levanta y va a buscarlo, y poco después vuelve con don José Nieto.

VELÁZQUEZ: [...¿Sois] vos quien me ha denunciado al Santo Tribunal por cierta pintura que os enseñó mi mujer?

NIETO: *(Lo piensa.)* No puedo responder a preguntas como ésa.

VELÁZQUEZ: ¡Ni es menester! Nadie sino vos puede haber sido, no vais a tener ante su majestad la cobardía de negar vuestros actos. Mas ahora sólo os haré preguntas generales. Os ruego que me iluminéis: un pintor siempre puede errar ... ¿Qué sabe él de materias tan vidriosas?

NIETO: Sabéis muy bien que la ejecución y la exposición de imágenes lascivas está prohibida. Recordarlo a tiempo hubiera debido bastaros para no tomar el pincel.

VELÁZQUEZ: *(Suspira.)* Lo recordé a tiempo, primo, y tomé el pincel.

EL MÁRQUEZ: Es una confesión en regla.

VELÁZQUEZ: No, excelencia. El precepto habla de pintar y exponer. *(A su primo.)* Yo no he expuesto.

[...]

NIETO: Si aquí se quiere escuchar mi opinión a pesar de ser la más indigna de todas, no he de ocultarla. Mi opinión es que la primera vez que un pintor español osa tal abominación, crea un precedente muy peligroso. Y entiendo que, por desgracia, una saludable severidad es necesaria ante él. Nada se pinta sin intención de ser enseñado. Y, antes o después, lo ven otras personas ... Ejecutar es ya exponer.

[...]

VELÁZQUEZ: ¿Qué entendéis vos, primo, por una pintura lasciva?

NIETO: La que por su asunto o sus desnudeces pueda mover a impureza.

VELÁZQUEZ: ¿Prohibiríais por consiguiente toda desnudez pictórica o escultórica?

Nieto: Sin vacilar.

Velázquez: Vos habéis visto lascivia en mi pintura. Mas yo os pregunto: ¿dónde está la lascivia?

Nieto: Vos lo decís. En la pintura.

Velázquez: *(Se acerca.)* ¡En vuestra mente, Nieto! ¡Vuestro ojo es el que peca y no mi Venus! ¡Debierais arrancaros vuestro ojo si entendieseis la palabra divina antes que denunciar mi tela! Mi mirada está limpia; la vuestra todo lo ensucia. Mi carne está tranquila; la vuestra, turbada. Antes de sospechar que vuestro primo había caído en las garras del demonio de la carne, debisteis preguntaros si no erais vos, y todos los que se os parecen, quienes estáis en sus garras y quienes, pensando en él a toda hora, mejor le servís en el mundo! ¡Porque no sois limpio, Nieto! ¡Sois de los que no se casan pero tampoco entran en religión! ¡Sois de los que no eligen ninguno de los caminos de la santificación del hombre! ¡Atreveos a afirmar ante Dios que nos oye que la tentación carnal no es el más triste de vuestro secretos!... ¿Nada decís?

Nieto: Somos pecado... Somos pecado.

Velázquez: ¡No os escudéis en el plural, primo! Sois pecado. *(Al Rey)* Acato humildemente, señor, las prudentes normas que una inspirada sabiduría dispone; mas yo me atrevería a sugerir otra norma, que no fuese contra las pinturas lascivas, sino contra las mentes lascivas que en todo ven lascivia.

(Vuelve a la derecha. El Rey y el dominico hablan.)

El Rey: ¿Por qué habéis pintado ese lienzo?

Velázquez: Porque soy pintor, señor. Un pintor es un ojo que ve la Creación en toda su gloria. La carne es pecadora, mas también es gloriosa. Y antes de que nos sea confirmada su gloria en el fin de los tiempos, la pintura lo percibe ... La mujer que he pintado es muy bella, señor; pero también es bello el cuerpo del Crucificado que pinté hace años y que adoran todos los días las monjitas de San Plácido.

Antonio Buero Vallejo, Las meninas (1960) © Espasa Calpe, Madrid 1987

2 **el caballete:** Staffelei 2 **el lienzo:** Leinwand 12 **alzarse:** levantarse 13 **el Santo Oficio:** Inquisition 21 **mas:** pero 25 **los aposentos:** Gemächer 27 **el cendal:** Schleier 37 **el destierro:** Verbannung 59 **vidrioso/-a:** delicado/-a 68 **el precepto:** la orden, el mandato 88 **sin vacilar:** por supuesto, seguro 94 **pecar:** sündigen 101 **la garra:** Kralle, Klaue 116 **escudarse en a/c:** sich verschanzen hinter etw. 117 **acatar:** someterse 136 **la monjita:** *diminutivo de* monja: mujer religiosa

1 *Resume con tus propias palabras el contenido de la escena.*
2 *Explica cómo Velázquez define, al final del texto, el oficio de pintor.*

RINCÓN DE PINTURA

Pablo Picasso, Toreador

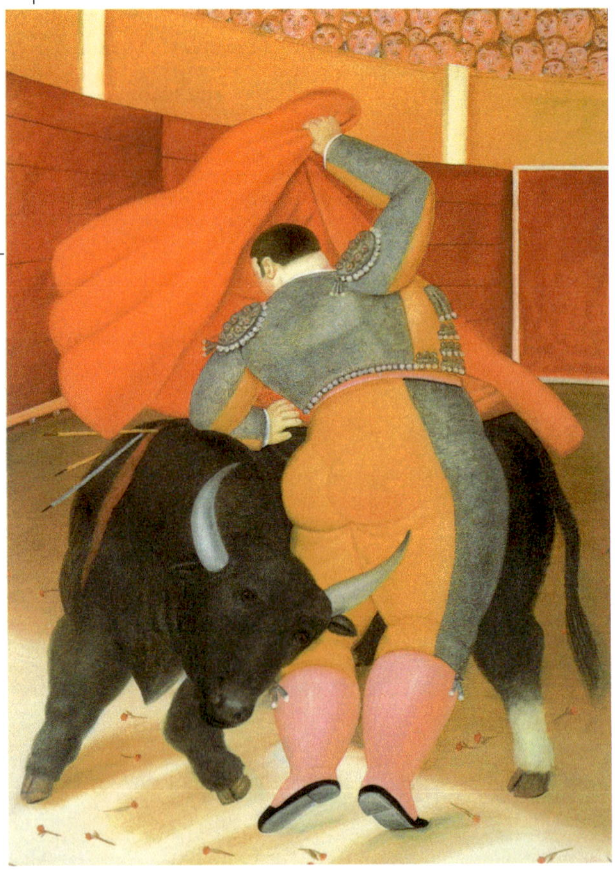

Fernando Botero, Corrida

Analiza la imagen de la corrida de toros que da cada uno de los cuadros.

PUNTO FINAL

REVISIÓN

1 *Revisad los textos que habéis leído en este capítulo y reunid en un mapa mental la información que habéis obtenido.*
2 *Buscad en los demás textos temas que no habéis tratado y añadidlos al mapa.*
3 *Señalad el tema o el texto que más / menos os haya gustado e indicad también por qué.*

DIARIO DE LECTURA

Anota lo que
– *te ha llamado la atención en el capítulo y explica también por qué,*
– *te ha aportado algo nuevo (ideas, conocimientos) que no quieres perder de vista.*

PORTAFOLIO

1 *Escoge tu tema favorito y sigue buscando información por tu cuenta. Escribe, a base de los resultados, una carta, un artículo o prepara una exposición.*
2 *Dentro de las tareas que has preparado para este capítulo, elige la que mejor te haya salido.*

DISCUSIÓN

1 *¿Qué ventaja puede tener ver un cuadro o escuchar una canción en comparación a leer un texto?*
2 *Hay quienes consideran la versión cinematográfica de una novela como un empobrecimiento mental porque las imágenes dan ya una interpretación y nos impiden usar nuestra imaginación.*
3 *¿En qué sentido la música es capaz de influir en la vida de una persona?*

PROYECTO

Trae tu canción favorita a clase y preséntala a tus compañeros. Después formad cuatro grupos y elegid cada uno una canción. Cada grupo formula para sus compañeros tareas parecidas a las que están presentadas las páginas 52, 54 y 56.

BÚSQUEDA DE INFORMACIÓN

Música latina y española

Trabajad en equipos para preparar una exposición en clase.

1 *Cada equipo elige un estilo de música, se informa sobre sus orígenes, los instrumentos típicos y los intérpretes más conocidos.*
Música española: el flamenco
Música del Caribe: el son cubano, el merengue, la salsa
Música argentina: el tango
2 *Cada grupo elige además una canción / melodía típica. La presenta a los demás y formula tareas parecidas a las que están presentadas en las páginas 52, 54 y 56.*

DIRECCIONES DE INTERNET

Museo del Prado: www. museoprado.mcu.es
El flamenco: www.andalucia.org/flamenco; www.horizonteflamenco.com
El tango: www.elportaldeltango.com; www.todotango.com; www.tangoargentino.com
Música del Caribe: www.salsa-merengue.net; www.dominicana.com.do

EMIGRANTES

Procedencia de la población hispana de Estados Unidos

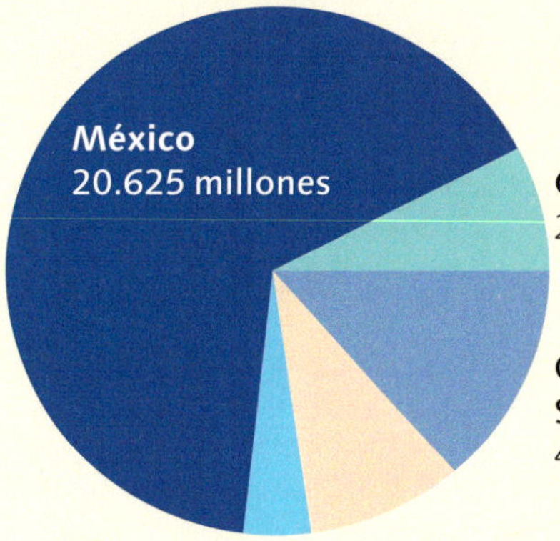

Habitantes de origen latino en EEUU

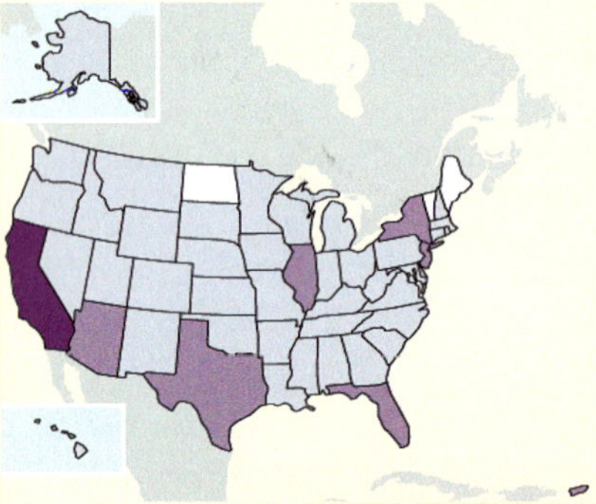

© U.S. Census Bureau, 2000

Vendedores ambulantes en Madrid

Emigrantes ilegales entrando a Estados Unidos

Carnaval latinoamericano en Nueva York

Periódico de Miami en español

MIERCOLES 6 DE ABRIL DEL 2005

DECEPCIONAN LOS LOGROS DEL PLAN COLOMBIA — PRIMER PLANO 4A

EXIGIRAN EL PASAPORTE DE EEUU AL VOLVER DE MEXICO Y CANADA — 4A

PREOCUPA EL ESPACIO PARA EL PROGRAMA DE PREKINDER

elnuevoherald.com

el Nuevo Herald

35¢ PREMIO ORTEGA Y GASSET

Pugna en el Condad

Los comisionados arremeten contra la propuesta de reforma del gobierno condal

JOAQUIM UTSET
El Nuevo Herald

Los partidarios del alcalde de Miami-Dade, Carlos Alvarez, podrán empezar hoy a recoger firmas para llevar a votación su reforma del Condado, después de recibir de la Comisión condal la reticente aprobación al texto de su propuesta, durante un caldeado pleno que dejó al rojo vivo la lucha por el poder estremeciendo al gobierno loc

En una muestra de la crudez frentamiento, el sencillo trámit ficar la legalidad de dos de las p que conforman la reforma, se mó en más de tres horas de u censura a la propuesta de Alv comité de acción política que la

Por favor, pase a la página

UNA NIÑA espera para rendir tributo a Juan Pablo II.

Dos ex presidentes irán con Bush al Vaticano

La comitiva la integran Laura Bush, George Bush, Bill Clinton y Condoleezza Rice

Associated Press
WASHINGTON

Los ex presidentes George Bush padre y Bill Clinton acompañarán al presidente George W. Bush al funeral del papa Juan Pablo II, anunció ayer la Casa Blanca. La secretaria de Estado, Condoleezza Rice, también formará parte de la pequeña delegación oficial de Estados Unidos, pero los ex presidentes Gerald Ford y Jimmy Carter no estarán en ella.

El Presidente y la prime…

siglos, pues los cardenales no estarán encerrados en la Capilla Sixtina, sino que recibirán alojamiento en la residencia Santa Marta, en el Vaticano.

Asimismo, el tañido de las campanas del Vaticano se sumará al tradicional humo blanco para anunciar al mundo la elección del nuevo jefe de al Iglesia Católica, se informó ayer.

El arzobispo Piero Marini, director de celebraciones litúrgicas, apuntó que el sonido de las campanas se había agregado para evitar confusión acerca del color del humo que sale de la chimenea

ARROLLADO DEBUT DE LO MARLIN

JUAN ENCARNACION disparó un jonrón con las bases llenas en la primera entrada del juego.

LA POBLACIÓN EUROPEA EN DECLIVE

	1998	2050		1998	2050
ALEMANIA	82.133.000	73.303.000	ITALIA	57.369.000	41.197.000
AUSTRIA	8.140.000	7.049.000	HOLANDA	15.678.000	14.156.000
BÉLGICA	10.141.000	8.918.000	NORUEGA	4.419.000	4.758.000
DINAMARCA	5.270.000	4.793.000	PORTUGAL	9.869.000	8.137.000
ESPAÑA	39.628.000	30.226.000	REINO UNIDO	58.649.000	56.667.000
FRANCIA	58.683.000	59.883.000	SUECIA	8.875.000	8.661.000
GRECIA	10.600.000	8.233.000	SUIZA	7.299.000	6.745.000

© La Vanguardia, 6 de enero de 2000

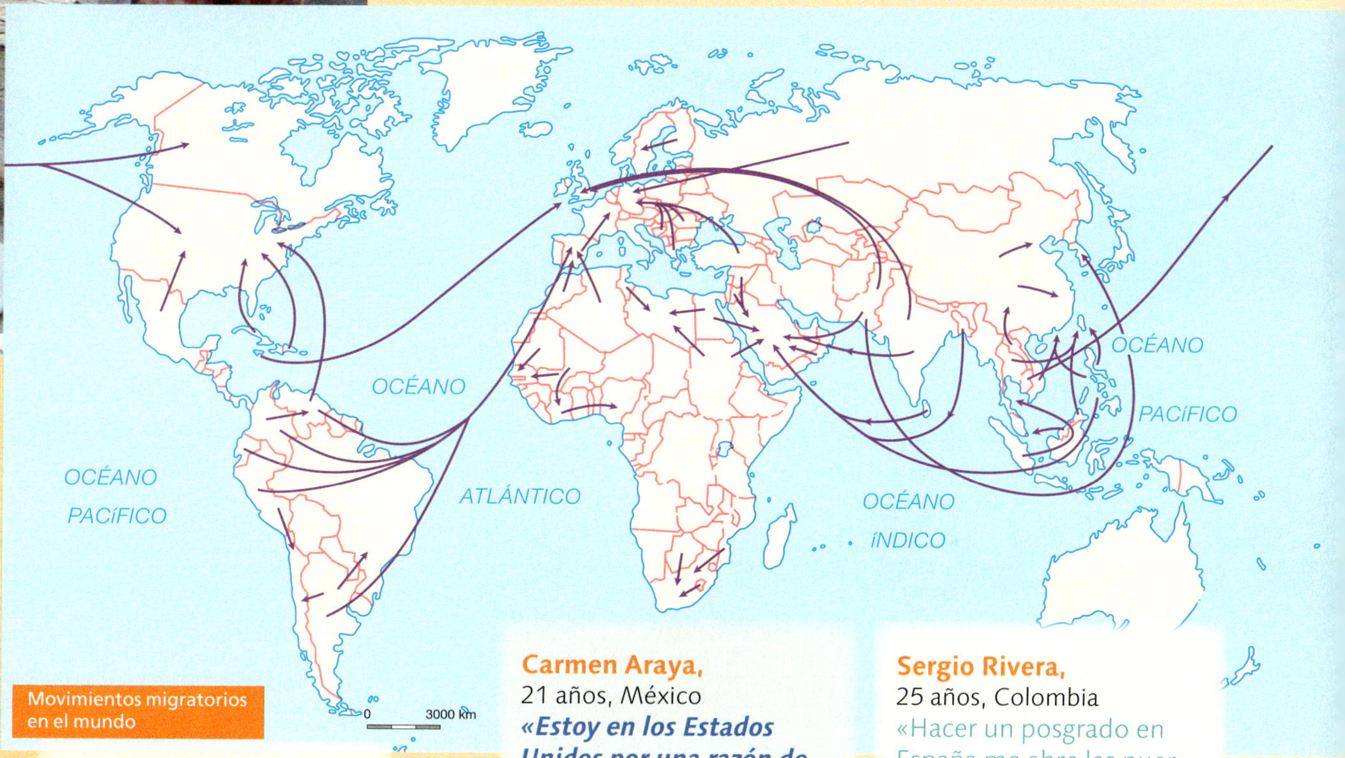

Movimientos migratorios en el mundo

César Gallardo,
42 años, Costa Rica
«Me decidí por los Estados Unidos porque es una sociedad multicultural con muchos beneficios para los inmigrantes»

Carmen Araya,
21 años, México
«Estoy en los Estados Unidos por una razón de carácter romántico: seguí a mi amor»

Sergio Rivera,
25 años, Colombia
«Hacer un posgrado en España me abre las puertas de par en par al volver a mi país»

Guillaume Konan,
19 años, Costa de Marfil
«Hay algo que no tiene precio: la tranquilidad de vivir en un sitio seguro»

Fitsum Mebara,
38 años, Camerún
«Emigré para mejorar mi calidad de vida»

1 *Mira el mapa y describe los movimientos migratorios en Europa y en América.*
2 *Indica las razones de migración tal como se reflejan en las citas.*
3 *Interpreta los gráficos y relaciónalos con las fotos.*

LOS HISPANOS EN LOS ESTADOS UNIDOS DE AMÉRICA

LA LLAVE DEL ÉXITO

EL TEMA *Si tuvieras que vivir en un país extranjero sin conocer la lengua, ¿qué y quién podría facilitarte la adaptación?*

EL TEXTO **A**

Analizar frases clave de un texto

1 *Explica qué afirmaciones son las más importantes para ti y justifica tu opinión.*
2 *Analiza las frases en las líneas 7–11.*

B

Comparar el punto de vista de dos personas

1 *Presenta a Evelyn y a José con tus propias palabras.*
2 *Apunta lo que dice Evelyn sobre aprender idiomas y explícalo.*
3 *Compara a Evelyn con José: ¿qué importancia tienen en ambos casos los estudios?*

Evelyn Sicairos

(19 años)

Mi familia fue todo. Si mis papás no hubieran sido mexicanos y pobres, yo no le hubiera puesto tantas ganas al estudio. Hubo mucho sacrificio de parte de ellos. Mis papás llegaron sin papeles, se sacrificaron mucho y por eso tuve oportunidades. Al ser mexicana me dan más ganas de asistir a la universidad y demostrar que los latinos sí pueden asistir a la universidad y ser alguien. Especialmente yo que soy mujer. Yo pienso que la mayoría de las mujeres piensa que tiene que estar en la casa, cocinando, etc.

Soy bilingüe, sé hablar inglés y español. Tuve clases de español desde kinder hasta tercer grado. Aprendí a leer y escribir bien en español y después empecé con inglés. Con mis padres no hablaba en inglés, sólo en español. Me ayudó que no sabía inglés porque le puse más ganas. La educación bilingüe me ha ayudado. En estos tiempos es importante saber más de un solo idioma. Sobre todo en este país que es muy diverso.

Pienso que la escuela debería tener más programas. Deberíamos saber mucho más de la cultura de nuestros padres. Aunque ellos tratan de inculcarnos mucho de su cultura, sus tradiciones. Pero en la escuela pasamos la mayoría del tiempo y nos deberían enseñar más allí.

José Santacruz

(19 años)

En México vivía en un pueblo muy pequeño y casi no estudié porque sólo había una escuela y a veces el maestro faltaba. Luego cuando llegué aquí sí estudié un tiempo, pero no me iba bien y comencé a trabajar a tiempo parcial en un restaurante de comida rápida y comencé a ganar dinero y entonces quería seguir ganando más dinero.

Entonces faltaba a la escuela para trabajar más horas. Se me cerró la mente, no quise saber nada más de los estudios. También quise ser policía, pero la consejera de la escuela me dijo que para eso hacen falta papeles migratorios y yo no tengo. Me desilusioné mucho. Hoy cuando vine a la escuela para la entrevista vi el lugar y me sentí como un tonto por no haber terminado, porque ya estaba en último año. Me dieron ganas de llorar.

LA LENGUA

La formación de palabras: el sufijo *-dad*

1 *Indica el género de la palabra «oportunidad» (l. 6) y busca otras palabras que terminen en esta sílaba. Después forma sustantivos con los siguientes adjetivos:* fatal – genial – normal – posible – real – temporal

2 *Imagina un título para el texto, utilizando uno de estos sustantivos.*

ESCUCHAR

DELE

➔ Comprensión auditiva, p. 229

1 *Escucha y anota lo que dice Jerry Gómez sobre*
- *su situación familiar,*
- *su carrera escolar.*

2 *¿Qué ventaja tiene Jerry, comparándolo con Evelyn y José?*

PARA PROFUNDIZAR

1 *Comenta la estadística sobre el nivel de estudios en los Estados Unidos.*

2 *Relaciona los datos con los comentarios de Evelyn, José y Jerry sobre sus experiencias escolares.*

➔ Cifras y porcentajes, p. 251

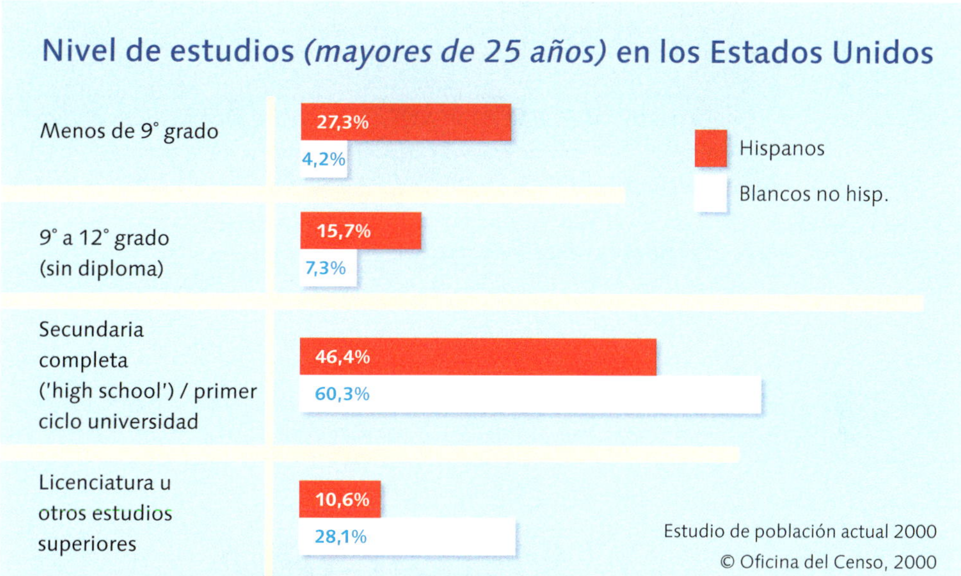

LOS HISPANOS

EL TEMA *Señala las ideas que confluyen en este collage.*

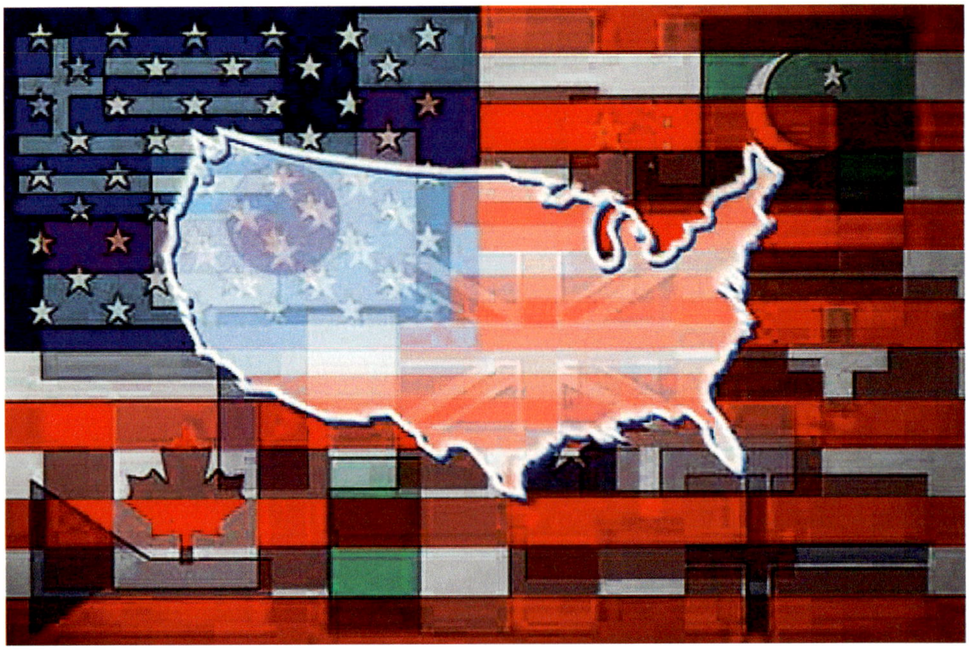

EL TEXTO **A**

→ Textos informativos, p. 245

Comprender un texto informativo

1 *Mira el título y formula algunas hipótesis sobre el texto. Luego leelo y verifica si aparecen tus ideas.*

2 *Expón la información del texto guiándote por los tres aspectos enumerados en el título.*

B

→ Mapa mental, p. 257

Convertir un texto informativo en un mapa mental

Estructura la información del texto convirtiéndola en un mapa mental.

DEMOGRAFÍA, CULTURA, DÓLARES

En Estados Unidos, los hispanos son una comunidad antigua y nueva al mismo tiempo, compuesta tanto por recién llegados como por descendientes de familias con un arraigo más profundo que cualquier otro grupo, salvo los pueblos indígenas. Los hispanos, de esta manera, pueden reivindicar una presencia anterior al nacimiento de Estados Unidos, pero su influencia actual se debe sobre todo a las inmigraciones más recientes.

El término hispano, o latino, es una categoría panétnica creada por decreto hace tres décadas, en tiempos de Richard Nixon. Por eso no resulta fácil su análisis. La población hispana tiene características comunes e intereses compartidos, pero no representa una fuerza social y política cohesionada. Ofrece signos de convergencia, como una cultura relativamente común basada en la lengua y en la religión. Pero también presenta grandes diferencias. Los inmigrantes mexicanos, que son con mucho los más numerosos, están en la cola social y votan demócrata; los cubanos, con niveles superiores, votan republicano y son mejor recibidos.

Los hispanos ya son la primera minoría de Estados Unidos, y esto representa un desafío para los creyentes en el poder de asimilación estadounidense. No faltan quienes, como Samuel P. Huntington, consideran que esta inmigración amenaza la identidad nacional. ¿Quién, pues, está cambiando a quién? Unos aseguran que la categoría de hispano es fundamental para definir los actuales Estados Unidos, que no hay una razón intrínseca para que la comunidad hispana no pueda integrarse con éxito y que el futuro que imagina Huntington no llegará nunca. Pero otros subrayan que los hispanos también están cambiando la sociedad estadounidense y sus países de origen. En México, los dólares de los inmigrantes representaron en 2003 el 90 por ciento de la inversión extranjera. El poder adquisitivo de los hispanos está vigorizando el mercado de un modo nunca visto, a pesar de que menos del 10 por ciento de los latinos de Estados Unidos es universitario.

Xavier Batalla © La Vanguardia Dossier, octubre de 2004

3 **recién:** *adv.* hace poco tiempo 5 **el arraigo:** Verwurzelung 8 **reivindicar:** (ein)fordern, Anspruch erheben auf 14 **panétnico/-a:** compuesto/-a por muchos pueblos 20 **cohesionado/-a:** unido/-a 26 **estar en la cola social:** estar en el nivel social más bajo 32 **el desafío:** Herausforderung 36 **amenazar:** (be)drohen 41 **intrínseco/-a:** esencial 43 **Samuel P. Huntington:** Politólogo norteamericano que en su libro *The Clash of Civilizations* (1998) niega la idea de que diferentes culturas puedan convivir en paz. 50 **el poder adquisitivo:** Kaufkraft 51 **vigorizar:** hacer más fuerte, animar

LA LENGUA

DELE

Integrar el vocabulario

1 *Encuentra para cada una de estas palabras un antónimo en el texto:*
el individuo, superficial, la ausencia, posterior, la muerte, inferior, la mayoría

2 *Encuentra para cada una de estas palabras un sinónimo en el texto:*
exigir, la señal, el reto, la integración, afirmar, animar

→ Vocabulario, p. 254

3 *Utiliza cada uno de los sinónimos y antónimos encontrados en una frase.*

4 *Sustituye los verbos subrayados por otros más precisos:*
a) La población hispana tiene características comunes, pero no es una fuerza social.
b) No es fácil analizar este problema.
c) La población hispana ofrece signos de convergencia, pero también hay grandes diferencias.

La formación de palabras: el sufijo *-ción*

1 *Indica el género que tienen los sustantivos que terminan en* **-ción**, *p.ej. «población» (l. 17), «asimilación» (l. 33) e «inmigración» (l. 35).*

2 *Forma los verbos que corresponden a estos sustantivos.*

3 *Luego transforma los siguientes sustantivos en verbos:*
definición, reivindicación, imaginación, representación, consideración, creación, integración, vigorización
En caso de duda, busca los verbos en el texto.

DISCUSIÓN

Hay quienes consideran que la inmigración de los hispanos en Estados Unidos «amenaza la identidad nacional» (l. 36).

1 *Señalad los temores que se esconden detrás de esta opinión y justificad vuestras razones.*

2 *Comentad la situación en vuestro país. ¿Hay consideraciones parecidas?*

BÚSQUEDA DE INFORMACIÓN

Busca información para comprobar la frase: «En Estados Unidos, los hispanos son una comunidad antigua y nueva al mismo tiempo» (ll. 1–3). Elige uno de los temas:

La historia de Texas
1836: El Álamo
1848: El tratado de Guadalupe Hidalgo

Los emigrantes cubanos
años 60: 20.000
años 80: 125.000
años 90: los balseros

PARA PROFUNDIZAR

→ Cifras y porcentajes, p. 251

Comenta el gráfico.

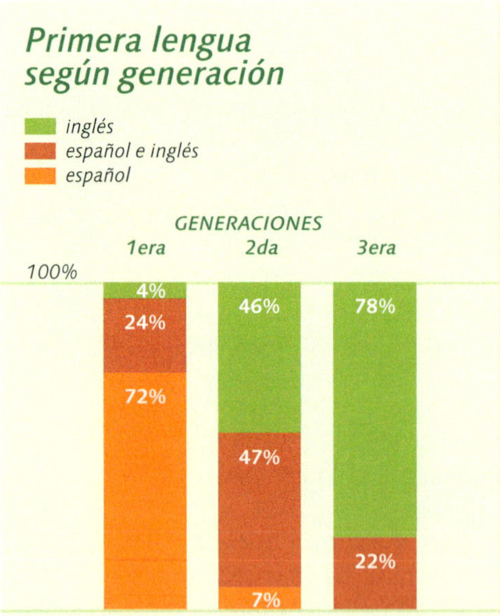

© Pew Hispanic Center & H. Kaiser Family Foundation, 2002

En los Estados Unidos hay aproximadamente 35 millones de hispanohablantes, lo que supone el 12% de la población.

El 87% de los hispanos se concentra en nueve Estados: California, Texas, Florida, Nueva York, Arizona, Colorado, Nuevo México, Illinois y Nueva Jersey. Más del 60% de Miami es hispano.

El ingreso anual medio para una familia es de 28.000 dólares, frente a los 40.000 de la media nacional.

A pesar de todo, el poder adquisitivo de los hispanos ha aumentado un 70% desde 1990, moviendo cada año unos 340.000 millones de euros.

UNA CHILENA EN LOS ESTADOS UNIDOS

EL TEMA *¿Cómo comprendes la frase: «Entiendo el idioma, pero no tengo las claves»?*

EL TEXTO **A** DELE

Sacar la información básica de un texto

1 *Resume la información que ofrece la narradora sobre sí misma.*
2 *Cita ejemplos de su vida cotidiana en los Estados Unidos.*
3 *Indica lo que la narradora esperaba obtener en el nuevo país.*
4 *Compara con lo que ha obtenido.*

B

Analizar la información de un texto

→ Textos narrativos, p. 241

1 *Resume en dos o tres frases de qué habla el texto.*
2 *¿Cuáles son las claves de la integración, según la narradora?*
3 *Explica la frase: «Sabía que no me asimilaría por completo, …» (ll. 13–18).*
4 *Expón los conceptos de libertad en los Estados Unidos y en Chile, tal como los presenta la narradora.*

C

Analizar el lenguaje de un texto

1 *El texto está lleno de humor. Busca ejemplos.*
2 *¿Qué actitud de la narradora frente a los Estados Unidos transmiten los ejemplos?*

Estaba decidida a conquistar mi lugar en California y en el corazón de ese hombre, costara lo que costara. En Estados Unidos todos, menos los indios, descienden de otros que llegaron de afuera; mi caso nada tiene de especial. El siglo XX fue el siglo de los inmigrantes y refugiados, nunca antes el mundo vio tales masas humanas abandonar su lugar de origen para desplazarse a otros sitios, huyendo de la violencia o la pobreza. Mi familia y yo somos parte de esa diáspora; no es tan malo como suena. Sabía que no me asimilaría por completo, estaba muy vieja para fundirme en el famoso crisol yanqui: tengo aspecto de chilena; sueño, cocino, hago el amor y escribo en castellano; la mayoría de mis libros tiene un definitivo sabor latinoamericano. Estaba convencida de que nunca me sentiría californiana, pero tampoco lo pretendía, a lo más aspiraba a tener una licencia para conducir y aprender suficiente inglés para pedir comida en un restaurante. No sospechaba que obtendría mucho más.

Me ha costado varios años adaptarme en California, pero el proceso ha sido divertido. [...] [Ahora] espero con ansiedad el pavo del día de *Acción de Gracias* y el esplendor *kitsch* de las Navidades. Incluso participo del obligado picnic del *4 de Julio*. A propósito, ese picnic es muy eficiente, como todo lo demás por estos lados: conducir de prisa, instalarse en el lugar previamente reservado, colocar las cestas, tragarse la comida, patear la pelota y correr de vuelta para evitar el tráfico. En Chile echaríamos tres días en semejante proyecto. [...]
[A Willie] le gusta mi país, dice que es como California hace cuarenta años, pero se siente forastero, tal como yo me siento en Estados Unidos. Entiendo el idioma, pero no tengo las claves. En las ocasiones en que nos juntamos con amigos, puedo participar poco en la conversación, porque no conozco los acontecimientos o la gente de los cuales hablan, no vi las mismas películas en mi juventud, no bailé al son de la ▶

---

7 **el refugiado:** Flüchtling 15 **el crisol:** Schmelztiegel 20 **pretender a/c:** den Anspruch haben 21 **aspirar a a/c:** desear a/c, querer lograr a/c 27 **la ansiedad:** un deseo muy fuerte 28 **Día de Acción de Gracias:** Thanksgiving 30 **el 4 de Julio:** Día de la Independencia de los Estados Unidos 34 **la cesta:** un recipiente para transportar a/c, p.ej. la compra o la comida 37 **echar (tres días):** *fam.* necesitar (tres días) 41 **el forastero:** persona que es de otro lugar, otra ciudad u otro país 43 **la clave:** *aquí* lo que explica o descifra a/c 48 **al son de la guitarra:** con la música de la guitarra

guitarra epiléptica de Elvis, no fumé marijuana ni salí a protestar contra la guerra del Vietnam. [...] Incluso el béisbol es un misterio para mí; no entiendo tanto apasionamiento por un grupo de gordos esperando una pelota que nunca llega. [...] Lo que más aprecio de mi condición de inmigrante es la estupenda sensación de libertad. Vengo de una cultura tradicional, de una sociedad cerrada, donde cada uno de nosotros carga desde su nacimiento con el karma de sus antepasados y donde siempre nos sentimos observados, juzgados, vigilados. [...] Un niño que roba lápices de colores en la guardería infantil queda marcado como ratero para el resto de su vida, en cambio en Estados Unidos el pasado no importa, nadie pregunta los apellidos, el hijo de un asesino puede llegar a presidente... siempre que sea blanco. Se pueden cometer errores, porque sobran nuevas oportunidades, basta irse a otro estado y cambiarse el nombre, para comenzar otra vida; los espacios son tan vastos que nunca se terminan los caminos.

Isabel Allende, Mi país inventado

---

61 **juzgar:** dar un juicio, una opinión sobre alg., a/c, *aquí* condenar 62 **vigilar:** observar continuamente 64 **el ratero:** el ladrón, persona que roba 67 **el asesino:** persona que mata intencionalmente 69 **sobrar:** haber más de lo que se necesita 72 **vasto/-a:** amplio/-a

LA LENGUA

El participio en perífrasis verbales

Sustituye el verbo **estar** *(o el tiempo del pretérito perfecto) por uno de los siguientes verbos:* acabar, continuar, quedar, seguir, sentirse, tener

a) Finalmente Pedro está convencido de la necesidad de emigrar.
b) Después de trabajar mucho está agotado.
c) Aunque son las cuatro de la madrugada, está despierto todavía.
d) Ha preparado todo para el viaje.
e) Al pensar en lo que va a dejar atrás, está deprimido.
f) Aunque ha descansado unas horas, está todavía deshecho.

En la frontera mexicana

El estilo indirecto en el pasado

1 *Explica el uso del condicional (p. 75, ll. 13, 19/20, 24).*

2 *Escucha y cuenta lo que dice Rafael. Puedes utilizar:* Dijo / Comentó / (No) Sabía / Estaba convencido / (No) Sospechaba que …

ESCRIBIR

Compara la situación de Isabel Allende con la de la estudiante Evelyn (p. 70).

BÚSQUEDA DE INFORMACIÓN

¿Quién es Isabel Allende? Busca datos biográficos, así como información sobre sus libros (título y contenido) y preséntalos en clase.

POBRE JUAN

EL TEMA

1 *Explica la función de este folleto. ¿A quién se dirige? ¿Quién lo publicó? ¿Cuál es su objetivo?*
2 *Da tu opinión sobre el folleto, teniendo en cuenta su función.*
3 *Imagina la conversación entre las tres personas en la última viñeta.*

CUIDADO CON LOS "POLLEROS"

CUIDADO CON LOS "POLLEROS"

CUIDADO CON LOS "POLLEROS", "COYOTES" O "PATEROS"

Pueden engañarte asegurando que te cruzan en unas horas por montañas o desiertos. ¡Esto no es cierto!

Pueden arriesgar tu vida pasándote por ríos, canales de riego, zonas desérticas, vías de tren o carreteras rápidas. Esto ha ocasionado la muerte a cientos de personas.

Si decides recurrir a "polleros", "coyotes" o "pateros" para cruzar la frontera, considera las siguientes precauciones:

No lo pierdas de vista, recuerda que él es el único que conoce el terreno y, por lo tanto, el que puede sacarte de ese lugar.

Desconfía de todo aquél que te ofrezca pasarte al "otro lado" y te pida que conduzcas un vehículo o que lleves o cargues un paquete por él. Regularmente esos

CUIDADO CON LOS "POLLEROS"

CUIDADO CON LOS "POLLEROS"

paquetes contienen drogas u otras sustancias prohibidas. Por esta razón, muchas personas han terminado en la cárcel.

Si transportas a otras personas puedes ser confundido con un "pollero" o "coyote", y te pueden acusar del delito de tráfico de personas o robo de vehículo.

No entregues a tus hijos menores a desconocidos que te ofrecen cruzarlos a Estados Unidos.

LA CANCIÓN A

Reconstituir una historia y continuarla

1 *La canción empieza así: «Juan se lanzó marchándose al norte…». ¿De qué tratará?*
2 *Lee la letra y compárala con tu hipótesis.*
3 *Reescribe la historia con tus propias palabras.*
4 *Continúa la historia escribiendo un final verosímil. Luego compárala con las de tus compañeros de clase.*

B

→ Comprensión auditiva, p. 229

Comprender una canción

1 *Lee las primeras estrofas de la canción y resume lo que has comprendido.*
2 *Escucha las demás estrofas. ¿Cómo termina la historia de Juan? Estas palabras te pueden ayudar:*

la línea: *aquí* la frontera **la «migra»:** las autoridades de inmigración en los Estados Unidos **el desierto:** una región muy seca donde no llueve casi nunca, p.ej. el Sahara

Juan se lanzó marchándose al norte
iba en busca de una vida digna,
cruzando México por valles y por montes,
iba Juan lleno de fe.

La historia es que Juan se iba a casar
con María embarazada,
pero él no tenía ni un centavo,
ni un clavo que darle.

Pero este Juan iba muy decidido
y a la frontera él llegó con todo el filo.
Se conectó con el mero mayor de los coyotes
y la historia le contó:

Mire usted, que yo quiero cruzarme ya
a San Diego o Chicago,
dígame usted lo que hago,
qué precio le pago.

[…]

Juan le enseñó al coyote una foto de María
con la cual se casaría.
Le prometió que él regresaría
para formar todo un hogar.
[…]

Pobre Juan, en: Revolución de amor © Maná, 2002

4 **la fe:** *aquí* la confianza 6 **estar embarazada:** esperar un bebé 8 **ni un clavo:** absolutamente nada (el clavo: Nagel) 11 **el mero mayor:** el jefe 12 **y la historia le contó:** *aquí* y le dijo 20 **el hogar:** Zuhause, Heim

LA LENGUA

→ Vocabulario, p. 254

Parafrasear

1 *Para explicar una palabra puedes definirla.*
Ejemplo: El desierto: Es una región muy seca donde casi nunca llueve.
2 *Explica las palabras siguientes:* el coyote, el inmigrante, el valle, la fe, el clavo, la frontera, la foto, el hogar

TAREA CREATIVA

Escribe un final feliz para la historia de Juan.

ESCUCHAR

→ Comprensión auditiva, p. 229

DELE

Escucha el reportaje de radio. Habla María Elena Salinas, una reportera chicana muy conocida tanto en los Estados Unidos como en México.

1 *Después de la primera audición, di de qué habla el reportaje.*

2 *Lee las siguientes opciones. Luego vuelve a escuchar y elige las correctas.*

A) Miles de emigrantes . . . .
a. logran pasar la frontera.
b. se quedan en la frontera.

B) Un grupo de centroamericanos . . . .
a. se fue a México para buscar trabajo.
b. se quedó en México porque se les acabó el dinero.

C) Se subieron a un vagón de tren para . . .
a. volver a sus países de origen.
b. continuar hacia el norte.

D) La puerta del vagón se cerró y . . . .
a. quedaron atrapados.
b. el tren salió de la estación.

E) En el incidente murieron . . . .
a. siete personas.
b. decenas de personas.

F) Los que sobrevivieron . . . .
a. fueron deportados.
b. continuaron su viaje.

PARA PROFUNDIZAR

→ Cifras y porcentajes , p. 251

La mayoría de los latinoamericanos en los Estados Unidos mandan dinero a sus familias. Analiza la relación entre el PIB y las remesas en el gráfico:

Relación entre remesas y PIB per cápita

	PIB PER CÁPITA dólares	DÓLARES QUE RECIBEN EN LOS HOGARES	% sobre el PIB per cápita de cada país
Panamá	3.279	1.556	47
Costa Rica	4.100	2.800	68
R. Dominicana	2.077	1.592	77
México	3.739	3.024	81
Colombia	2.277	2.048	90
Jamaica	2.171	2.104	97
El Salvador	2.080	2.296	110

la remesa: Überweisung
el PIB: el producto interior bruto: Bruttoinlandsprodukt

GERALDO SIN APELLIDO

EL TEMA *¿Con qué problemas se verá confrontado un inmigrante ilegal en la vida cotidiana?*

EL TEXTO **A**

Analizar un texto literario

→ Hacer un resumen, p. 238

1 *Indica el tema del texto.*
2 *Resume el texto presentando cronológicamente los hechos.*
3 *Si Geraldo no hubiera sido un inmigrante ilegal, ¿habría sido posible salvarlo? Busca indicios en el texto.*
4 *¿Cuál es –según tu opinión– la intención del texto?*

B

Analizar el punto de vista del narrador

1 *Busca toda la información sobre los protagonistas y preséntalos.*
2 *Analiza el estilo del texto: ¿Qué te llama la atención?*
3 *Analiza la voz narradora examinando la perspectiva que tiene y su actitud ante los hechos.*

Lo conoció en un baile. Bonito el muchachito y joven. Dijo que trabajaba en un restaurante, pero ella no puede recordar en cuál. Geraldo. Eso es todo. Pantalones verdes y una camisa de sábado. Geraldo. Eso es lo que él le dijo.

¿Y cómo iba a saber que sería la última en verlo vivo? Un accidente, ¿no sabes? Pega y corre. Marín, ella va a todos los bailes. Uptown. Logan. Embassy. Palmer. Aragón. Fontana. The Manor. Le gusta bailar. Se sabe las cumbias, las salsas y hasta las rancheras. Y él sólo fue alguien con quien bailó. Sí, eso es. Uno que conoció esa noche. Correcto.

Esa es la historia. Eso es lo que ella dijo una y otra vez. Una vez a los del hospital y dos veces a la policía. Ni dirección, ni nombre. Nada en sus bolsillos. ¿No es una lástima?

Sin embargo, Marín no puede explicar por qué le importó, las horas y horas, por alguien a quién ni siquiera conocía. La sala de emergencia del hospital. Sólo un interno trabajando todo solito. Tal vez si el cirujano hubiese llegado, si él no hubiera perdido tanta sangre, si tan sólo hubiese llegado el cirujano, habrían sabido a quién avisarle y dónde.

¿Pero qué importa? Él no significaba nada para ella. No era su novio ni nada por el estilo. Sólo un bracero más de esos que no hablan inglés. Simplemente otro ilegal. Ya sabes de cuáles. Los que siempre parecen estar avergonzados. ¿Y después de todo qué andaba ella haciendo afuera a las tres de la mañana? Marín, que había sido enviada a casa con su abrigo y una aspirina, ¿cómo lo explica?

Lo conoció en un baile. Geraldo con sus pantalones verdes y brillante camisa de sábado. Geraldo yendo al baile.

¿Qué importa?

Ellos nunca vieron las cocinetas. Nunca supieron de los departamentos de dos cuartos y de los cuartuchos que él rentaba, las órdenes de pago semanales enviadas a su pueblo, la casa de cambio. ¿Cómo podían?

Su nombre era Geraldo. Y su casa está en otro país. Los que le sobreviven están muy lejos, se preguntarán, van a encoger los hombros, recordarán. Geraldo -ése fue al norte ... nunca volvimos a saber de él.

Sandra Cisneros, La casa en Mango Street, traducido del inglés por Elena Poniatowska © Vintage Español, Nueva York 1994

---

8 **pega y corre:** *del inglés* hit and run, Fahrerflucht 12 **la cumbia, la salsa, la ranchera:** bailes latinos 24 **el interno:** *hier:* Assistenzarzt 28 **el cirujano:** Chirurg 32 **el bracero:** Tagelöhner 35 **estar avergonzado/-a:** sich schämen 45 **la cocineta:** Kochnische bzw. kleines Zimmer mit Kochnische 46 **el departamento** *amer.* el piso 47 **el cuartucho:** *despect.* el cuarto, la habitación 47 **rentar:** *amer.* alquilar 48 **la orden de pago:** Zahlungsanweisung 49 **la casa de cambio:** Wechselstube

LA LENGUA

→ Caracterizar a un personaje, p. 234

Describir a una persona

1 *Busca palabras y expresiones para describir el aspecto físico, la ropa y el carácter de una persona.*

2 *¿Cómo te imaginas a Geraldo? Utiliza las palabras y expresiones de 1 y descríbelo.*

DELE

La oración condicional irreal en el pasado

1 «…si tan sólo hubiese llegado el cirujano, habrían sabido a quién avisarle y dónde.» *(ll. 27–29) Explica el uso de los tiempos verbales en esta frase y tradúcela al alemán.*

2 *Formula más condiciones irreales en el pasado, refiriéndote siempre al texto.*
Ejemplo: Si Marín no hubiera ido al baile, no habría conocido a Geraldo.

ESCRIBIR

Escribe una noticia de prensa sobre el accidente del que trata el texto.

PROYECTO

→ Exponer un tema, p. 232

La novela «La casa en Mango Street» está compuesta de 45 capítulos cortos como el que acabáis de leer. Informaos sobre el argumento del libro como también sobre la protagonista y repartid la lectura entre vosotros. Luego cada uno expone el resumen y los aspectos más interesantes de «sus» capítulos en clase. ¡Seguid el orden de capítulos que hay en el libro!

La escritora chicana Sandra Cisneros es el producto genuino de una cultura mixta que se extiende desde Chicago hasta México DF y que escribe en inglés. Sandra Cisneros tiene un puesto propio en la literatura norteamericana contemporánea. Nacida en 1954 en Chicago de padre mexicano y madre chicana, su vida es muy parecida a la de Esperanza, la protagonista femenina de su novela más vendida y celebrada, «La casa en Mango Street».

¿UNA NUEVA CULTURA?

EL TEXTO **A**

Explicar las citas centrales de un texto

Lee el texto e interpreta las siguientes citas:

«Hay un divorcio entre padres e hijos.» *(l. 24)*
«Con o sin papeles en regla, la educación es vital.» *(l. 33)*
«¡Para ver México no hay que pasar de la calle 26!» *(l. 47)*
«Se puede ser las dos cosas, hispano y americano.» *(l. 72)*

B

→ Textos informativos, p. 245

Comprender un texto informativo

1 *Busca en el texto las frases que muestren*
- *cómo era la situación de los inmigrantes antes,*
- *cómo ha cambiado la situación,*
- *la importancia que tiene la educación,*
- *la reacción de la sociedad norteamericana,*
- *cómo las culturas cambian.*

2 *Según el autor del artículo, ¿a qué lleva la integración de los hispanos en la sociedad norteamericana?*

Lo que está ocurriendo con la inmigración latina no tiene precedentes en este país. No ha habido nunca una masa tan grande de inmigrantes que hablara la misma lengua. Y es nuevo también que vayan y vengan a sus países; los de hace 100 años dejaban sus casas y nunca volvían.

La integración es lenta, dice Catalina Johnson, hija de norteamericano y mexicana. Perfectamente bilingüe, es intérprete en los tribunales de Chicago: «Poco a poco, la comunidad cambia. Los modelos de anteriores migraciones ya no valen. Ahora vamos a tener a mucha gente arraigada aquí, pero sin desarraigarse de lo suyo. Un dominicano no deja de escuchar los partidos de béisbol en su país; un mexicano acá sabe quién es el presidente de México, y si tiene interés y le dejan, votará acá y allá... Son latinos integrados que no renuncian a sus vínculos, a su cultura».

Un periodista dice: «Hay un divorcio entre padres e hijos. Muchos padres están pensando en volver. No ven que sus hijos se establecen, hablan cada vez menos español... Ése va a ser un momento importante: cuando los nacidos aquí, más integrados, visiten un México que no conocen y lo contrasten con la América que sí conocen».

Con o sin papeles en regla, la educación es vital. Todo depende de la preparación, de los recursos, coincide José Romero, un español que llegó a EEUU en 1973 y que es dueño de una empresa de construcción y reformas en Chicago en la que casi todos los trabajadores son hispanos: «Cuanta más educación y más dinero, más se integran. Pero hay muchos segregados. Si han venido con la idea de hacer algo de dinero y volver, viven con la mente en su país; aquí no necesitan integrarse, tienen de todo: comidas, amigos, entretenimiento: cantantes, lucha libre mexicana, rodeos... ¡Para ver México no hay que pasar de la calle 26! Los domingos se visten de limpio y van a misa con curas mexicanos, y comen en un restaurante mexicano del barrio... Están integrados en ese mundo, no se interesan por lo que les rodea, porque, además, mucho de lo que les rodea les es familiar: aquí se vende más salsa picante que ketchup, se comen tacos hasta en el pueblo más pequeño de la América profunda».

La cultura latiniza a EEUU. Ése es el poder hispano, cree Pepe Vargas: «El norteamericano medio aprecia mucho las diferencias: en comida, en música, en cultura... Al menos en ese sentido, es muy universal, y cuando tiene la oportunidad de acceder a esas culturas, se abre y las acoge y las valora. Es una sociedad esponja que absorbe maneras de ver, de comer, de vestir... Ésa es la fuerza de la comunidad nuestra».

Y EEUU americaniza a los latinos. Carlos Tortolero se siente mexicano, pero dice, en inglés: «Ser mexicano aquí es otro tipo de mexicanidad. Se puede ser las dos cosas, mexicano y americano, hispano y americano. Es eso lo que somos».

José Manuel Calvo © El País Semanal, agosto de 2004

16 **arraigado/-a:** verwurzelt 19 **acá:** aquí 22 **el vínculo:** la relación 41 **segregado/-a:** ausgegrenzt 49 **vestirse de limpio:** ponerse ropa buena y limpia 50 **el cura:** Priester 53 **rodear a alg.:** estar alrededor de alg. 59 **Pepe Vargas:** colombiano, el director de un centro cultural en Chicago 60 **apreciar:** wertschätzen 64 **acceder a:** *aquí* tener contacto con 65 **acoger:** aufnehmen 65 **valorar:** *aquí* zu schätzen wissen 66 **la esponja:** Schwamm

LA LENGUA

Familia de palabras

1 *Agrupa palabras de la misma familia. En caso de duda, consulta un diccionario.*
Ejemplo: la lucha (l. 46) – el/la luchador/a – luchar
la integración, latinizar, la migración, arraigado/-a, votar, el divorcio, establecer, depender, la construcción, el/la trabajador/a, el poder, la diferencia, valorar, acoger, sentir, la fuerza

2 *Explica los siguientes sustantivos utilizando palabras de la misma familia:*
el latino, el divorciado, el emigrante, la raíz, el trabajador
Ejemplo: Un luchador es alguien que combate para conseguir algo, por ejemplo, justicia.

Campo léxico

→ Mapa mental, p. 257

Busca en el texto todas las palabras y expresiones relacionadas con el campo léxico «integración» y añade otras más que conoces. Luego ordena el campo léxico en forma de asociograma. Lo puedes utilizar para la siguiente tarea de discusión.

DISCUSIÓN

José Romero habla de algunos inmigrantes que «viven con la mente en su país» y que «no se interesan por lo que les rodea» (ll. 43/44, 52/53). Comentad esta actitud.

PARA PROFUNDIZAR

En 2003, se vendieron 50 millones de libros en español en los Estados Unidos. Además, hay casi 350 diarios y revistas en español, el doble que hace 15 años. Diarios como el Miami Herald y Los Angeles Times cuentan con ediciones en castellano. Existen más de 600 emisoras de radio en castellano y las dos principales cadenas de televisión (Univisión y Telemundo) han crecido un 50% en cinco años.

¿QUIÉNES SOMOS?

EL TEXTO **A**

Analizar el contenido de un texto dramático

1 *Explica el conflicto entre Millie y Rubén / su abuela.*
2 *Vuelve a leer las citas reproducidas en la tarea A del texto anterior (p. 82) e indica cuáles de ellas te pueden ayudar a explicar este texto.*

B

Caracterizar a los protagonistas de un texto dramático

➔ Caracterizar a un personaje, p. 234

1 *El texto termina con las frases: «¿Y quiénes somos, abuela? ¿Quiénes somos?». Imagina, antes de leer el texto, quién hace tal pregunta y en qué estado de ánimo se encuentra.*
2 *Lee las tres escenas y determina el marco de la acción. ¿Dónde y en qué ambiente se desarrolla? ¿Qué personajes hay y quiénes son?*
3 *Trabajad en dos grupos. Uno describe a Millie, el otro a Rubén. Luego comparad a los dos protagonistas.*
4 *Analiza el lenguaje del texto y explica su relación con el contenido.*

Escena 1

MILLIE: Rubén, yo no quiero vivir aquí. No voy a vivir aquí. Yo tengo mis propios planes. Quiero algo diferente. Quiero salir de todo esto, olvidarme del olor a plátano frito y a Agua de Florida. I hate this business. [...] Yo habré nacido en el ghetto pero no tengo que vivir en él.

RUBÉN: Pero es que ... mira ... muchos profesionales hispanos se están mudando pa'cá otra vez ... ayudando a ...

MILLIE: No me interesa eso. No soy una social worker. Allá afuera hay un mundo más grande y yo quiero ser parte de él, para eso me he preparado. No quiero ser como tú, soñando con dar jonrones en el Yankee Stadium y conformarse con fly balls en el Parque Central. *(Rubén se quita la gorra y baja la cabeza. Pausa.)* I'm sorry, Rubén. Perdóname, pero es que desde que llegué me siento presionada por todos. Todo el mundo tiene planes para mí. Me tienen la vida planificada sin contar conmigo. It is MY life, you know.

RUBÉN: I know. Lo que pasa es que yo siempre he pensado que uno estudia y adelanta en la vida para superarse, para ser una MEJOR persona, no para convertirse en OTRA persona. *(Rubén sale tirando la puerta.)*

MILLIE: Rubén, wait ... !

Escena 2

MILLIE: No logro hacerles entender que yo no soy parte de esto. Estas imágenes, estas creencias, han sido parte del equipaje de otras generaciones ... de África al Caribe, del Caribe a Nueva York ... pero yo soy de aquí, yo nací aquí. Esto no es parte de mi equipaje ... you know what I mean. Tú naciste aquí también. ¿Tú entiendes lo que yo digo?

RUBÉN: No sé ... Yo veo las cosas de otra manera ... Mira, no sé si te lo puedo explicar, si tengo las palabras. Yo no fui a una universidad tan fancy como la tuya. Yo nada más me gradué de Hostos College ... en el Bronx.

MILLIE: ¿Tú también me echas en cara mi educación?

RUBÉN: *(Tentativo, escogiendo cuidadosamente las palabras.)* No, no es eso ... no sé ... ¿Qué quiere decir «ser de aquí»? ... Pues ... pa' mi «ser de aquí» es ... pues ... es mango y strawberries ... alcapurrias y pretzels... Yemayá y los Yankees... Yo no veo la diferencia.

Escena 3

MILLIE: Abuela, pides demasiado de mí ... Yo tengo que vivir en el mundo allá afuera –y quiero triunfar ... estas cosas, estas ... no son más que ... a veces hay que renunciar ... *(Casi sin darse cuenta, trata de apagar la vela con la palma de la mano. La vela no se apaga. MILLIE se mira la palma de la mano.)*

GENO: Y tú has decidido renunciar ... yo no sé qué te hicieron en esa universidad, Milagritos, pero cambiaste. Eso de no invitarnos a la graduación ... no sabes lo que me dolió ... nunca lo entenderé ...

MILLIE: *(Titubea brevemente, pero al fin se decide.)* La graduación ... no las invité porque no tenía nada que celebrar. Ése solo fue el día que me entregaron un diploma ... Mi verdadera «graduación» fue mucho antes, abuela ... el primer año de college. Esa fue mi prueba de fuego, abuela. *(Se mira la palma de la mano.)* Yo llegué allí a conquistar el mundo, a aprenderlo todo. Pero enseguida empezaron las pequeñas crueldades –burlas sobre mi ropa, sobre mi acento, sobre la música que me gustaba ... sobre mi nombre ... «Miracles, what kind of a name is that?» ... Yo no quería ser diferente, yo quería ser como las demás. Y me cambié el nombre a Millie y escondí mis discos de salsa. [...] *(Geno la abraza.)* But I didn't quit, I didn't quit. Porque eso es lo que quieren, que nos demos por vencidos. Pero, gané. Y me gradué. Summa Cum Laude.

GENO: *(Meciéndola en sus brazos. Sin reproche.)* Pero, m'ijita, de qué sirve ganar si dejas de ser quien eres ...

MILLIE: ¿Y quiénes somos, abuela? ¿Quiénes somos?

Dolores Prida, Botánica. Una comedia de milagros, en: Beautiful señoritas and other plays

11 **pa'cá:** para acá 16 **dar jonrones:** hacer un punto (en un partido de béisbol) 28 **adelantar:** ir hacia adelante 36 **de África al Caribe, del Caribe a Nueva York:** La familia de Millie es de Puerto Rico. 49 **echarle en cara a/c a alg.:** jdm. etw. vorwerfen 56 **alcapurrias:** un plato tradicional de Puerto Rico 56 **Yemayá:** diosa de la religión afrocubana 65 **la palma de la mano:** Handfläche 72 **titubear:** zögern 78 **la prueba de fuego:** Feuertaufe 92 **darse por vencido/-a:** sich geschlagen geben 95 **mecer a alg.:** jdn. wiegen 96 **m'ijita:** *fam.* mi hijita

DISCUSIÓN
→ La discusión, p. 230

Millie / Milagros no consigue definir quién es. ¿Cuáles son los elementos que constituyen la identidad de una persona?

ESCUCHAR

Muchos hispanos que hablan inglés mezclan ambos idiomas. Este «spanglish» está presente tanto en la vida cotidiana como en la publicidad y hasta en la literatura. Escucha el poema e indica de qué trata.

En Little Havanna, el barrio cubano de Miami

INMIGRACIÓN EN ESPAÑA

TIERRA DE EMIGRANTES, DESTINO PARA INMIGRANTES

EL TEMA *Describe y comenta las fotos: ¿a qué etapas de la historia española se refieren?*

EL TEXTO **A**

→ Textos informativos, p. 245

Extraer la información esencial de un texto y sistematizarla

1 *Busca toda la información que se refiere a la historia de los emigrantes españoles y clasifícala bajo las siguientes categorías:*

Fecha / Época	Destino/s	Origen de los emigrantes	Razones de la emigración
...	...	...	...

2 *Señala las dos razones indicadas en el texto por las que, entre tanto, España se ha convertido en lugar de destino para muchos inmigrantes.*

B

Descifrar el mensaje de un texto

El autor de este texto escribe como si, implícitamente, tomara parte en un debate. Indica el tema y explica la actitud del autor. Imagina también los argumentos de la otra parte.

España, un país de emigrantes convertido en destino

Pese a que la llegada de extranjeros ha crecido en los últimos años, por cada inmigrante que vive en España hay dos españoles residiendo en el extranjero.

Las circunstancias que en los últimos años han convertido a España en lugar de destino para decenas de miles de inmigrantes son consecuencia de una etapa de prosperidad imposible hace sólo unas décadas, cuando eran otros los países que ofrecían oportunidades de trabajo a los extranjeros.

Grandes contingentes de españoles dejaron entonces sus lugares de residencia para probar suerte en otros países; allí siguen residiendo en la actualidad dos millones de ellos, más del doble de los 940.000 extranjeros contabilizados en España tras el último proceso de regularización.

Los distintos éxodos de españoles han tenido lugar durante los siglos XIX y XX en varias fases y con destino a diferentes países de Latinoamérica y Europa, principalmente Bélgica, Francia, Alemania y Reino Unido. Una de estas corrientes, la que con motivo de la vendimia llevaba hasta el sur de Francia a miles de jornaleros españoles, se ha mantenido hasta fechas recientes.

Otra corriente fue la protagonizada a finales del siglo XIX por más de 150.000 emigrantes procedentes de Andalucía y Levante con destino a distintos países del Magreb. Exactamente el mismo camino que hoy recorren a la inversa decenas de miles de magrebíes y subsaharianos.

Tal fue el contingente de españoles que llegó al Magreb, sobre todo a la zona de Orán, que se llegó a hablar de una colonización hispana del país. Sólo en el año 1892 se contabilizaron en esta ciudad más de 13.000 entradas procedentes del sureste español.

Décadas después, en los cincuenta, la reconstrucción posterior a la Segunda Guerra Mundial propició la llegada masiva de inmigrantes a los grandes países del Viejo Continente. La apertura de las fronteras en Europa ocasionó un ir y venir de extranjeros que partieron con la intención de regresar a sus países de origen. En esta época las causas económicas y políticas (el exilio forzado por la dictadura) llevaron a más de tres millones de personas a dejar España.

Desde 1960, los movimientos migratorios unidos al proceso de industrialización alteraron sustancialmente la geografía humana de España. Las zonas rurales comenzaron a despoblarse en beneficio de las urbanas, un fenómeno que ha perdurado en diferentes grados hasta los años 90.

Cambio de tendencia

A partir de los 80, la Península se convirtió en receptora de inmigrantes con todos los cambios sociales y demográficos que ello ha implicado. La entrada de España en la Unión Europea y la posterior adhesión al acuerdo de Schengen (1994), regulador de la libre circulación de personas en la UE ha propiciado la entrada de personas procedentes del continente europeo.

En los últimos diez años, Andalucía ha recibido población en lugar de despedirla, como sucedía entre los años 50 y 70. La mayoría de aquellos inmigrantes ha echado raíces en sus países de destino y pocos han regresado a su país natal.

En la actualidad, Argentina, Francia y Alemania siguen albergando grandes colonias de españoles que emigraron en los años 50 y 60. En cualquiera de estos países, la cifra de personas de procedencia española es muy superior a la de electores de muchas de las circunscripciones de nuestro país.

19 **la regularización:** la legalización 27 **la vendimia:** Weinlese

LA LENGUA

➔ Vocabulario, p. 254

Vocabulario desconocido

¿Qué significan las siguientes palabras al pie de la letra en alemán? Indica la estrategia que has seguido para deducir su significado.

prosperidad (l. 9), oportunidad (l. 11), contingente (l. 13), probar suerte (l. 15), contabilizar (l. 18), rural (l. 62), despoblarse (l. 62), urbano (l. 63), receptora (l. 68), demográfico (l. 69), implicar (l. 70), adhesión (l. 72), propiciar (l. 74), procedente (l. 75), echar raíces (l. 81), electores (l. 88), circunscripción (l. 89)

Más que / más de

1 *Explica la diferencia entre* **más de** *y* **más que***:*
- Gana más del doble del sueldo de Juan.
- Gana más que Juan.

2 *Completa las frases siguientes con* **más de** *o* **más que***:*

a) A finales del siglo XIX, [¿] 150.000 españoles emigraron hacia los países del Magreb.
b) Después de la Guerra Civil, [¿] tres millones de españoles dejaron su país.
c) Muchos se fueron a Francia y a Alemania porque entonces allí se ganaba [¿] en España.
d) Actualmente [¿] dos millones de españoles viven fuera, es decir, [¿] doble de los extranjeros que viven en España.
e) En muchos casos, los españoles ganan [¿] los emigrantes que trabajan de jornaleros en España.
f) De cualquier manera, estos últimos ganan [¿] en sus propios países.

PARA PROFUNDIZAR

➔ Una compaña solidaria, p. 184

➔ Cifras y porcentajes, p. 251

1 *Comenta la estadística.*

2 *¿Por qué el número de inmigrantes argentinos aumentó tanto entre 2002 y 2003?*

NACIONALIDADES MÁS IMPORTANTES

	Total extranjeros	% del total	Variación relativa 2002–2003
Ecuador	390.297	14,6	
Marruecos	378.979	14,2	
Colombia	244.684	9,2	
Reino Unido	161.507	6,1	
Rumania	137.347	5,2	
Alemania	130.232	4,9	
Argentina	109.445	4,1	
Francia	69.930	2,6	
Italia	65.396	2,5	
Portugal	56.672	2,1	
Perú	55.915	2,1	
Bulgaria	52.838	2,0	
China	51.228	1,9	
Otros países	759.698	28,5	
TOTAL	**2.664.168**	**100,0**	
			20 40 60 80 100

© INE, 2004

PAÍS DE ORIGEN: ESPAÑA

EL TEMA *Vivir en un «mundo global» es hoy en día una realidad para muchos: busca ejemplos.*

EL TEXTO **A**

Formular hipótesis sobre el contenido de un texto a base de frases clave

1 *Aquí tienes dos frases clave del reportaje que vas a leer. Formula una hipótesis sobre el tema tratado en las dos entrevistas con Anne y Pavel.*
«Me siento muy española y muy francesa también.» (ll. 40/41)
«No me siento ni inglés ni español.» (l. 89)

2 *Lee las entrevistas y busca ejemplos que expliquen estas frases.*

B

Analizar detalles importantes de un texto

1 *¿Qué dice Anne Hidalgo sobre Alemania?*

2 *Analiza la política de integración en Francia y compárala con la de Alemania en los años sesenta, según el texto.*

3 *Cita ejemplos: ¿qué dicen Anne y Pavel sobre su relación con la cultura española?*

4 *¿Quién de los dos te parece «mejor» integrado? Justifica tu respuesta basándote en el texto.*

5 *¿Qué quiere decir Pavel con la expresión «la tentación nacionalista» (l. 61)?*

Anne Hidalgo: «Me siento muy española y muy francesa también»

Antonio Hidalgo fue uno de tantos emigrantes que en la década de los sesenta dejó España en busca de un futuro mejor. Aquel electricista gaditano cambió su tierra natal por la ciudad francesa de Lyon. Su hija pequeña, Anne, es un personaje famoso en Francia, donde es la mano derecha del alcalde de París.

¿Existe una conciencia en Francia de la importancia del emigrante español?

En los años sesenta, cuando llegaron los emigrantes económicos, no fue fácil. Pero ya hay dos o tres generaciones de españoles en Francia, y pienso que estamos muy integrados. Nos sentimos de cultura española, pero también franceses y yo veo que ha habido una mezcla que no ha existido en otros países. Yo tengo familia que emigró a Alemania en los sesenta y allí había otra política de emigración que no era la de integración republicana francesa. La de Alemania era una política de pensar que esos inmigrantes estaban allí por un tiempo determinado y luego se iban, por lo que mezcla de españoles con alemanes hubo muy poca en comparación con lo que pasó en Francia. Creo que la política de integración republicana, en la escuela francesa, jugó un papel importante y permitió al español integrarse y vivir bien en esta sociedad. Con argelinos o marroquíes no ha pasado lo mismo. Es cierto que había otra historia, una historia de colonialismo de Francia en estos países, que no ha permitido lo mismo.

Usted sigue estando muy ligada a su país de origen.

Para mí, la cultura española está muy presente. Me siento muy española y muy francesa también. Así que nunca he negado esa parte de mi historia, de mi familia, pero tampoco en mi casa cultivamos el aislamiento. En Lyon teníamos muchos amigos españoles, íbamos al Centro Español de vez en cuando, pero mis padres jugaban más la carta de la integración.

2 **la década:** período de diez años 4 **gaditano/-a:** de Cádiz (una ciudad en el sur de España) 5 **natal:** *adj. de* nacer
9 **la conciencia:** Bewusstsein 37 **ligado/-a:** atado/-a, unido/-a 44 **el aislamiento:** Isolation, Abkapselung

Pavel López: «Hay que recomponer nuestra memoria colectiva»

Hijo de español y portuguesa emigrados a Londres (en los años sesenta), Pavel López es uno de los miles de jóvenes europeos herederos de diversas culturas, que no acaban de sentir ninguna como propia. «Bien mirado –declara a Carta de España–, esta condición de mestizaje cultural puede resultar extremadamente enriquecedora, aunque te deja un cierto sentimiento de orfandad. Pero mi condición de inglés, español y portugués es seguro que me ha preservado siempre de cualquier tentación nacionalista, uno de los sentimientos más profundamente absurdos y negativos que puedan existir en este mundo global».

Hace unos meses ha iniciado la realización de un documental cinematográfico que, centrado en la figura de su padre, trata de recomponer los años mezquinos de su infancia menesterosa, la necesidad de abandonar su pueblo en busca de condiciones de vida dignas, y la larga lucha de su generación por construir un mundo más justo, más democrático y más libre.

¿Cómo te acercaste a la cultura española?

La verdad es que mis padres siempre tuvieron un enorme interés en que no fuese un desarraigado. Siempre me contaron cosas de sus pueblos, de sus padres, y procuraron traerme a España cuando pudieron. Así viví campamentos infantiles en Cuenca, Soria, León y otras ciudades, lo cual hizo que mi castellano se fuese consolidando, así como mi conocimiento de España. También me acercaron a la cultura española, a través de la lectura de Cervantes, Baroja o Galdós.

¿Te sientes español o inglés?

No me siento ni inglés ni español. Soy un hijo de portuguesa y español, que tiene como lengua el inglés, que vive en Edimburgo y que apenas habla la lengua de sus padres. Soy, creo, un europeo de una Europa que todavía no sabemos lo que es, aunque siento que esto ya es algo.

52 **el heredero:** der Erbe 58 **la orfandad:** situación de los niños que han perdido sus padres, *aquí* el abandono 68 **mezquino/-a:** *aquí* pobre, de escasos recursos 69 **menesteroso/-a:** pobre 78 **el desarraigado:** persona sin raíces, sin vínculos con su país 80 **procurar a/c:** intentar a/c

LA LENGUA

→ Vocabulario, p. 254

Parafrasear

Explica con tus propias palabras: el mestizaje cultural (l. 55), enriquecedor (l. 57), el desarraigado (l. 78), el campamento infantil (l. 81), acercar a alg. a la cultura (l. 85)

ESCRIBIR DELE

En una carta, Pavel quiere explicarle a Anne Hidalgo lo que significa para él «ser europeo hoy». Escribe la carta teniendo en cuenta lo que dice Pavel en el texto.

DISCUSIÓN

¿Cuáles pueden ser las ventajas o las desventajas de vivir en dos (¡o más!) culturas en «este mundo global»?

BÚSQUEDA DE INFORMACIÓN

→ La dictadura de Franco, p. 154

Infórmate sobre la situación política y económica de España en los años sesenta del siglo XX: ¿por qué tantos españoles dejaron su país?

MARRUECOS

EL TEMA *Indica las razones de la emigración, según el cómic.*

© Romeu

LA CANCIÓN

A

Escuchar una canción

1 *Escucha la canción y describe la atmósfera que transmite. Si la tuvieras que reflejar en un cuadro, ¿qué colores utilizarías?*
2 *Describe lo que ves si cierras los ojos.*
3 *Escucha la canción otra vez y apunta las palabras que consigas distinguir.*
4 *Escucha la canción una tercera vez e indica dónde transcurre la acción, quién es el / la protagonista y qué es lo que pasa.*

B

Analizar la letra de una canción

→ Recursos estilísticos, p. 249

1 *Indica lo que se llega a saber sobre el origen del / de la protagonista.*
2 *El destino del / de la protagonista: describe el contraste que hay entre su imaginación y la realidad.*
3 *Muestra cómo los colores, la luz y la sombra reflejan la acción.*
4 *La letra consta de un lenguaje bastante poético. Escoge dos ejemplos y analízalos.*

Salió de su país
acariciando un sueño,
buscó la noche oscura de la mar
y comenzó a remar en solitario.

Como un lobo de mar
miró hacia atrás
y pudo ver en contraluz
Marruecos sollozar.

Pensaba descubrir la tierra prometida
y recitó unos versos del Corán
tratando de encontrar
una salida a tanta soledad.
Salió la luna
y le pintó de plata el mar,
es hora de llegar.

Sintió bajo sus pies el beso de la arena
y recordó el desierto que dejó.
El sol volvió a nacer y al despertarse
un hombre lo llamó:

No hay sitio aquí
para el que llega sin llamar,
ya puedes regresar.

Marruecos, en: Gente maravillosa

4 **remar:** rudern   8 **sollozar:** llorar con vehemencia

TAREA CREATIVA

→ Redactar textos creativos, p. 240

1 *Ponte en el lugar del protagonista de la canción y narra su historia. Inventa también lo que pasó antes de lo descrito en la canción e imagina lo que va a vivir después.*
2 «...acariciando un sueño...» (l. 2). *Imagina con qué soñará el protagonista de la canción.*

PARA PROFUNDIZAR

Discutid qué impacto los hechos descritos pueden tener sobre la sociedad española.

1.647.000 inmigrantes comenzaron el año 2004 como residentes legales en España. De ellos, 276.000 consiguieron sus papeles a lo largo del 2003. Sin embargo, no todos corrieron la misma suerte ya que, en los mismos 12 meses, 92.679 personas que se encontraban en situación ilegal fueron repatriadas a sus lugares de origen. El 25% llevaba un tiempo viviendo en nuestro país, pero el resto fue detenido en las fronteras antes de poder cumplir su sueño. Muchos de ellos, 19.176, fueron interceptados cuando intentaban alcanzar las costas españolas a bordo de embarcaciones ilegales.

BÚSQUEDA DE INFORMACIÓN

1 *Mira un mapa y localiza los países que pertenecen al Magreb, así como los países subsaharianos.*
2 *Formad equipos, informaos sobre la situación de algunos de aquellos países y explicad por qué muchos habitantes se ven obligados a marcharse. Presentad los resultados de vuestra investigación en clase.*
3 *Consulta una enciclopedia e infórmate sobre el papel que desempeñó España en el norte de África durante los siglos XIX y XX.*

EXPERIENCIAS EN ESPAÑA

EL TEMA

→ Cifras y porcentajes, p. 251

1 *Comenta la encuesta. ¿Qué te llama la atención?*
2 *Indica cuáles pueden ser las razones para las diferencias.*

Encuesta del CIS sobre inmigración

Cifras en porcentaje

¿Cree Ud. que en España se necesitan trabajadores inmigrantes?

¿Qué le parece el número de personas procedentes de otros países que viven en España?

Con respecto a las condiciones de vida de los inmigrantes en España, ¿cómo diría que viven?

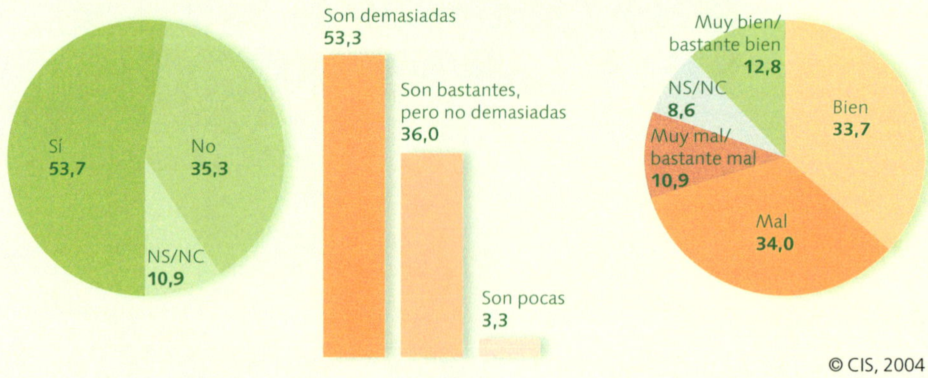

CIS: Centro de Investigaciones Sociológicas NS/NC: no sabe/no contesta

EL TEXTO **A**

DELE

Comprender un texto auditivo en detalle

El texto habla de dos mujeres que son inmigrantes en España. Escúchalo dos veces y apunta los siguientes datos sobre cada una de las mujeres:
- *por qué fue a España,*
- *en qué trabaja actualmente,*
- *cómo se siente en España,*
- *qué proyectos tiene para el futuro.*

B

Comparar dos testimonios

1 *Compara los dos testimonios en cuanto a*
  - *los motivos que atrajeron a Marilú y Maua a España,*
  - *las experiencias que vivieron allí,*
  - *sus preocupaciones actuales.*

2 *Según el texto, ¿hasta qué grado las dos se pueden considerar integradas en la sociedad española? Da razones.*

Sueños

Marilú Amelia Rojas

| 34 años | Perú | limpiadora |

Llegó a España con 21 años y un visado de turista, siguiendo el consejo de una amiga que había emigrado poco antes. Durante años ha trabajado de lunes a domingo, 12 horas al día, pero ahora ha decidido parar: está embarazada de siete meses y, además, está la pequeña Rosalía, de dos años y medio. Vino para ayudar a su familia. Es la mayor de ocho hermanos.

Marilú había terminado el primer ciclo de Contabilidad y trabajaba por las tardes cuando consiguió su visado y su amiga le dijo que era el momento de venir. Le aguardaban dos años de vida durísima. «Mi amiga me había conseguido trabajo en una finca enorme en Madrid. Todos los que trabajábamos allí éramos inmigrantes. Estábamos apartados de todo, nunca salíamos. Tardé en darme cuenta de que me engañaban con el salario. Me pagaban unas 25.000 pesetas al mes, menos de una cuarta parte de lo que debían. Pero aguanté hasta que pude arreglar mis papeles». Con ellos, las cosas cambiaron: trabajó para empresas de limpieza y de telemarketing, en casas particulares, por horas... Recibió cursos gratuitos de secretariado de dirección, de comunicación de redes, de ofimática. Consiguió traer a España a cuatro de sus hermanos. Hizo construir la primera planta de una casa para sus padres, en las afueras de Lima. «He hecho todo lo que he podido por ellos. Ahora me tengo que preocupar por mi propia familia».

Maua Ngoma

| 23 años | Congo | cajera |

El trabajo en el supermercado le durará tanto como las Navidades. Por las mañanas, colabora con la ONG Karibu, ayudando en la traducción y en el trabajo con inmigrantes. Aunque llegó hace más de cinco años, para reagruparse con su padre, asilado político, y ya tiene la nacionalidad española, sigue sintiéndose una inmigrante: «Son los demás quienes me hacen sentir así».

¿Piensan que España no es un país racista? Pues sepan que cada día, en el supermercado en el que trabaja como cajera, Maua se encuentra con clientes que se niegan a que ella embolse su cesta de la compra. «Y yo discuto con ellos, porque no quiero que me humillen por ser negra». ¿Y qué dice el encargado? «Que si no quieren que les atienda una cajera negra, que se pongan en cualquier otra cola».

15 **aguardar:** esperar 22 **25.000 pesetas:** unos 150 euros 30 **la ofimática:** *de* la oficina + la informática (Bürotechnik) 63 **el encargado:** el responsable (en una empresa)

Dice que «al principio, con este tipo de cosas lo he pasado muy mal, pero ahora prefiero no amargarme. Sé que la gente que actúa así, en general, no tiene mucha cultura, no conoce otros países y cree que España es lo mejor. Yo he viajado más, he estado en muchos otros sitios y creo que estoy más formada, así es que intento comprenderlos».

Después de terminar el Bachillerato, Maua completó el Módulo de Integración Social en el Instituto Padre Piquer de Madrid. Vive todavía en una residencia de estudiantes. «Es un lugar más seguro». Su récord laboral: tres meses en un restaurante de comida rápida. Otro récord: cuatro años con un novio también español, pero blanco.

LA LENGUA

Campo léxico

1 *Busca en el texto las expresiones que correspondan a:* das Abitur machen, kostenlose Kurse besuchen, jdm. eine Arbeit besorgen, stundenweise arbeiten, Kunden bedienen, in einem Studentenwohnheim wohnen

→ Escribir un currículum vitae, p. 237

2 *Escribe el currículum de Maua, inventando los datos que faltan.*

El verbo *conseguir*

DELE

Sustituye el verbo conseguir *por otro en las siguientes frases:* consiguió su visado (l. 13), consiguió llegar a tiempo, consiguió traer a España a cuatro de sus hermanos (l. 31)

TAREA CREATIVA

Inventa las entrevistas que el periodista habrá hecho a las dos mujeres: ¿qué preguntas les habrá hecho? ¿Qué habrán contestado las dos mujeres?

OPINIÓN

1 *Maua tiene su propia teoría acerca del racismo (ll. 70–76). ¿Qué opinas tú? Comenta.*

2 *¿Qué te parece la postura del encargado del supermercado? Coméntala.*

DISCUSIÓN

«La ONU advierte que Europa necesitará 159 millones de inmigrantes de aquí al 2025» –así se tituló un artículo en La Vanguardia del 6 de enero de 2000. «Si quieren mantener la buena marcha de su economía y de sus servicios sociales, los europeos deben buscar mucho más allá trabajadores cualificados de todos los sectores, y no sólo, como sucede ahora, mano de obra poco o nada cualificada que ocupa los empleos que desechan los ciudadanos europeos.»

→ La discusión, p. 230

Discutid las consecuencias para la economía y los servicios sociales europeos si en el futuro no hubiera suficientes inmigrantes.

LAS CARTAS DE ALOU

EL TEMA *Según este resumen, ¿cómo imaginas el final de la película?*

Tras una dramática travesía, un grupo de africanos llega clandestinamente a la costa sur de España, entre ellos Alou, 28 años, senegalés. Su amigo Mulai, instalado en Cataluña desde hace algunos años, lo ha animado a emigrar ofreciéndole la posibilidad de un buen trabajo. Mientras Alou viaja hacia el norte donde espera encontrar a su amigo, gana lo justo para sobrevivir recogiendo fruta, vendiendo bijutería, y va conociendo a la gente y el idioma. Por fin encuentra a Mulai e inicia una relación con una joven española, Carmen. De cuando en cuando escribe cartas a su familia ...

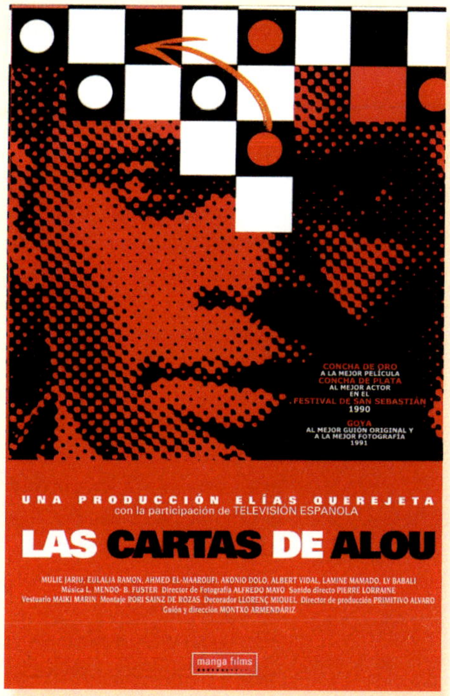

LA PELÍCULA **A**
DVD

→ Películas, p. 247

Comprender y analizar un recorte de película

1 *Resume la acción de cada escena en dos o tres frases.*
2 *Describe la relación de Alou y Carmen.*
3 *Desde lejos, Carmen observa la detención de Alou: comenta la reacción de ambos.*
4 *Imagina lo que piensa Alou al ser detenido.*
5 *Imagina cómo seguirá la historia de Alou.*

B

Analizar los recursos fílmicos

1 *Divide las escenas en capítulos, según los temas tratados.*
2 *¿Qué crees que quiere trasmitir el director de la película en cada una de estas escenas?*
3 *Escoge algunas escenas e indica cómo el director de la película consigue el enlace entre ellas.*
4 *Analiza la importancia que el director de la película atribuye en estas escenas*
   – *a los diálogos,*
   – *al juego de los actores (los gestos, la voz, la expresión de la cara, etc),*
   – *a la música.*

OPINIÓN

→ Dar una opinión, p. 239

«Me alegro mucho de ver de nuevo a mi familia y de volver a mi país. Pero éste ya no es mi sitio.»
Comenta esta frase de la carta que Alou le escribe a su amigo Mulai.

RINCÓN DE LECTURA

Claudia, una chica española de 15 años, conversa con Ahmed, un chico marroquí.

–¿De verdad que nunca te has enamorado?–insistió, aunque sin presionarme.

–Hombre, he tenido amores platónicos, como todo el mundo. [...] ¿Y tú?

–Yo no puedo permitirme hacer esas cosas–respondió enigmáticamente.

–¿Qué quieres decir? ¿Acaso te lo prohíbe tu religión o algo así? [...]

–De hecho, estoy comprometido.

No sé muy bien por qué, tuve la sensación de que me estaba contando una trola como la copa de un pino.

–Entre los musulmanes es común que los padres decidan con quién deben casarse sus hijos. Mi madre lleva tiempo preparando mi boda con una muchacha de Tánger que es pariente lejana de nuestra familia.

–¿Lo dices en serio?

–Totalmente en serio.

–¿Y te gusta esa chica?

–Ni la conozco.

–Pero eso es horrible. ¿Y tú vas a aceptarlo?

–Es la tradición. Los magrebíes nos casamos muy jóvenes. De hecho, yo tendría que casarme dentro de un par de años. Yasmina, que es la chica que ha escogido mi madre, ya ha cumplido trece.

–No has contestado a mi pregunta. ¿Vas a casarte con alguien a quien ni siquiera conoces? –insistí.

–No lo sé.

–¿Cómo que no lo sabes?

–Hay muchas cosas de mi cultura que no me gustan, pero uno no puede ir escogiendo lo que le gusta y desechando lo que no. Bastante complicado es ser musulmán en este país, como para que de repente abandone mis creencias y costumbres. Llegaría un momento en que ni yo mismo sabría qué soy.

–Pues sé tú mismo.

–No es tan sencillo. Para ti es muy fácil ser tú misma. En mi caso todo se complica mucho más.

–No te entiendo.

–Mi padre intenta inculcarme que debo tratar de integrarme en vuestra cultura. Él quiere que piense y sea como uno de vosotros. Supongo que cree que es la única manera de que me labre un futuro en vuestro mundo.

–¿Y...?

–Pues que mi madre no piensa lo mismo. Ella quiere que sus hijos sigan siendo musulmanes en todos los sentidos. Para ella la religión y las costumbres son lo más importante del mundo, e intenta educarnos en esa tradición.

–¿Y tú qué piensas?

–Ése es el problema. No lo sé. Tengo un lío enorme en la cabeza y en el corazón. Algunas veces, ni siquiera yo mismo sé lo que soy. Pero otros, tipejos como los de clase se encargan de recordarme que soy musulmán. Me gustaría ser lo que soy, un musulmán de Marruecos, sin que ello me impida vivir en Europa como un verdadero europeo. No sé si me entiendes. Creo que me siento un europeo con raíces musulmanas o, dicho de otra manera, un musulmán tan europeo como los católicos o los protestantes.

–Eso suena mejor.

–Sí, pero eso es un sueño, un sueño que no tarda en desvanecerse. Aquí sólo soy un inmigrante marroquí, y por lo visto siempre será así.

–Eso también dependerá de tu propia actitud, ¿no crees?

–Supongo...

Manuel Valls, ¿Dónde estás, Ahmed?

11 **estar comprometido/-a:** verlobt sein 13 **una trola como la copa de un pino:** *fam.* una mentira gigante 37 **desechar:** no aceptar, dejar de lado 48 **inculcar:** eintrichtern 52 **labrar:** *aquí* construir, crear 66 **encargarse de:** cumplir la tarea de 77 **desvanecerse:** desaparecer

1 *Apunta los aspectos del texto que te parecen interesantes.*
2 *Analizad en clase el texto en base a vuestros apuntes.*

PUNTO FINAL

REVISIÓN

1 *Revisad los textos que habéis leído en este capítulo y reunid en un mapa mental la información que habéis obtenido.*
2 *Buscad en los demás textos temas que no habéis tratado y añadidlos al mapa.*
3 *Señalad el tema o el texto que más / menos os haya gustado e indicad también por qué.*

DIARIO DE LECTURA

Anota lo que
– *te ha llamado la atención en el capítulo y explica también por qué,*
– *te ha aportado algo nuevo (ideas, conocimientos) que no quieres perder de vista.*

PORTAFOLIO

1 *Escoge tu tema favorito y sigue buscando información por tu cuenta. Escribe, en base a los resultados, una carta, un artículo o prepara una exposición.*
2 *Dentro de las tareas que has preparado para este capítulo, elige la que mejor te haya salido.*

DISCUSIÓN

1 *¿Qué papel desempeña la lengua materna en el proceso de integración en un país extranjero?*
2 *¿Cuáles son las características de una integración exitosa? ¿Qué deberían hacer los anfitriones? ¿Y los inmigrantes? Basad vuestros argumentos en los textos que habéis leído.*
3 *Racismo, intolerancia, sociedades paralelas – ¿cómo luchar contra estos fenómenos que amenazan las sociedades democráticas?*

PROYECTO

Españoles e hispanoamericanos en Alemania
Localizad a españoles e hispanoamericanos residentes en vuestra ciudad / región. Entrevistad a algunos de ellos sobre sus biografías (de dónde vienen, cuándo y por qué vinieron, cómo viven, cómo se sienten en Alemania …). Exponed el resultado de vuestras entrevistas en clase.

Los idiomas que hablan nuestros compañeros
1 *Haced una encuesta a los alumnos en vuestro instituto con las siguientes preguntas: ¿Qué lenguas hablan, además del alemán y de las lenguas que estudian en el colegio? ¿Cómo han aprendido estas otras lenguas? ¿Con quién las hablan? ¿Sobre qué tema hablan mejor en su lengua materna?*
2 *Resumid los resultados de vuestra encuesta en español.*
3 *Luego escribid un artículo para el periódico de vuestra escuela hermana presentando los resultados de la encuesta.*

PARA LEER MÁS

Alfredo Gómez Cerdá, *Sin billete de vuelta,* Alfaguara, Madrid 1994.
Enrique Páez, *Abdel,* SM, Madrid 1994.
Jordi Sierra i Fabra, *Frontera,* SM, Madrid 2003.

PARA ESCUCHAR

Amistades peligrosas, *Africanos en Madrid,* del CD: Relatos de una intriga
Juan Luis Guerra, *Visa para un sueño,* del CD: Ojalá que llueva café
Jarabe de Palo, *Las cruces de Tijuana,* del CD: Bonito

DIRECCIONES DE INTERNET

México: www.sinfronteras.org.mx
España: www.migrantesenlinea.org

AMÉRICA AYER Y HOY

Cuzco (Perú)

Lima

Lima

Lima

Máscara inca

En el altiplano peruano

Un puente colgante

En el altiplano peruano

1 *Escucha: ¿con cuáles de las fotos puedes relacionar lo que has oído?*
2 *Escucha otra vez e indica el evento y la época a los que se refiere el relato.*

ESPLENDOR Y TRAGEDIA DEL IMPERIO INCA

QUIPUS Y LIBROS

EL TEMA

Anota lo que ya sabes de los incas y formula preguntas de lo que te gustaría saber. Reúne la información en un mapa mental que vas completando a lo largo del estudio de los textos sobre el tema.

➔ Mapa mental, p. 257

EL TEXTO **A**

Hacer un resumen estructurado

1 *Divide el texto en dos partes y explica la subdivisión establecida.*
2 *Resume cada parte.*
3 *Haz un resumen estructurado, combinando los resultados de las tareas 1 y 2.*

B

➔ Textos narrativos, p. 241

Analizar un texto

1 *Indica los argumentos con los cuales el curaca le explica a Molina la organización del imperio inca.*
2 *El texto expone dos sistemas de comunicación: descríbelos y explica en qué se diferencian.*
3 *Analiza lo que transmite el texto (ll. 77–92) sobre la cultura inca y la española.*

El español Alonso de Molina acompañó a Francisco Pizarro en su primera expedición a Perú (1523). Aprendió el idioma de los incas –el quechua– y se quedó para siempre en el país que le fascinaba tanto. En este fragmento, el curaca Chabcha Pusí habla con Molina y le dice:

–Cuando no es tiempo de siembra o de cosecha, cada pueblo tiene la obligación de mejorar sus caminos y los inspectores se preocupan luego de que no exista un solo bache ni una piedra desde el Cuzco hasta Quito.
–¿Todo está tan perfectamente organizado?
–Sin un orden estricto nadie conseguiría gobernar tantos pueblos distintos que habitan en zonas tan diversas. Tribus de las montañas, los valles tórridos, las costas o las selvas de Oriente, que hablaban lenguas incomprensibles y se regían por costumbres estrafalarias, se entienden ahora en *quechua* y se comportan de idéntica manera. Al igual que el sol sale cada día a la misma hora por la misma garganta al este del Titicaca lanzando su primera luz sobre la isla de la Luna, y se oculta a la misma hora en el mismo punto del mar, así sus hijos, los «incas», organizaron el Imperio. Todo está medido y previsto.
–¿Incluso mi llegada?
–Incluso tu llegada. Hace dos años un gran cometa de larga cola cruzó el cielo y según nuestros profetas su aparición significaba la muerte de Huayna Capac y el regreso de *Viracocha*. Te esperábamos.
–¿Qué más está escrito sobre mí en vuestras profecías ?

–¿Escrito? –se sorprendió el *curaca*–. ¿Qué significa *escrito*?
–Lo que está en los libros.
–¿Qué es un libro?
El andaluz lanzó un sonoro resoplido :
–¡A ver cómo te explico yo lo que es un libro…! Empecemos por enterarnos de si conoces el papel… –De su faltriquera sacó la única carta que había recibido desde su llegada al Nuevo Mundo y se la mostró–. ¡Esto es un papel! –señaló–. ¿Sabes para lo que sirve?
El otro lo tomó con dos dedos y un cierto recelo, lo estudió detenidamente por uno y otro lado, y al fin se lo devolvió como si oliera mal.
–¿Para qué sirve?
–Es una carta… En ella, y por medio de estos signos, mi familia me cuenta todo cuanto ha ocurrido en mi casa en los últimos tiempos. ¿Usáis algo semejante…?
Chabcha Pusí, *curaca* de Acomayo, que parecía sinceramente interesado por lo que el español trataba de darle a entender, meditó unos instantes y al fin, sacando de su bolsa un grueso cordón del que pendían varias cuerdecitas de distintos colores hábilmente anudadas, replicó:
–Tenemos los *quipus*. Según su tamaño, su color o el número y disposición de sus nudos nos cuentan cosas. Éste, por ejemplo, me recuerda cuántas llamas y alpacas hay actualmente en Acomayo; éste, cuántas túnicas, y éste, cuántas espadas y escudos…
Alonso de Molina lo tomó a su vez y lo observó haciéndolo girar entre los dedos, tratando de captar el conjunto de sus aplicaciones. Por último, se lo devolvió asintiendo:
–Entiendo… –admitió–. Es una buena manera de acordarse de las cosas… Pero lo que me gustaría saber es si, en el caso de que tu mujer te enviase uno, serviría para que supieras si está bien de salud, la cosecha ha sido mala […].
–¿Por qué iba a hacerlo? Todo eso lo sabré cuando regrese.
–¡De acuerdo…! Pero imagínate que quisieras saberlo antes. ¿Cómo te enterarías?
–¿Para qué quería saberlo si estando tan lejos no podría ponerle remedio…? Prefiero viajar tranquilo haciéndome a la idea de que todo continúa como lo dejé, a saber que Naika ha enfermado y tal vez se muera. Resultaría un sufrimiento absurdo, ¿no te parece?

Alberto Vázquez Figueroa, Viracocha

---

5 **el curaca:** el cacique, persona sometida al Inca pero de gran autoridad 7 **la siembra:** Saat 8 **la cosecha:** Ernte 11 **el bache:** Schlagloch 17 **la tribu:** Stamm 18 **tórrido/-a:** muy caluroso/-a 21 **estrafalario/-a:** extraño/-a, ridículo/-a 24 **la garganta:** *aquí* la parte estrecha entre dos montañas 25 **Titicaca :** lago situado en el altiplano andino de Perú y Bolivia a 3.815 m de altura 34 **Huayna Capac:** emperador del imperio inca durante la conquista 35 **Viracocha:** *dios inca, creador del universo. La leyenda lo describe como barbudo y blanco, por eso los incas confundieron a Molina con él.* 37 **la profecía:** el anunciamiento de un acontecimiento 42 **el resoplido:** respiro fuerte 45 **la faltriquera:** el bolsillo (de una prenda de ropa) 51 **el recelo:** el miedo, la desconfianza 59 **Acomayo:** localidad en los Andes 62 **meditar:** reflexionar 63 **el cordón:** Schnur 64 **la cuerdecita:** cordón delgado 67 **el nudo:** Knoten 91 **Naika:** la esposa del curaca

LA LENGUA

La oración condicional irreal

1 *Analiza la forma del verbo en la oración condicional:* «…se lo devolvió como si oliera mal» *(ll. 52/53)*

2 *Forma frases según el modelo en la tarea 1:*

a) Molina había aprendido el quechua y lo hablaba como si (ser) su lengua materna.
b) El curaca y Molina hablaban como si (conocerse) desde hacía años.
c) El camino estaba construido con tanta precisión como si los incas (tener) una maquinaria muy desarrollada.
d) El curaca mira la carta de Molina como si el papel (querer) hacerle daño.
e) El curaca habla del sometimiento de los otros pueblos como si (constituir) un gran logro.

OPINIÓN / DISCUSIÓN

¿Qué revelan estas frases del curaca sobre la forma de gobernar de los incas?

«Sin un orden estricto nadie conseguiría gobernar tantos pueblos distintos... Se entienden ahora en *quechua* y se comportan de idéntica manera... Todo está medido y previsto.» (ll. 15-29)

PARA PROFUNDIZAR

El imperio inca

Un amplio sistema de caminos de unos 16.000 kilómetros constituía uno de los fundamentos para la organización del imperio inca. Se basaba en dos caminos principales de norte a sur: uno iba a través de la cordillera y pasaba por Quito, Cuzco y el lago Titicaca hasta llegar a Bolivia y al norte de Argentina y Chile. El otro iba desde la costa a Arequipa. La organización del imperio, con más de seis millones de habitantes, era perfecta, pero los incas nunca desarrollaron un sistema de escritura, aunque sí un método de cuentas denominado *quipu* que servía para memorizar la historia, los mitos y los censos estadísticos.

Niño quechua (Perú)

Los indígenas hoy

Las poblaciones indígenas constituyen una proporción significativa de Bolivia (71%), Perú (39%), Ecuador (37%), Guatemala (60%) y México (12,5%). Hoy en Perú, la mayoría de la población es mestiza. Sin embargo, existen al menos tres millones de indígenas que viven en el altiplano andino y en las regiones selváticas de la Amazonía.

Mujer maya (México)

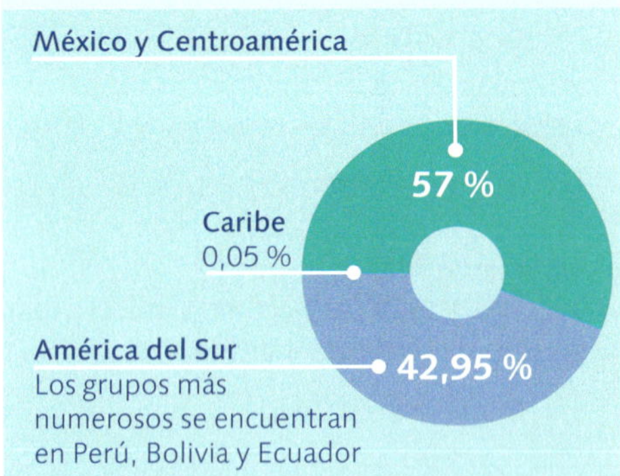

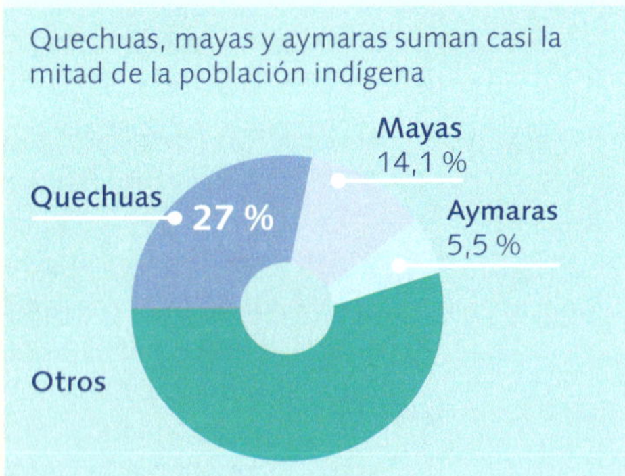

ATAHUALPA Y PIZARRO

El Inca Atahualpa y Francisco Pizarro (1533)

EL TEMA

Describe la escena: ¿quiénes son Atahualpa y Francisco Pizarro?

EL TEXTO A

Hacer un resumen

Resume una de las dos escenas de la obra de teatro.

B

Conocer a fondo a los personajes de una obra

→ Textos dramáticos, p. 246

1 *Formad tres equipos: cada uno caracteriza a uno de los personajes (Atahualpa, Rumiñahui, Pizarro) y lo presenta después a los demás estudiantes del curso.*
2 *Compara la actitud de Rumiñahui con la de Atahualpa subrayando las diferencias. Ten en cuenta lo que dice Atahualpa sobre la obediencia.*
3 *Analiza el papel de la religión en la conquista del reino inca por Pizarro, según el texto.*

Según una profecía del dios Viracocha, el reino de los incas se ha de acabar con el duodécimo Inca. En la siguiente escena, Atahualpa y Rumiñahui, un general del ejército inca, conversan sobre si es peligroso o no encontrarse con Francisco Pizarro.

RUMIÑAHUI: ¿Vas a ir?

ATAHUALPA: Sí. Aparecen y desaparecen en nuestro país desde hace tiempo. Tengo que verles las caras. Han mandado saludos y regalos de paz. Yo también.

RUMIÑAHUI: Después mandarán cañones.

Atahualpa: Para atacar después, atacarían ahora.

Rumiñahui: No pueden ahora. Primero tienen que disfrazarse de amigos. Saben que eres poderoso.

Atahualpa: Ellos son también poderosos. [...] Unos creen que son dioses parecidos a Viracocha. Otros, que son monstruos, mitad animal; otros, que son hombre no más. ¿Qué son, según tú, Rumiñahui?

Rumiñahui: Invasores.

Atahualpa: ¿No crees en la profecía?

Rumiñahui: A veces tampoco creo en los hombres. Gente de nuestra propia raza ha ido a pedir ayuda, que es como ayudar. Después pedirán consejeros, soldados, armas contra su propio pueblo. Entonces ya no son más nosotros.

Atahualpa: Mátalos, Rumiñahui, antes de que tengan hijos, y entierra sus corazones a ver qué fruto da corazón de traidores... ¿Y si los extranjeros son dioses?

Rumiñahui: Dioses no matan ni buscan oro. Dioses no vacilan ni son tan crueles.

Atahualpa: Nosotros también fuimos crueles.

Rumiñahui: No. Nosotros fuimos justos.

Atahualpa: ¿Qué irán a proponerme?

Rumiñahui: Alianza o pacto, alguna u otra forma de traición. Es decir, un negocio. El imperio a cambio de abalorios.... Si te pueden comprar, hemos de ser criados de ellos. Si no te vendes, te amenazarán. Si no tienes miedo, han de bloquear el país, ayudados por hermanos. Si ven que sin ti es mejor, te han de matar.

Atahualpa: Ah, no. En mi reino ningún pájaro vuela, ninguna hoja se mueve, si no es mi voluntad.

Rumiñahui: Pero los extranjeros no lo saben. Aquí es cierto que el gentío no siembra antes de que entierres la primera semilla. Si un año te olvidaras, no habría maíz. De tan acostumbrado a obedecer, no está acostumbrado a pensar. Así ha sido siempre.

Atahualpa: Así tendrá que seguir siendo.

Rumiñahui: No cuando el Inca se equivoque.

Atahualpa: El Inca no se equivoca jamás.

Rumiñahui: Ahora vas a equivocarte yendo a ver a los extranjeros, y nosotros, y nosotros vamos a equivocarnos obedeciéndote. No vayas, Atahualpa.

Atahualpa: Dije que iría. Ordené que se desocupe Cajamarca para recibirles. No sería digno de faltar. Yo iré con la Corte y cinco mil súbditos. [...]

En el campamento de los conquistadores. Conversación entre Pizarro y el cura Valverde:

Valverde: ¿Estás decidido a atacar mañana? Somos tan pocos.

Pizarro: Ellos son muchos, es verdad. Pero hay que vencerlos por la sorpresa y el espanto. Seguramente vendrán desarmados. Y una vez que hagamos preso a Atahualpa, los demás no opondrán resistencia... Tú leerás el texto del Requerimiento en lugar del escribano. Nosotros estaremos ocultos en diversos lugares de la plaza. Cuando des la señal convenida, atacaremos... [...] Sería bueno que reconfortaras a la tropa. Tú estás aquí para eso. Hay que lograr que los soldados odien a estos indios, convencerlos de que son nuestros enemigos. Porque mañana es el día decisivo por el que hemos sufrido tanto. Yo les he ofrecido ya todas las riquezas de la tierra si salen con vida. Pero temen morir. Ve y haz tu parte, eclesiástico.

Jorge Enrique Adoum, El sol bajo las patas de los caballos

---

3 **el Inca:** el emperador de los incas 33 **el traidor:** Verräter 43 **el abalorio:** Glasperle 44 **el criado:** persona que sirve a otra 53 **el gentío:** la masa de gente 55 **la semilla:** Samenkorn 67 **Cajamarca:** ciudad del imperio inca donde tuvo lugar el encuentro entre Atahualpa y Pizarro 69 **el súbdito:** persona que está bajo el dominio de otra 76 **el espanto:** el miedo, el terror 79 **el Requerimiento:** el texto oficial con el cual se reivindica la tierra conquistada para la Corona española 80 **el escribano:** *aquí* persona autorizada a hacer públicas las Leyes del Gobierno 82 **convenido/-a:** acordado/-a

LA LENGUA
DELE

El subjuntivo en las oraciones temporales

1 *Explica el uso del subjuntivo:*
«Cuando des la señal convenida, atacaremos…» (ll. 82/83)

2 *Forma frases según el modelo en la tarea 1:*

a) En cuanto (entrar) los españoles en Cajamarca / Atahualpa (dirigirse) a su encuentro.
b) Mientras los incas no (saber) nada de las intenciones de los españoles / (continuar) tranquilamente la ceremonia de la siembra.
c) Una vez que (terminar) la ceremonia de la siembra / el Inca (organizar) una gran fiesta para recibir a los españoles.
d) Los súbditos no (moverse) / hasta que el Inca no (dar) la orden.
e) Rumiñahui piensa que mientras no (cambiar) las reglas y leyes / la sociedad inca no (poder) sobrevivir a la conquista.

DISCUSIÓN

¿En qué sentido se puede ver a Rumiñahui como un representante del pensamiento moderno?

PARA PROFUNDIZAR

El imperio inca cayó cuando Francisco Pizarro capturó a Atahualpa en Cajamarca (1533). Atahualpa no se podía imaginar que unos cientos de españoles se atrevieran a enfrentarse a su enorme ejército y, por ello, fue tranquilamente a su encuentro.
Al principio, los indígenas habían recibido bien a los españoles. Para ellos, eran unos hombres exóticos: no sabían de donde venían, ni qué pretendían. Luego, cuando los invasores empezaron a robar y a destruirlo todo, los indígenas cambiaron de actitud y los atacaron. Fue entonces cuando conocieron el poder de los caballos y del cañón.
La falta de escritura en la mayor parte de América (sólo existía en Mesoamérica) ha impedido que tengamos una versión indígena de los hechos de la conquista. Los pocos relatos que nos han llegado la presentan con tintes apocalípticos.

La conquista española de México (siglo XVI)

LA MUERTE DE ATAHUALPA*

EL TEXTO **A**

→ Poemas, p. 243

Analizar el punto de vista de un narrador

1 *Resume el contenido con tus propias palabras.*
2 *Indica los versos que describan el hecho principal.*
3 *Busca en el poema las alusiones a los dos mundos que se enfrentan y explícalas.*
4 *¿Por qué el narrador del suceso dice «nuestra sangre» (l. 29)? Busca más indicios para explicar la perspectiva desde la cual se presentan los sucesos.*
5 *¿Cuál es, según tu opinión, el mensaje que quiere transmitir Neruda con respecto al encuentro de las dos culturas?*

B

Destacar a los personajes de una escena descrita en un poema

1 *Indica los personajes que aparecen en este poema. ¿Qué información recibes sobre ellos?*
2 *Analiza el vocabulario con el cual el poeta describe a los personajes.*

En Cajamarca empezó la agonía.
El joven Atahualpa, estambre azul,
árbol insigne, escuchó al viento
traer rumor de acero.
Era un confuso
brillo y temblor desde la costa,
un galope increíble
–piafar y poderío–
de hierro y hierro entre la hierba.
Llegaron los adelantados.
El Inca salió de la música
rodeado por los señores.
Las visitas
de otro planeta, sudadas y barbudas,
iban a hacer la reverencia.
El capellán
Valverde, corazón traidor, chacal podrido,
adelanta un extraño objeto, un trozo
de cesto, un fruto
tal vez de aquel planeta
de donde vienen los caballos.
Atahualpa lo toma. No conoce
de qué se trata: no brilla, no suena
y lo deja caer sonriendo.
«Muerte
venganza, matad, que os absuelvo »,
grita el chacal de la cruz asesina.
El trueno acude hacia los bandoleros.
Nuestra sangre en su cuna es derramada.
Los príncipes rodean como un coro
al Inca, en la hora agonizante.
Diez mil peruanos caen
bajo cruces y espadas, la sangre
moja las vestiduras de Atahualpa.
Pizarro, el cerdo cruel de Extremadura,
hace amarrar los delicados brazos
del Inca. La noche ha descendido
sobre el Perú como una brasa negra.

Pablo Neruda, Canto General (1950) © Bruguera, Barcelona 1980

2 **el estambre:** feines Garn (aus Wolle) 3 **insigne:** famoso/-a 8 **piafar:** mit den Hufen scharren 8 **el poderío:** el poder, la fuerza 10 **el adelantado:** el soldado que descubre terreno 16 **el capellán:** el sacerdote 17 **podrido/-a:** descompuesto/-a, *aquí* inmoral 26 **absolver:** quitar los pecados 28 **el trueno:** Donner 28 **acudir:** venir rápidamente 29 **la cuna:** Wiege 36 **amarrar:** zusammenbinden

TAREA CREATIVA

Transforma el poema en cuento.

PARA PROFUNDIZAR

En una escena Valverde le da a Atahualpa la Biblia.

1 *Indica la línea y analiza*
- *el significado que tiene este acto para los españoles,*
- *la reacción de Atahualpa.*

← Quipus y libros, p. 102

2 *Compara la escena con la conversación entre el inca Chabcha Pusí y el español Molina en las páginas 102 y 103.*

BÚSQUEDA DE INFORMACIÓN

→ Exponer un tema, p. 232

Elige una etapa y busca más información. Expón los resultados en clase.

Las etapas de los descubrimientos y conquistas	
12 de octubre de 1492	Llegada de Cristóbal Colón a las Antillas
1502	Llegada de los primeros esclavos negros a América
1513	Núñez de Balboa atraviesa el istmo de Panamá y llega al Pacífico
1519–1521	Conquista del imperio azteca en México por Hernán Cortés
1531–1533	Conquista de Perú y destrucción del imperio inca por Francisco Pizarro
1522	Fundación del Virreinato de la Nueva España (México)
1536	Pedro de Mendoza funda Buenos Aires
1541	Pedro de Valdivia funda la primera ciudad en Chile: Santiago del Nuevo Extremo
1543	Fundación del Virreinato del Perú
1552	Publicación de la «Brevísima relación de la destrucción de las Indias» de Bartolomé de las Casas

LA TOMA DE CUZCO*

EL TEMA *Describe la ilustración. ¿Qué sabes de los motivos de la conquista española?*

La toma de Cuzco (1533)

EL TEXTO **Localizar información concreta en una fuente histórica**
Indica la línea dónde encuentras la siguiente información:

a) Los españoles trataron mal a los incas para saber dónde había más oro.
b) Buscaban el tesoro de los reyes inca, pero no lo encontraron.
c) Las paredes de los templos eran de oro y de plata.
d) Los habitantes de Cuzco no se opusieron cuando los españoles entraron en la ciudad.
e) En busca de oro, los españoles robaron todo lo que había en los templos, en las casas y en la fortaleza.

Entraron otro día los españoles en el Cuzco sin contradicción alguna y luego comenzaron unos a desentablar las paredes del templo que de oro y plata eran; otros a desenterrar las joyas y vasos de oro que con los muertos estaban, otros a tomar ídolos, que de lo mesmo eran; saquearon también las casas y la fortaleza, que aun tenían mucha plata y oro de lo de Guaynacapa. En fin hubieron allí y a la redonda más cantidad de oro y plata que con la prisión de Atabaliba habían habido en Caxamalca. Empero como eran mucho más que no allá, no les cupo a tanto [...]. Tal español hubo que halló, andando en un espeso soto, sepulcro entero de plata, que valía cincuenta mil castellanos; otros los hallaron de menos valor, mas hallaron muchos, ca usaban los ricos hombres de aquellas tierras enterrarse así por el campo a par de algún ídolo. Anduvieron asimismo buscando el tesoro de Guaynacapa y reyes antiguos del Cuzco, que tan afamado era; pero ni entonces ni después se halló. Mas ellos que con lo habido no se contentaban, fatigaban los indios cavando y trastornando cuanto había y aun les hicieron hartos malos tratamientos y crueldades para que dijesen dél y mostrasen sepulturas.

Francisco López de Gómara,
Historia general de las Indias (1552)

3 **desentablar:** sacar las tablas 7 **el ídolo:** la estatua o imagen que representa a un dios no cristiano 7 **saquear:** plündern 9 **Guaynacapa:** dios inca, el padre de Atahualpa 12 **Atabaliba:** Atahualpa 12 **Caxamalca:** Cajamarca, la ciudad donde Atahualpa fue capturado por Pizarro. Para obtener su libertad, Atahualpa le había prometido a Pizarro una inmensa cantidad de oro. 14 **no les cupo a tanto:** *aquí* no pudieron llevarse tanto 16 **el soto:** el bosque 16 **el sepulcro:** Grab 17 **el castellano:** *aquí* moneda de oro utilizada en el siglo XVI en Castilla 19 **ca:** *ant.* porque 20 **a par de:** igual que, como 26 **fatigar:** *aquí* maltratar 27 **harto/-a:** mucho/-a

TAREA CREATIVA

Ponte en el lugar de uno de los habitantes de Cuzco y escribe sus pensamientos en forma de un monólogo interior. Ten en cuenta que para los incas el oro no tenía la misma importancia que para los españoles porque en su país lo había en gran cantidad.

PARA PROFUNDIZAR

Lee el texto y mira la foto. ¿Qué cuentan sobre la historia de Cuzco?

Calle Hatum Rumiyoc en Cuzco

El joven Ernesto pasea con su padre por las calles de Cuzco y le pregunta:

–¿Cantan de noche las piedras?

–Es posible.

–Como las más grandes de los ríos o de los precipicios. Los incas tendrían la historia de todas las piedras con «encanto» y las harían llevar para construir la fortaleza.

–¿Y éstas con que levantaron la catedral?

–Los españoles las cincelaron. Mira el filo de la esquina de la torre.

Aun en la penumbra se veía el filo; la cal que unía cada piedra labrada lo hacía resaltar.

–Golpeándolas con cinceles les quitarían el «encanto». Pero las cúpulas de las torres deben guardar, quizás, el resplandor que dicen que hay en la gloria. ¡Mira, papá! Están brillando.

–Sí, hijo. Tú ves, como niño, algunas cosas que los mayores no vemos. La armonía de Dios existe en la tierra. [...]

–Esta plaza, ¿es española?

–No. La plaza, no. Los arcos, los templos. La plaza, no. La hizo Pachkutek', el Inca renovador de la tierra. ¿No es distinta de los cientos de plazas que has visto?

José María Arguedas, Los ríos profundos © Biblioteca Ayacucho, Caracas 1958

4 **el encanto:** el poder mágico 7 **cincelar:** meißeln 7 **el filo:** el borde que divide algo en dos mitades iguales

COMPRENSIÓN AUDIOVISUAL
DVD

Diarios de motocicleta

El joven médico argentino Ernesto Guevara emprende, en los años cincuenta, un viaje por América Latina. Mira el recorte de la película «Diarios de motocicleta»:

1 *Resume lo que le pasa en Cuzco.*

2 *Describe la reacción de Ernesto ante las ruinas de Machu Picchu.*

BARTOLOMÉ DE LAS CASAS

Bartolomé de las Casas, El saber en cómic – Historia © Bayard, Madrid 2002

las Indias: *aquí* Las Antillas **el plan de Gobierno:** El rey Carlos I (1500–1558) apoyaba la idea de Bartolomé de las Casas de defender a los indígenas contra los abusos de los españoles. **el colono:** el español que vive en la colonia **la Tierra de Guerra:** región en el norte de Guatemala

EL TEXTO A

Comprender un cómic

1 *Resume lo que pasa en estas viñetas y sitúalo en el espacio y el tiempo.*
2 *Presenta a Bartolomé de las Casas. ¿Qué llegas a saber sobre él?*
3 *Analiza la actitud de los colonos hacia los indígenas tal como se puede desprender del cómic.*

B

DELE

Analizar un cómic

1 *Indica lo que se puede deducir de las viñetas sobre el lugar, la época y los personajes.*
2 *Analiza en detalle el comportamiento de los personajes y la relación entre ellos en la primera viñeta.*

OPINIÓN

➔ Dar una opinión, p. 239

Comenta la siguiente frase de Bartolomé de las Casas (1484–1566):

«La libertad es un bien más preciado y estimado que todas las riquezas que un pueblo pueda tener»

PARA PROFUNDIZAR

A cada conquistador o colono se le confiaba un grupo de indígenas. La idea era que los indígenas tenían que trabajar como criados o trabajadores en minas y plantaciones. Los españoles, en cambio, estaban obligados a tratarlos bien dándoles alojamiento, comida y una educación cristiana. En la práctica, este sistema de encomiendas se convirtió en un estado de opresión y esclavitud. El sacerdote Bartolomé de las Casas tomó conciencia de la injusticia del sistema y decidió combatirlo. Lanzó una campaña por la defensa de los indígenas contra los abusos de los españoles apoyada por el Cardenal Cisneros y el rey Carlos I.

BÚSQUEDA DE INFORMACIÓN

Busca información sobre la conquista española de México, por ejemplo, sobre Tenochtitlán o el encuentro del conquistador Hernán Cortés con Moctezuma.

Encuentro entre Cortés y Moctezuma, según una crónica de 1579

ASPECTOS DE LA VIDA CONTEMPORÁNEA

LA ANTIGUA MEDICINA DE LOS KALLAWAYAS

EL TEMA *¿Qué haces para curarte de un resfriado? Cuenta tus experiencias.*

EL TEXTO **A** **Estructurar un texto**

Trabajad en dos grupos, el grupo A trabaja con la primera parte del texto (ll. 1–57), el grupo B con la segunda parte (ll. 58–105):

1 *Buscad la información a la que se refiere el título ‹Médicos del Inca›.*
2 *Indicad los demás aspectos mencionados en cada parte, basándoos en palabras clave.*
3 *Formulad más títulos de entrelínea, como si fuera un texto periodístico.*

B **Extraer información detallada de un texto**

1 *Explica quiénes son los kallawayas y describe su posición a lo largo de la historia.*
2 *Reúne las características de su medicina.*
3 *Comprueba el arraigo de los kallawayas en el mundo andino.*
4 *Compara la formación de un kallawaya con la formación de un médico europeo.*

Médicos del Inca

Ritual Kallawaya

En Bolivia, la Provincia Bautista Saavedra del Departamento de La Paz es conocida principalmente porque entre sus habitantes de la comunidad aymara viven los kallawayas. Poseedores de un profundo conocimiento sobre plantas medicinales, sus terapias curativas forman parte de la sabiduría y belleza de la cosmovisión andina. En toda la Provincia viven aproximadamente unas 8500 personas, el 96% en condiciones de extrema pobreza.

La presencia de los kallawayas en la corte de los Incas se considera un hecho bastante probable. Posiblemente, debido al nivel de sus conocimientos, les llevaron a prestar sus servicios en Cuzco, la capital del incario. Al parecer, estaban capacitados para curar parálisis, ceguera, neumonía, heridas y dolencias mentales. Se sabe que preparaban medicamentos equivalentes a la terramicina y la penicilina, elaborados a base de barro y frutas fermentadas como el plátano. Utilizaban también la genciana y el árbol de quina del Perú para la fiebre, entre muchas otras plantas. Se supone que en la corte tenían la función de asesorar a los sabios sobre cuestiones de medicina, además de dedicarse a atender exclusivamente las enfermedades del Inca, de su familia y de la nobleza. Garcilaso de la Vega en sus Comentarios Reales, incluso, habla de los grandes conocedores de las propiedades de las plantas que existían antes de la destrucción del imperio.

Como consecuencia de la conquista española, probablemente los kallawayas que habitaban en Cuzco regresaron a refugiarse en sus comunidades originarias. Lo cierto es que su conocimiento logró sobrevivir durante la colonización. Guardaron celosamente los secretos de sus saberes y habilidades, transmitidos de forma oral sólo de padres a hijos utilizando una lengua propia. Se cree que corresponde al lenguaje sagrado de los incas, no accesible al pueblo, el cual aprendieron en la corte y asumieron como signo de identificación, incorporándolo a sus rituales curativos.

En el siglo XIX se estimó que ejercían su oficio unos 500 kallawayas famosos en toda la región. En el siglo XX, sin embargo, su número se había reducido a unos cincuenta.

«Para tener buena salud hay que darle de comer a la montaña»

La práctica médica de los kallawayas se fundamenta no sólo en sus nociones extraordinarias sobre botánica. Un aprendiz comienza a observar las hierbas desde los 7 años de edad, hasta completar un período de 8 ó 10 años de estudio para llegar a distinguir al menos las características de unas 600 plantas.

Los viajes se planifican generalmente de acuerdo al calendario agrícola que comienza el 21 de junio. Realizan largos desplazamientos que pueden durar 3 o 4 meses, prestando sus servicios a comunidades lejanas donde la asistencia médica es prácticamente inexistente. Estos traslados les permiten también ampliar la recolección de plantas y juegan un papel importante en el entrenamiento del aprendiz. Viajan juntos andando, en burro o en llama hasta regiones de Perú, Ecuador, Norte de Chile o Argentina. Un viaje de ida y vuelta a Cuzco, por ejemplo, puede durar 45 días. Llevan sus hierbas, medicamentos y objetos rituales. En ocasiones reciben dinero por su labor, aunque pueden realizar sus actividades a cambio de hospedaje y comida como sucedía en épocas remotas.

Su práctica médica resulta incompleta sin los rituales. Además de las ofrendas a la Pachamama y a los antepasados, el kallawaya prepara mesas ceremoniales. Se pide consejo a los Achachilas sobre el origen de la enfermedad y la manera adecuada de tratar al paciente. Se utiliza, por supuesto, el antiguo lenguaje secreto. Las ofrendas, que tienen lugar sobre todo en las montañas y los cerros, pueden incluir alimentos, animales, algodón, vino dulce y claveles que representan deseos. Doce hojas de coca, además, sirven de instrumento para leer el futuro y consultar sobre el paciente. A cambio de salud y bienestar, la naturaleza y los espíritus son así recompensados.

Mailer Mattié, La antigua medicina de los kallawayas © Boletín ICCI-ARY Rinay, julio de 2004

5 **los aymaras:** los indígenas que viven en la región del lago Titicaca 9 **la sabiduría:** Weisheit 9 **la cosmovisión:** la forma de interpretar el mundo 20 **la parálisis:** la pérdida de la capacidad de movimiento de una parte del cuerpo 20 **la ceguera:** la pérdida total de la visión (*adj.* ciego/-a) 21 **la neumonía:** Lungenentzündung 21 **la dolencia:** la enfermedad 23 **la terramicina:** un antibiótico 24 **el barro:** tierra mezclada con agua 26 **la genciana:** Enzian 26 **el árbol de quina:** Fieberbaum 29 **asesorar a alg.:** darle información o consejos a alg. 33 **(el «Inca») Garcilaso de la Vega** (1539 Cuzco–1616 Córdoba): hijo de una noble inca y de un conquistador español. Sus «Comentarios Reales» (1606) describen la historia, las costumbres y la organización política y social del imperio inca. 90 **la Pachamama:** *diosa de los incas,* la Madre Tierra 92 **los Achachilas:** *según la cosmovisión andina,* los espíritus protectores de los antepasados 97 **el cerro:** una montaña baja 98 **el algodón:** Baumwolle 99 **el clavel:** Nelke

LA LENGUA

Verbos con preposiciones

1 *Explica el significado de* **dar de** *+ infinitivo /* **servir de** *+ sustantivo:*
«…hay que darle de comer a la montaña» *(ll. 58/59).*
«…sirven de instrumento para leer el futuro…» *(ll. 101/102).*

2 *Resume un párrafo del texto (ll. 38–57) utilizando algunos de los verbos siguientes:*
acabar de + infinitivo, acabar con a/c, acabar por + infinitivo, contar a/c , contar con alg., dar a/c, dar de + infinitivo, servir a/c, servir a a/c, alg., servirse de a/c, servir para a/c

TAREA CREATIVA

Un estudiante de medicina europeo quiere saber más sobre los conocimientos y la práctica médica de los kallawayas. Durante un viaje a Bolivia conoce a un joven kallawaya. Inventa el diálogo entre los dos.

MEDIACIÓN

Imagina que trabajas para una revista juvenil en la cual quieres publicar un artículo sobre los kallawayas. Tu artículo se basará en un resumen alemán del texto español. Escríbelo.

BÚSQUEDA DE INFORMACIÓN

El 24 de junio se celebra en Cuzco el Inti Raymi, una fiesta de origen inca. Busca información sobre esta fiesta y expón los resultados en clase.

www. peru.info/peru.asp

Inti Raymi (Cuzco – Perú)

PARA PROFUNDIZAR

Indica los factores que amenazan la cultura de los kallawayas y las medidas que ellos toman para salvarla.

Las culturas indígenas de América Latina están amenazadas, por ejemplo, por la pobreza, la militarización de sus territorios y la destrucción de los ecosistemas.
Hay quienes consideran los tratados de libre comercio con los Estados Unidos como un peligro más para los ecosistemas: los países miembros están obligados a conceder patentes sobre plantas y animales a empresas internacionales de biotecnología. Se ha calculado en más de 40 mil millones de dólares al año el valor de mercado de las plantas medicinales utilizadas por las diversas comunidades indígenas.
Los kallawayas se oponen a estos intereses de variadas maneras. Han creado centros e incluso un laboratorio para el estudio de las plantas. Igualmente se les enseña a las mujeres y jóvenes la elaboración de los medicamentos tradicionales. Además la UNESCO le otorgó en 2003 la denominación «Obra maestra del patrimonio oral e intangible de la humanidad».

3 **el tratado de libre comercio:** Freihandelsabkommen 12 **intangible:** lo que no se debe tocar

LOS CAMPESINOS DE CHAPARE EN BOLIVIA

EL TEMA *Mira la foto e imagina la vida, los sueños y las preocupaciones de estas campesinas.*

Campesinas bolivianas

EL TEXTO **A** DELE

Comprender los detalles importantes de un texto

Lee el reportaje sobre Teófanes Guzmán, un campesino boliviano, y apunta lo que llegas a saber sobre

- *su familia,*
- *su trabajo,*
- *la situación actual en la que se encuentra,*
- *la cuestión si se considera culpable de alguna manera,*
- *la dificultad que ve para solucionar el problema.*

B

Comprender un testimonio auténtico

1 *Resume la actitud del Gobierno boliviano frente al cultivo de coca.*
2 *Resume la actitud del campesino.*
3 *Explica por qué el cultivo de coca es un problema.*

La vida en Chapare

Hace casi 20 años que estoy aquí. Yo con suerte vine, porque mi padre agarró un chaco aquí para mí y entonces siempre he trabajado mi propia tierra.

Coca, pues, comencé a sembrar, porque es lo único que da dinero para vivir. Años después que sembraba coca, comenzaron a hablarnos de otros productos. El

2 **agarrar:** *aquí* conseguir 3 **el chaco:** el terreno

Gobierno, pues. Entonces sembré tembe. ¡Pero es muy barato! Compran en 60 o 70 centavos el cogollo. La propaganda era que comprarían en cinco dólares... ¡Y ahora ya no compran!

Hace tres días que erradicaron mi chaco. Yo de allí cosechaba ocho o siete paquetes de coca. Era un cato nomás. Como no hay más que vender, de vuelta coca habría que plantar... pero de vuelta la pueden cortar. Ahora que han erradicado no sé qué voy a hacer. Estoy pensando en irme del Chapare... pero con mi esposa no sabemos dónde... Afuera... afuera no produce nada... Tenemos cuatro hijos. La mayor es Herlinda, tiene 10 años y mi hijito más chico tiene siete. Rosa reniega mucho aquí. Es que ella mira cómo a veces los soldados llevan a nuestros vecinos a la fuerza para que les muestren dónde está su coca. Paleándolos los llevan. Dime dónde plantas, les dicen. A ella no le gusta eso. La Rosa ya no ha querido tener más hijos. Ya no, pues, dice, para que sufran tanto, dice, no hay para vivir... Además, ¿dónde será que nos vamos a ir a vivir?

Vendiendo hojas de coca en el mercado de Chapare

Los soldados han puesto su campamento al ladito del pueblo siempre. Parece que tienen miedo los soldados de salir de su campamento, pero sabemos que sólo cumplen órdenes para erradicar. Nos quitan nuestra coca, pero no es su culpa. Dicen que la coca [la] usan para droga. Yo no creo que sea todo para eso... La coca es medicina para nosotros. Cuando vendemos nuestra cosecha, vamos a Eterazama. Allí nos compran y no sabemos qué hacen con eso después. Pero nosotros no sabemos nada de droga. Aquí estamos bien lejos. Más allá, a unos cinco kilómetros, ya la selva nomás es y con machete hay que abrir sendas para andar. Médico sólo hay a 20 kilómetros, en Samusabeti. Estamos lejos, lejos...

Yo creo que va a ser difícil hacer que dejen de plantar coca. Aquí las frutas bien difícil de producir son y los peoncitos jovencitos que llegan entonces siembran coca siempre. Están erradicando, pero en vano creo que están haciendo... otra vuelta van a sembrar...

10 **el tembe:** Palmherz (Gemüse aus dem weichen Inneren junger Palmen) 12 **un cogollo:** una rama con aproximadamente 30 frutos 17 **erradicar (un campo):** destruirlo, quitarle todas las plantas 20 **un cato:** medida de superficie que equivale a menos de un quinto de hectárea 35 **renegar:** *aquí* protestar 39 **palear:** *amer.* golpear 60 **el machete:** un cuchillo grande para abrirse paso en la selva 60 **la senda:** un camino pequeño

LA LENGUA
DELE

¿Indicativo o subjuntivo?

Completa el texto.

Yo no creo que toda la coca (servir) para la droga. Aunque me (haber dicho / ellos) que (ser) así, no me lo (poder) creer. Es que no (saber / nosotros) qué hacer si ya no nos (permitir / ellos) plantar coca. ¿De qué (querer / ellos) que (vivir / nosotros)? Aquí no (crecer) prácticamente nada, por eso, todos (sembrar / nosotros) coca. Por más que (erradicar / ellos) nuestros chacos, siempre (volver / nosotros) a sembrar coca.

PARA PROFUNDIZAR

¿Cuál es el papel de los Estados Unidos en la lucha antidroga?

La ayuda de los Estados Unidos a Bolivia para la lucha antidroga fue en 2002 de 104 millones de dólares, incluido la erradicación, la prevención y el desarrollo de cultivos alternativos. Pero el país andino sigue siendo, después de Colombia y Perú, el mayor productor de coca.
En 1997 el Gobierno boliviano puso en marcha una campaña para acabar con los cultivos ilegales. Desde entonces han sido erradicadas 60.000 hectáreas de hojas de coca, lo que impidió la producción de 230 toneladas anuales de cocaína.
Pero sólo una pequeña parte del dinero que distribuye la embajada norteamericana llega a los campesinos. La consecuencia es que muchos mantienen a escondidas sus plantaciones de coca. La rentabilidad habla por sí sola: una hectárea de coca da unos 6.500 dólares al año. Como contraste, una hectárea de pimienta da 3.500 dólares; una hectárea de plátano, 3.000, y una hectárea de palmito, 1.500. Unas 11.000 familias viven del rendimiento de estas plantas, pero la coca aún da de comer a 40.000 familias.

15 **la pimienta:** Pfeffer 18 **el palmito:** Palmherz

COMPRENSIÓN AUDIOVISUAL
DVD

María llena eres de gracia

María es una joven colombiana de 17 años que vive en un pueblo cerca de Bogotá (Colombia). Mira el recorte de la película y explica

- *la situación en la que se encuentra,*
- *por qué un amigo consigue convencerla de trabajar de «mula», es decir, de transportar clandestinamente droga a los Estados Unidos.*

DISCUSIÓN
→ La discusión, p. 230

¿Hay que combatir el cultivo de la coca a todo precio?
Organizad una mesa redonda en la que defiendan sus puntos de vista

- *un/a representante del Gobierno boliviano*
- *un/a representante del Gobierno de los Estados Unidos*
- *el / la representante de una organización de campesinos que sigue cultivando coca*
- *un campesino que desde hace algún tiempo cultiva pimienta y plátano*
- …

HISTORIAS DE LA CALLE

EL TEMA

1 *Describe y compara las fotos.*
2 *Imagina la situación familiar y económica de estos niños.*

Bogotá (Colombia)

EL TEXTO **A**

Presentar a los protagonistas

1 *Presenta a Lilia y a Rutilio orientándote en los siguientes aspectos:*
- *los datos personales,*
- *la situación familiar,*
- *la educación,*
- *la manera de conseguir algo de dinero,*
- *la vida en la calle.*

2 *¿Son ambos «chicos de la calle»? Justifica tu respuesta.*
← Madre e hija, p. 12
3 *Compara la vida de Lilia con la de Raquel y compara sus problemas.*

B

Comparar textos

1 *Compara los dos textos. Fíjate en el tipo de texto, el / la autor/a o la fuente, la perspectiva y el estilo.*
2 *¿A quién se dirige cada uno de los textos?*
3 *Explica la intención de cada uno de los dos textos. ¿Su objetivo es informar, provocar un sentimiento, persuadir, pedir algo a alguien, protestar, …?*

Lilia vive de la basura

Lilia tiene 15 años, pero parece de 12. Yolanda, la mamá de Lilia, de rasgos indígenas y carácter recio, le ha enseñado a Lilia, desde los 3 ó 4 años, las mil y una maneras de ganarse unas monedas en la calle sin hacerle mal a nadie, y la previene de los peligros en la noche bogotana. Álex, su padre, cumplió 45 años. Es drogadicto. Desde que lo venció el vicio, se va todos los días al mediodía y regresa a la madrugada. Nunca trae un peso, pero su esposa y sus hijos lo soportan porque no es violento ni intenta tocar a las niñas. Además, ‹padre es padre›, les advierte Yolanda.

Un día, cuando ya había cumplido los 10, una comadre de su mamá, de nombre Flor, se la llevó para el norte de la ciudad. Desde entonces, tres veces a la semana salen de su casa hacia las tres de la tarde y luego de dormitar por más de dos horas, recogen el carro en una bodega del barrio Prado Veraniego y lo tiran hasta un barrio de clase media alta, vecino de un sector comercial con suficientes restaurantes como para pedir comida todos los días.

Lilia esculca la primera bolsa de basura. Sus manos pequeñas, pero fuertes y curtidas, la desatan y escogen: dos latas de cerveza, una botella de whisky y cartas hechas trizas. A los 10 años, cuando comenzó a meter sus manos en la basura, le daban asco los papeles del sanitario y las toallas higiénicas. Ya se acostumbró.

Hacia la medianoche, Lilia termina de recoger desperdicios. Por la calle 140 comienzan a bajar los carros tirados por niños y adolescentes sudorosos y jadeantes. Cruzan despacio el puente de la autopista norte y descargan el material en una acera ancha del barrio Prado Veraniego.

Allí seleccionan el vidrio, el papel y demás desperdicios, lo empacan en costales y lo dejan listo para vender a las seis de la mañana en la misma bodega donde les alquilaron el carro. Cuando terminan de escoger, hacia las tres o cuatro de la mañana, ponen unos cartones sobre el cemento y se cubren con un plástico.

Así es la vida de Lilia Wilches Tibasosa y de muchas otras Lilias.

Rutilio

Hola, mi nombre es Rutilio. Mis amigos me llaman Rudy. Vivo en un *Hogar Grupal de Casa Alianza.* Durante 10 años viví en las calles. No tengo familia. Tampoco tenía un nombre antes de que yo mismo me pusiera Rutilio. Verás, yo nunca supe cuándo nací ni cuántos años tenía. Así que después de que el médico me dijera que tengo 16 años, decidí que tenía que tener mi primera fiesta de cumpleaños… que desde ahora celebraré el 15 de abril. Así que ahora tengo un nombre y un día de cumpleaños, e incluso una ‹familia› con mis amigos en *Casa Santiago*. Pero todavía quiero descubrir quiénes son mis padres. Y por qué me abandonaron.

Durante 10 años viví en la calle. No tenía a nadie en el mundo. Por supuesto había un chico mayor que yo que cuidaba de mí; pero en realidad estaba por mi cuenta. El pegamento era mi mejor amigo, lo inhalaba todo el tiempo. Me hacía sentir mejor. No estaba tan triste todo el día. Me quitaba el hambre y el frío. Al principio, para poder vivir, mendigaba. Después aprendí a tomar cosas de otra gente. Si tenía un buen día, robaba cinco relojes y conseguía 100 lempiras. Tenía que robar para conseguir pegamento, comer, tener algo de ropa. Al principio me sentía mal de quitarle a la gente sus cosas, pero después lo haces porque tienes que hacerlo. Yo no quería vender mi cuerpo.

Ahora quiero ayudar a otros niños de la calle, guiarlos. Quiero decirles ‹No tomes drogas, tienes otras opciones›. Estoy yendo a la escuela en la noche, estoy en el segundo grado. Durante el día aprendo cómo arreglar autos. Quiero ser mecánico. Me siento muy bien con la gente que me ha ayudado. Ellos saben cómo valorar a los niños. Desafortunadamente aquí, y en otros lugares de América Central, los chicos como yo son tratados como porquería.

3 **recio/-a:** fuerte 6 **prevenir alg. de a/c:** jdn. vor etw. warnen 17 **la comadre:** *fam* la amiga 22 **la bodega:** *hier* Schuppen 28 **esculcar:** durchsuchen 29 **curtido/-a:** abgehärtet 30 **desatar:** *aquí* abrir 32 **hecho/-a trizas:** in Stücke zerrissen 37 **los desperdicios:** la basura 37 **la calle 140:** *En Bogotá, muchas calles llevan números en vez de nombres.* 39 **jadear:** respirar fuertemente 45 **el costal:** el saco 55 **el Hogar Grupal:** *un refugio para gamines* 56 **Casa Alianza:** *una ONG que ayuda a niños de la calle* 74 **el pegamento:** Klebstoff 78 **mendigar:** pedir dinero 81 **la lempira:** *moneda de Honduras, 100 lempiras son unos 5 euros* 99 **la porquería:** *vulg. hier* Abschaum, Dreck

LA LENGUA

El uso del subjuntivo

Comenta el destino de Lilia y Rutilio. Utiliza:

DELE

es increíble que	espero que	ojalá (que)
es horrible que	me pone triste que	
es bueno que	(no) me gusta que	
es una lástima que	me impresiona que	
es una vergüenza que		
es lógico que		

El uso de los pronombres

Transforma las frases a la tercera persona.

Ejemplo: «Tampoco tenía un nombre antes de que yo mismo me pusiera Rutilio». (ll. 58/59)
→ Tampoco tenía un nombre antes de que **él** mismo **se** pusiera Rutilio.

a) «...después de que el médico me dijera que tengo 16 años, decidí que tenía que tener mi primera fiesta de cumpleaños...» (ll. 61–63)
b) «Quiero descubrir quiénes son mis padres. Y por qué me abandonaron.» (ll. 68/69)
c) «El pegamento me quitaba el hambre y el frío. Pero aprendí que me estaba matando. Ahora me doy cuenta de que estaba realmente muerto por dentro.»
d) «Me siento muy bien con la gente que me ha ayudado.» (ll. 94/95)

ESCUCHAR

→ Comprensión auditiva, p. 229

Isidro, otro chico de la calle, cuenta. Escúchalo y apunta la información acerca de los aspectos mencionados en la tarea A1. Luego presenta a Isidro con tus propias palabras.

ESCRIBIR

Un joven español escribe un artículo para su revista escolar en el que comenta la situación de Rutilio o la de Lilia contrastándola con la vida que llevan los jóvenes en Europa.

PARA PROFUNDIZAR

En 1959, las Naciones Unidas proclamaron la «Declaración de los Derechos del Niño» que reconoce, por ejemplo, el derecho del niño a «crecer en el seno de la familia, en un ambiente de felicidad, amor y comprensión, a estar protegido contra la explotación económica» y el derecho a la educación.

Alumnas en Urubichá (Bolivia)

1 *Compara el texto con la situación de los niños de la calle como Rutilio y Lilia.*
2 *Comenta la validez de la Declaración para la realidad en tu propio país.*

«EL CONTRASTE ES MUY FUERTE»

EL TEXTO **A**

→ Comprensión de lectura, p. 228

Comprender e interpretar un texto

1 *Lee el texto y resume en una frase de qué habla.*
2 *Vuelve a leer el texto y describe en detalle los mundos diferentes en los que vive Paul.*

B

Determinar frases clave de un texto

1 *Busca las frases que describan la actitud de Paul Juárez hacia*
- *su origen,*
- *la vida que llevan sus compañeros de la universidad.*

2 *Explica la conclusión sacada por Paul: «…discriminar es absurdo, también de abajo a arriba.» (ll. 81–82)*
3 *«Sus compañeros de la universidad no han visto los suburbios ni por la tele.» (ll. 58/59) ¿Qué puedes deducir de esta afirmación (y de otras del texto) sobre la sociedad en la que vive Paul Juárez? Compárala también con la sociedad en que tú vives.*
4 *Escoge la frase que es, para ti, la más importante del texto. Justifica tu opinión.*

Licenciado entre chabolas

Paul Juárez vive en Soyapango, el suburbio más deprimido de El Salvador, donde los chicos de las pandillas se matan entre ellos. Pero estudió en el colegio español Padre Arrupe y destacó tanto que le pagaron la carrera en una elitista escuela de Negocios. Ahora vuelve al cole. De jefe.

Cuando Paul Juárez salió de su casa vestido de traje para ir a recoger su título de licenciado, los niños del callejón donde vive le miraron boquiabiertos. Y se rieron. Porque en Soyapango, el suburbio más grande de El Salvador, nadie se viste así. Los chicos de 21 años como él llevan tatuajes, no corbatas. Allí, a 15 minutos de la capital, se hacinan más de medio millón de personas en casas de 30 metros con techos de uralita. Casi 1.000 habitantes por kilómetro cuadrado. Paul vive en Prados de Venecia, nombre delirante para una colonia sin una zona verde y donde el agua potable corre un día sí, y otro quién sabe. Justo enfrente, en Las Margaritas, raro es el día que no muere alguien bajo el fuego cruzado de los pandilleros. Y un niño tiene más probabilidades de convertirse en un delincuente que de acabar el bachillerato. Los chicos no juegan con pistolas de plástico porque disparan armas de verdad.

Paul ha recibido ayuda de mucha gente. Pero tampoco lo ha tenido fácil. En su casa, la habitación más grande es un taller oscuro donde su madre, Margarita,

---

11 **boquiabierto/-a:** con la boca abierta, muy sorprendido/-a   17 **hacinarse:** acumularse   19 **la uralita:** Wellblech
23 **el agua potable:** el agua para beber   26 **el fuego cruzado:** Kreuzfeuer   27 **el pandillero:** Bandenmitglied

saca humo de una máquina de coser haciendo vestidos que vende a ocho dólares, los más caros. «Dificultades para estudiar… no sé. No es nada muy grave sino un cúmulo de cosas pequeñas. No es tener que pasar tres horas en el autobús todos los días. Es que en el bus tienes que estar pendiente de que no te atraquen y llegas tremendamente cansado. Y entonces en casa no hay agua. O te pones enfermo porque es mala. Siempre hay una pelea, gente gritando… pequeñas cosas».

«Al principio, no quería ir a la universidad. Por prejuicios. Me daba miedo ser rechazado. Los primeros meses ni siquiera decía que era de Soyapango. Después se convirtió en un orgullo. Caí en la cuenta. Me tenía que adaptar, y la única forma de hacerlo es tener claro cuál es tu realidad y no perderla de vista».

Sus compañeros de la universidad no han visto los suburbios ni por la tele. «El contraste es muy fuerte. Allí tenía de todo, internet sin límite, lo último. Una amiga me invitaba a un café y en un ratito me gastaba 10 dólares. Luego volvía a casa con miedo, con el peligro de siempre. Y nos pasábamos tres días sin agua. Al principio me daba rabia cuando un compañero no llevaba el trabajo porque se le había caído la red en casa, mientras yo tenía que pagar el ordenador en un cíber. Otro llegaba tarde porque su chófer se había metido en un atasco. Yo resolvía problemas peores y me enojaba que ellos no tuviesen creatividad suficiente para superar esas cosas. Después empecé a verlo como una riqueza. Enfrentarte con las condiciones más duras te hace sacar lo mejor. Al final, conoces a las personas y te das cuenta de que cada uno se gana el respeto con lo que hace. Eso es lo que he aprendido. Que discriminar es absurdo, también de abajo a arriba».

Josefa Paredes © El Mundo Magazine, enero de 2005

37 **la máquina de coser:** Nähmaschine 44 **atracar:** überfallen 54 **caer en la cuenta:** darse cuenta

LA LENGUA

→ Utilizar un diccionario, p. 255

Expresiones y frases hechas

Imagina un diálogo entre Paul y un chico vecino utilizando todas las expresiones que puedas:
perder de vista, sacar humo de a/c, tenerlo fácil, seguir los pasos de alg., echar una mano, caer en la cuenta, tener algo claro

DELE

El uso de los modos en oraciones subordinadas con *que*

1 *Explica el uso del modo y del tiempo en las siguientes dos oraciones subordinadas:*
«Los primeros meses ni siquiera decía que era de Soyapango.» (ll. 52/53)
«…me enojaba que ellos no tuviesen creatividad suficiente para superar esas cosas.» (ll. 69–71)

2 *Formula lo que Paul sintió al conocer a sus compañeros de la universidad basándote en el texto. Puedes utilizar:*
pensar que, sorprender que, gustar que, creer que, parecer increíble que, suponer que, reconocer que, alegrarse de que, ponerse triste de que, decir que, dar miedo que, asegurar que, dar rabia que, importar que, impresionar que, …

ESCRIBIR

Paul dice que «[al] principio, no quería ir» y que le «daba miedo ser rechazado.» (ll. 50–52) Imagina la reacción de sus compañeros de la universidad al enterarse de que él es de un suburbio. Ten en cuenta que «no han visto los suburbios ni por la tele» (ll. 58/59), pero que seguramente se han hecho una idea de ellos y sus habitantes.

MIRAFLORES

EL TEMA

1 *Escucha la descripción de un barrio de Lima. Toma apuntes y presenta el barrio con tus propias palabras.*
2 *¿Cómo te imaginas a los habitantes de este barrio?*

EL TEXTO **A**

Resumir, analizar y comentar un texto

1 *Resume el texto.*
2 *Describe a un/a joven miraflorino/-a ‹típico/-a› tal como se desprende de la información en el texto.*
3 *Comenta la vida de los miraflorinos teniendo en cuenta lo que sabes sobre los problemas sociales en Latinoamérica.*

→ Textos narrativos, p. 241

B

Analizar las relaciones entre los personajes de un texto

1 *Presenta a los personajes mencionados.*
2 *Analiza las relaciones entre los dos protagonistas y los demás jóvenes miraflorinos.*
3 *Compara con las relaciones que mantienes tú con tus amigos.*

Alberto y Emilio escuchan músicas de baile y un torrente de voces jóvenes, risas. A diferencia de cualquier otro día de la semana, hoy las veredas de Larco que colindan con el parque Salazar están cubiertas de gente. Pero nada de eso les llama la atención: el imán que todas las tardes de domingo atrae hacia el parque Salazar a los miraflorinos menores de veinte años ejerce su poder sobre ellos desde hace tiempo. No son ajenos a esa multitud sino parte de ella: van bien vestidos, perfumados, el espíritu en paz; se sienten en familia. Miran a su alrededor y encuentran ros-

---

4 **la vereda:** *amer.* la acera   7 **el imán:** Magnet   11 **ajeno/-a:** fremd   14 **el rostro:** la cara

tros que les sonríen, voces que les hablan en un lenguaje que es el suyo. Son los mismos rostros que han visto mil veces en la piscina del Terrazas, en la playa de Miraflores, en la Herradura, en el Club Regatas, en los cines Ricardo Palma, Leuro o Montecarlo, los mismos que los reciben en las fiestas de los sábados. Pero no sólo conocen las facciones, la piel, los gestos de estos jóvenes que avanzan como ellos hacia la cita dominical del parque Salazar; también están al tanto de su vida, de sus problemas y de sus ambiciones; saben que Tony no es feliz a pesar del coche sport que le regaló su padre en Navidad, pues Anita Mendizábal, la muchacha que ama, es esquiva y coqueta: todo Miraflores se ha mirado en sus ojos verdes que sombrean unas pestañas largas y sedosas; saben que Vicky y Manolo que acaban de pasar junto a ellos tomados de la mano, no llevan mucho tiempo, apenas una semana, y que Paquito sufre porque es el hazmerreír de Miraflores, con sus forúnculos y su joroba; saben que Sonia partirá mañana al extranjero, tal vez por mucho tiempo, pues su padre ha sido nombrado embajador y que ella está triste ante la perspectiva de abandonar su colegio, sus amigas y la clase de equitación. Pero, además, Alberto y Emilio saben que están unidos a esa multitud por sentimientos recíprocos: a ellos también los conocen los otros. En su ausencia se evocan sus proezas o fracasos sentimentales, se analizan sus romances, se los considera al elaborar las listas de invitados para las fiestas. Vicky y Manolo justamente, deben de estar hablando de ellos en ese momento: «¿Viste a Alberto? Helena le hizo caso después de largarlo cinco veces. Lo aceptó la semana pasada y ahora lo va a largar de nuevo. Pobrecito».

Mario Vargas Llosa, La ciudad y los perros © Seix Barral, Barcelona 1987

23 **las facciones:** los rasgos de la cara 26 **estar al tanto:** estar bien informado/-a 30 **esquivo/-a:** menschenscheu, ungesellig 33 **sedoso/-a:** seiden 38 **la joroba:** Buckel 48 **la proeza:** Heldentat 54 **largar:** *aquí* rechazar, echar

LA LENGUA

La reduplicación del complemento directo

1 «A ellos también los conocen los otros.» (ll. 46/47)
- *Determina las partes de la oración.*
- *Explica el uso de los pronombres de complemento directo y traduce la frase al alemán.*

2 *Empieza cada una de las siguientes frases con el complemento haciendo los cambios sintácticos que sean necesarios.*
- a) El parque Salazar atrae a los miraflorinos todas las tardes de domingo.
- b) Alberto y Emilio conocen bien las facciones de estos jóvenes.
- c) Se considera a Alberto y Emilio al elaborar las listas de invitados para las fiestas.
- d) Tienen el espíritu en paz.
- e) Helena aceptó a Alberto la semana pasada.

La construcción *al + infinitivo*

1 «...se los considera al elaborar las listas de invitados para las fiestas.» *(ll. 49–51)*
¿Qué tipo de oración sustituye la construcción ***al*** *+ infinitivo?*

2 *Reformula las frases utilizando* ***al*** *+ infinitivo.*
- a) Tan pronto como llegan al parque Salazar, Alberto y Emilio escuchan la música.
- b) Cuando miran a su alrededor, encuentran rostros que les sonríen.
- c) Cada vez que piensa en el día siguiente, Sonia se pone triste ya que partirá.
- d) Vicky y Manolo están hablando de Alberto cuando pasan junto a él.

TAREA CREATIVA

➔ Redactar textos creativos, p. 240

Imagina una situación verosímil en la que dos o más personajes de los textos de este capítulo (un chico como Rutilio, una recolectora de basura como Lilia, un chico dotado de un suburbio pobre como Paul Juárez, un joven de la clase alta como Alberto) se encuentren. Luego inventa un argumento y escribe una pequeña historia.

El hombre que iba de guía era un indio viejo, de impasible cara. Bajo el sombrero de junco, cuya sombra escondía un tanto la rudeza de su faz, los ojos fulgían como dos diamantes negros incrustados en piedra. Quien lo seguía era un niño blanco, de unos diez años, bisoño aún en largos viajes por las breñas andinas, razón por la cual su padre le había asignado el guía. Camino del pueblo donde estaba la escuela, tenían que pasar por tierras crecidas en soledad y altura.

Que el niño era blanco decíase por el color de su piel, aunque bien sabía él mismo que por las venas de su madre corrían algunas gotas de sangre india. Ella era hermosa y dulce y la raza nativa se le anunciaba en la mata abundosa y endrina del cabello, en la piel ligeramente trigueña, en los ojos de una suave melancolía, en la alegría y la pena contenidas por una serenidad honda, en la ternura presente siempre, en las manos dadivosas y la voz acariciante.

Así es que el niño blanco no lo era del todo, y más por haber vivido siempre entre dos mundos. El mundo blanco de su padre y los familiares de éste, y el mundo de su madre y el pueblo peruano de los Andes del norte [...]. Con todo, el niño era considerado blanco debido a su color y también por pertenecer a la clase de los hacendados, dominadora del pueblo indio durante más de cuatro siglos.

El muchacho caminaba tras el viejo sin tomar en cuenta, ni poco ni mucho, que le estaba haciendo un servicio. A lo más podía considerar, con absoluta naturalidad, que eso no era parte de su deber de indio. Pero tampoco se preocupaba de considerarlo así. Estaba completamente acostumbrado a que los indios le sirvieran. [...]

El muchacho miraba [...] sobre todo a las alturas. ¿Dónde estaría la famosa cruz? [...] Estaba situada en el lugar donde la ruta vencía a la más alta cordillera. Era costumbre que todo viajero que pasase por allí, dejara una piedra junto a la peña. A través de los años, las piedras transportables que había en las cercanías se agotaron y tenían que llevarlas desde muy lejos. Año tras año aumentaba la distancia, pero no decrecía la recogida.

El muchacho llevaba también algo en relación con la cruz, pero dándole vueltas en la cabeza. Al despedirse, su padre le había dicho:

– No pongas piedra en la cruz. Esas son cosas de indios y cholos, de gente ignorante.

Recordaba exactamente tales palabras.

El sabía que su padre no era creyente por ser positivista, cosa que no entendía. Su madre sí era creyente y llevaba una pequeña cruz de oro sobre el pecho y encendía una pequeña lámpara votiva ante una hornacina que guardaba la imagen de la Virgen de los Dolores. Pensaba que tal vez, de haber tenido tiempo de preguntárselo a su madre, ella le hubiese dicho que pusiera la piedra ante la cruz. Cavilaba sobre ello cuando sonó la voz del indio, quien se atrevía a advertirle:

– La piedra es devoción, patroncito. Todo el que pasa tiene que poner su piedra. Ya ve usté que soy viejo y eso es lo que siempre he visto y oído...

– Ajá... La pondrán los indios y cholos.

– Todos, patroncito. Hasta los blancos...

– ¿Los patrones ?

– Los patrones también. Es devoción.

– No te creo. ¿Mi papá también?

---

2 **impasible:** insensible, inalterable 3 **el junco:** Binse 4 **la faz:** la cara 4 **fulgir:** brillar 5 **incrustado/-a:** *adj. de* incrustar: poner piedras en una superficie lisa y dura 7 **bisoño/-a:** inexperto/-a 8 **la breña:** un terreno con rocas y plantas salvajes 18 **la mata abundosa y endrina del cabello:** volles und schwarzes Haar 19 **trigueño/-a:** de color del trigo, entre moreno y rubio 21 **hondo/-a:** profundo/-a 22 **la ternura:** el cariño 23 **dadivoso/-a:** großzügig 23 **acariciante:** amoroso/-a, suave 31 **el hacendado:** persona que posee una hacienda y ha alcanzado cierto bienestar 45 **vencer:** *aquí* superar en tamaño 47 **la peña:** la roca 51 **decrecer:** disminuir 58 **el cholo:** el mestizo 61 **positivista:** *del sust.* el positivismo: la tendencia a valorar preferentemente lo material 64 **la lámpara votiva ante una hornacina:** *Votivlampe vor einer Mauernische* 65 **Virgen de los Dolores:** *Schutzpatronin Jungfrau Maria (es wird an die Schmerzen in Marias Leben erinnert)* 69 **cavilar:** pensar mucho en a/c 72 **la devoción:** Frömmigkeit, Gottergebenheit 72 **el patroncito:** *dim. de* el patrón: el amo, el jefe

– A la verdad, nunca pasé junto con él al lado de la Cruz del Alto, pero le juro que lo hizo…

– No es cierto. El dice que ésas son cosas de gente ignorante.

– La Santa Cruz le perdone al patrón.

– Una piedra es una piedra. […]

– Ponga su piedra, patroncito. A los que no lo hacen, les va mal… Yo no quiero que le pase nada malo, patroncito… […]

El niño blanco creyó que no debía discutir más con el indio:

– Calla ya.

El viejo enmudeció. […]

El viejo, confusamente, compadecía al niño por creerlo un ser mutilado, remiso a la alianza profunda con la tierra y la piedra, con las fuentes oscuras de la vida. Le parecía fuera de la existencia, tal un árbol sin raíces, o absurdo como un árbol que viviera con las raíces en el aire. Ser blanco, después de todo, resultaba hasta cierto punto triste.

El muchacho por su parte, hubiera querido fulminar la creencia del viejo, pero encontró que la palabra ignorancia no tenía mucho significado, que en último término carecía de alguno, frente a la fe. Era evidente que el viejo tenía su propia explicación de las cosas o que, si no la tenía, le daba lo mismo. Incapaz de ir más allá de estas consideraciones, las aceptó como hechos que tal vez se explicaría más tarde.

Miró hacia lo alto. La famosa cruz no era visible desde la cuesta, pues la ocultaban las aristas de los peñones. Pero parecía que ya iban a llegar. El camino se lanzó por una encañada y saliendo de ella, en la parte más honda de una curva tendida entre dos picachos , estaba la reverenciada Cruz del Alto. […]

El viejo sacó de las alforjas las dos piedras, dejando una en el suelo, a la vista, sobre las mismas alforjas. Con la otra en la mano, avanzó hasta las orillas del pedrerío y precisó con los ojos un lugar apropiado. Sacándose el sombrero y haciendo una reverencia, en actitud ritual, colocó su propia piedra sobre las otras. Luego miró la cruz. No movía los labios, pero parecía estar rezando. Quizá pedía algo en forma de rezo. […] Había en toda su actitud algo profundamente conmovedor y al mismo tiempo digno.

Para no turbarlo, el muchacho se alejó un tanto. Trepó a una rocosa eminencia situada en mitad de la cresta. A un lado y otro, erguíase un inmenso panorama de cerros. […]

Simbólicamente acaso, ese mundo de piedra estaba allí, al pie de la cruz, en las ofrendas de miles y miles de cantos, de piedras votivas, llevadas a lo largo del tiempo, en años que nadie podía contar, por los hombres del mundo de piedra.

El niño blanco se acercó silenciosamente a las alforjas, tomó la piedra y avanzó a hacer la ofrenda.

Ciro Alegría, La ofrenda de piedra © Universo, Lima 1969

---

94 **enmudecer:** callarse 96 **mutilado/-a:** *aquí* incompleto/-a 96 **remiso/-a:** rebelde 116 **la arista:** el lado, el borde 116 **el peñón:** el monte de piedras 118 **la encañada:** Schlucht 120 **el picacho:** Bergspitze 122 **las alforjas:** el bolso 125 **precisar:** fijar exactamente 131 **el rezo:** Gebet 133 **conmovedor/a:** rührend 134 **digno/-a:** würdig 136 **la rocosa eminencia:** la elevación de piedras 137 **la cresta:** el punto más alto de una montaña 138 **erguirse:** levantarse 139 **el cerro:** la montaña baja

1 *Explica la situación del niño que «ha vivido siempre entre dos mundos» (ll. 25/26).*

2 *Describe la relación entre el niño y el viejo.*

PUNTO FINAL

REVISIÓN

1 *Revisad los textos que habéis leído en este capítulo y reunid en un mapa mental la información que habéis obtenido.*
2 *Buscad en los demás textos temas que no habéis tratado y añadidlos al mapa.*
3 *Señalad el tema o el texto que más / menos os haya gustado e indicad también por qué.*

DIARIO DE LECTURA

Anota lo que
– *te ha llamado la atención en el capítulo y explica también por qué,*
– *te ha aportado algo nuevo (ideas, conocimientos) que no quieres perder de vista.*

PORTAFOLIO

1 *Escoge tu tema favorito y sigue buscando información por tu cuenta. Escribe, a base de los resultados, una carta o un artículo o prepara una exposición.*
2 *Dentro de las tareas que has preparado para este capítulo, elige la que mejor te haya salido.*

DISCUSIÓN

1 *La preservación de las culturas tradicionales y la participación de los indígenas en el mundo moderno –¿un conflicto entre dos opciones completamente opuestas?*
2 *Descubrimiento, conquista o encuentro: ¿qué término te parece adecuado para el hecho histórico?*
3 *El trabajo infantil: hay organizaciones de niños en América Latina que reclaman «el derecho a trabajar». ¿Cuáles pueden ser las causas, según vuestra opinión?*

PROYECTO

Formad equipos y elegid uno de los siguientes temas. Buscad información y organizad con los resultados de la búsqueda una exposición en el clase.
a) Una muestra en América Latina del «patrimonio inmaterial de la humanidad» declarado por la UNESCO.
b) El problema de los niños en la calle o del trabajo infantil.
c) Historia, geografía y situación actual de uno de los países del área andina (Perú, Bolivia, Ecuador).
d) Una de las civilizaciones precolombinas a la hora de la llegada de los españoles: incas, aztecas o mayas.

DIRECCIONES DE INTERNET

Unesco: www.unesco.org/culture
Unicef: www.unicef.org/spanish/infobycountry/index.html
Mayas y aztecas: http://mexico.udg.mx/historia/precolombinas/
Incas: http://incas.perucultural.org.pe/

PARA LEER MÁS

Miguel Ángel Asturias, *Leyendas de Guatemala* (1930)
Bartolomé de las Casas, *Historia general de las Indias* (1559)
Cristóbal Colón, *Diario de a bordo* (1492)
Carlos Fuentes, *Todos los gatos son pardos,* Siglo Veintiuno, México 1970.
Augusto Monterroso, *La oveja negra y demás fábulas,* Joaquín Mortiz, México, 1969.

LOS AÑOS DUROS

El **Guernica,** el famoso cuadro de Pablo Picasso pintado por encargo del Gobierno republicano, acabó siendo la mayor denuncia contra el bombardeo de la ciudad vasca por aviones de la Alemania nazi en 1937 y en general contra la Guerra Civil. En su testamento, Picasso había prohibido exponer el cuadro en la España de Franco. Llegó finalmente a España en 1981, una vez restablecida la democracia, y queda hoy día expuesto en el Museo Nacional Centro de Arte Reina Sofía.

Busca en el anexo información sobre las fechas, los nombres y los hechos históricos mencionados en el texto.

LA GUERRA CIVIL

LOS NIÑOS DE LA GUERRA

EL TEMA *¿Cómo te imaginas la infancia de una niña española en los años 30 del siglo XX?*

EL TEXTO **A**

Compartir la lectura de un texto

Formad tríos. Cada trío se compondrá de la persona A, la persona B y la persona C.

1 *Reuníos con los demás alumnos que tienen la misma letra. Entre todos en el equipo, leed una parte del texto (equipo A: 3–35, equipo B: 36–68, equipo C: 69–92) y extraed la información importante.*
2 *Volved a vuestro trío e informaos mutuamente sobre el contenido de vuestras respectivas partes del texto.*
3 *Entre todos en el trío, redactad un resumen del texto entero.*

B

Extraer información concreta de un testimonio

1 *Haz una lista con cuatro columnas y apunta la información sobre*
- *la familia de la narradora,*
- *los intereses, sentimientos y sueños de la narradora,*
- *los acontecimientos políticos,*
- *la atmósfera que reina en Madrid.*

2 *Explica la frase: «Cuando yo tenía once años todo se hundió de golpe.» (ll. 69/70)*

Casi setenta años después del final de la Guerra Civil, una mujer se acuerda de su infancia en vísperas de la guerra y se la cuenta a su nieta:

El padre era maestro en un colegio de la calle Narváez, cerca de nuestra casa, un centro que después de la guerra fue entregado a una congregación religiosa, a unas monjas, [...] y lo convirtieron en un centro para niñas de casa buena del barrio de Salamanca. La madre me lo explicó, y yo lo he leído después, que el padre era un defensor de la Escuela Libre de Enseñanza que precedió las reformas educativas organizadas por la Segunda República. Yo entonces no lo comprendí, sin embargo todavía tengo grabadas en la memoria las imágenes de la gente bailando por las calles el 14 de abril de 1931 cuando se proclamó la República y el rey huyó. Yo he visto a la gente encima de tranvías hacia la Puerta del Sol gritando, riendo, exultantes de felicidad. El padre nos llevó a toda la familia a pasear por el centro de Madrid y, después de mucho caminar, se agachó, me alzó a cuestas y me sentó encima de sus hombros diciéndome: –Pequeña, mira bien todo eso y no olvides nunca, hoy empieza el futuro para todos nosotros–. Pobre papá, nunca supo hasta qué punto se equivocó.

Fui a la escuela hasta junio de 1936 y recuerdo muy bien algunos detalles. Niños y niñas compartíamos las clases, algo que no se había visto hasta entonces y que después de la guerra se suprimió, volviendo a una educación separada a lo largo del franquismo que nos hizo miedosos como personas y que, a las mujeres, como a tu madre, las impidieron acceder a la cultura. A veces creo que aprendí más en el tiempo que estuve en la escuela antes de la guerra y después en Francia y Bélgica, que tu madre en todos los años que fue a la escuela. [...]

Recuerdo de la escuela que los maestros nos trataban a todos, niños y niñas, por igual, y que en las clases realizábamos experimentos, nos explicaban las ciencias naturales, la biología, el cuerpo humano e, incluso, nos llevaban de excursión a la Casa de Fieras del Retiro a ver los animales [...] y a la Casa de Campo a estudiar los árboles y las plantas, y nos llevaban al Museo del Prado, y a ver los monumentos de Madrid. Leía mucho y era muy espabilada. Todo el mundo decía que podría estudiar e ir a la universidad. Los padres no me dijeron nada, pero yo quería ser médico. Cuando ahora lo pienso y recuerdo lo que ha sido mi vida, me vienen ganas de llorar, de hacer estallar la rabia contenida a lo largo de tantos años. Maldecidos sean todos.

Cuando yo tenía once años todo se hundió de golpe. En febrero de 1936 el Frente Popular ganó las elecciones y las izquierdas recuperaron el poder después de dos años de gobierno de derechas. La gente reía de nuevo por las calles pero también había un cierto sentimiento de miedo que se notaba en el ambiente. El padre decía que los militares, los fascistas intentarían algo contra la República, que no se conformarían con perder sus privilegios, que hacía falta vigilar, que la República podía estar en peligro. En casa, mis hermanos discutían con el padre y explicaban que entre sus compañeros en el instituto había gente de todos colores, falangistas seguidores de José Antonio, inflamados por el poder de los gobiernos fascistas de Alemania e Italia, comunistas, socialistas, anarquistas; decían también que las reyertas eran cada vez más frecuentes y que incluso se habían llegado a enfrentar a tiros por las calles de Madrid.

Gloria Munilla, El Recuerdo © Vilanova i la Geltrú, agosto de 2002

19 **la Segunda República:** período democrático que vivió España en los años 30 del siglo XX 24 **el rey:** *aquí* Alfonso XIII 25 **la Puerta del Sol:** plaza en el centro de Madrid 26 **exultante:** alegre 29 **agacharse:** sich bücken 30 **a cuestas:** auf dem Rücken 61 **espabilado/-a:** listo/-a, curioso/-a 67 **estallar:** explotar 71 **el Frente Popular:** Bündnis der politischen Linken 79 **conformarse con a/c:** aceptar a/c, contentarse con a/c 85 **los falangistas:** miembros de la Falange que fue fundada por José Antonio Primo de Rivera en octubre de 1933. Pretendía ser la versión española del partido fascista italiano. 85 **José Antonio:** José Antonio Primo de Rivera, hijo del dictador Primo de Rivera 89 **la reyerta:** la lucha 91 **a tiros:** al alcance de un arma

LA LENGUA

DELE

Pretérito indefinido o pretérito imperfecto: cambio de sentido

Traduce los verbos subrayados en las frases siguientes y explica las diferencias.

a) «Pobre papá, nunca supo hasta qué punto se equivocó.» (ll. 33–35) – No sabía que quería ser médico.

b) Tuve un susto al recibir la notica del golpe. – Todos tenían miedo.

c) Conocí muchas cosas nuevas en la escuela. – Antes sólo se conocía la educación separada.

TAREA CREATIVA

Imagina que eres la nieta de la narradora y quieres saber más acerca de su vida. Formula preguntas e imagina las respuestas.

LA SEGUNDA REPÚBLICA

EL TEMA

El Gobierno español elegido en 1931 emprendió una serie de reformas, entre ellas una reforma agraria. ¿Por qué y para qué fue necesaria, según tu opinión? ¿Qué otras reformas sugieren los datos sobre la España de 1931?

España 1931:

- 24 millones de habitantes
- 10 millones de analfabetos
- 8 millones vivían en la pobreza
- 2 millones de agricultores sin tierra
- El 4 % de los propietarios poseían el 80 % de las tierras.
- Un trabajador ganaba de 1 a 3 pesetas al día.
  El kilo de pan costaba 1 peseta.

EL SOCIALISTA
ÓRGANO CENTRAL DEL PARTIDO OBRERO
FUNDADO POR PABLO IGLESIAS
AYER SE PROCLAMÓ LA REPÚBLICA EN ESPAÑA
El pueblo se entregó a manifestaciones delirantes de entusiasmo
¡Viva España con honra y sin Borbones!
La emoción del instante
El nuevo Gobierno de la República española
La caída de la dinastía
La transición de la monarquía a la República

EL TEXTO **A**

➔ Comprensión de lectura, p. 228

Hacer una lectura selectiva de un texto informativo

1 *Recorre el texto con la vista y busca lo que dice sobre las reformas de la Segunda República y concretiza tus ideas sobre la reforma agraria.*
2 *Reúne la información sobre el fracaso de la Segunda República.*
3 *Localiza el párrafo que se refiere al comienzo de la Guerra Civil.*
4 *Indica qué importancia tiene la Segunda República para la España actual.*

B

➔ Tomar apuntes, p. 258

Sacar información detallada de un texto informativo y visualizarla

1 *Lee el texto y apunta las fechas, los personajes y los acontecimientos importantes.*
2 *Sírvete de tus apuntes para hacer un esquema que te permita explicar*
   – *quiénes fueron los oponentes políticos,*
   – *cómo se desarrolló la situación política en España entre 1931 y 1936.*
   Utiliza flechas u otros símbolos que te permitan establecer relaciones entre los diferentes datos y visualisar razones y consecuencias.

Tras la caída de Primo de Rivera en 1930, la opinión democrática y republicana se adueñó de la calle. Las elecciones municipales, celebradas en 1931, demostraron que la opinión republicana estaba amplísimamente extendida. Ante aquella situación, Alfonso XIII prefirió abandonar el trono y el país para evitar una confrontación, y las masas populares proclamaron de manera espontánea y entusiasta la República.

La Segunda República española hubo de enfrentarse a muchos y muy graves problemas, en un contexto de crisis económica internacional iniciado en 1929. Se elaboró y promulgó una constitución democrática que abría la posibilidad de una descentralización política, otorgando estatutos de autonomía a las regiones que lo solicitaran; y, efectivamente, Cataluña logró el ansiado Estatuto de Autonomía en 1932, eligió un Parlamento autónomo y un Gobierno propio (la *Generalitat*). El Gobierno ordenó también realizar una reforma agraria, tendente a facilitar la división de los latifundios y el acceso a la propiedad de los jornaleros pobres. No obstante, la aplicación práctica de la reforma fue muy dificultosa y no respondió a las expectativas. Los sindicatos obreros vieron reconocida y alentada su función social desde el Estado, que se reflejó en un crecimiento espectacular del número de afiliados. Un asunto especialmente delicado fue el de la separación entre la Iglesia y el Estado, irrenunciable para la opinión anticlerical que predominaba entre republicanos y socialistas, tanto más cuanto elevados jerarcas de la Iglesia negaban en público la legitimidad del nuevo régimen y clamaban por la vuelta a la monarquía. Las relaciones con el ejército (que Azaña intentó modernizar y profesionalizar) y el orden público constituyeron otros tantos motivos de preocupación.

El Gobierno de Azaña no fue capaz de satisfacer las demandas de todos los sectores que habían puesto sus esperanzas en la República, en un contexto de estrechez económica y graves tensiones políticas y sociales. La consiguiente decepción provocó su derrota en las elecciones de 1933, que dieron el triunfo a la derecha. Las recientes experiencias europeas de acceso del fascismo al poder (en Alemania y Austria) hicieron temer a la izquierda española que el triunfo de la derecha significara también aquí el fin irreversible de la democracia.

La opinión española se politizó intensamente durante los años de la Segunda República, en los que aumentó la participación, el debate público, la movilización y la afiliación a partidos y sindicatos; a la altura de 1936 esa opinión estaba polarizada en un bloque de derechas y otro de izquierdas, que se enfrentaron en las elecciones con una apretada victoria de este último.

El triunfo electoral del Frente Popular devolvió el poder a Azaña, que pasó a ser presidente de la República.

A pesar de su inestabilidad y sus tensiones, a pesar de la distancia entre los proyectos y las realizaciones, a pesar de su falta de consenso y de su trágico final, la Segunda República fue la primera experiencia democrática de España.

Pero el 17 y 18 de julio, un golpe de Estado militar interrumpió la vida normal de la joven democracia española. El golpe fracasó en las principales ciudades, por la acción combinada de las instituciones y la resistencia popular. Pero el fracaso no condujo a los sublevados a deponer su actitud, sino que fue el inicio de una larga guerra de tres años (1936–1939), que habría de dejar a España exhausta, dividida y arrasada.

1 **(Miguel) Primo de Rivera:** dictador de España de 1923 a 1930 3 **adueñarse de a/c:** sich einer Sache bemächtigen 16 **promulgar (una ley):** hacer que (una ley) entre en vigor 18 **otorgar:** *culto* dar 19 **solicitar a/c:** pedir a/c siguiendo el camino necesario 21 **ansiado/-a:** *de* ansiar, desear fuertemente 25 **tendente a:** con el objetivo de 26 **el latifundio:** Großgrundbesitz 27 **el jornalero:** Tagelöhner 30 **el sindicato:** Gewerkschaft 31 **alentar:** animar 33 **el afiliado:** miembro de una asociación 36 **irrenunciable:** *aquí* imprescindible 39 **el jerarca:** el superior 40 **clamar por a/c:** pedir a/c a gritos 42 **Manuel Azaña:** jefe del Gobierno en la Segunda República de 1931 a 1933 y de 1936 a 1939 52 **la derrota:** *antónimo de* la victoria 67 **una apretada victoria:** una victoria gracias a muy pocos votos 77 **el golpe de Estado militar:** Staatsstreich, Putsch 83 **el sublevado:** el rebelde 83 **deponer su actitud:** cambiar de actitud 86 **exhausto/-a:** muy cansado/-a 87 **arrasado/-a:** completamente destruido/-a

LA LENGUA
DELE

El subjuntivo en la frase relativa

1 *Explica el uso del subjuntivo en la siguiente frase.*
«…otorgando estatutos de autonomía a las regiones que lo solicitaran…» (ll. 18–20)

2 *Completa las siguientes frases con los verbos en el modo y tiempo correctos.*
a) Supongo que casi todos quieren vivir en un país que (ser) democrático.
b) Buscaron a los obreros que (manifestarse) en contra del gobierno el día anterior.
c) En aquel partido político necesitan a alguien que (saber) hablar ruso.
d) Ofreció ayuda a cualquiera que la (pedir).
e) ¿Hablasteis con aquel señor argentino que (venir) anoche a la reunión?

EL 18 DE JULIO DE 1936

EL TEMA *Mira el mapa y explica qué muestra.*

EL TEXTO A

→ Comprensión auditiva, p. 229

Percibir la intención de una proclama radiofónica histórica
Escucha el texto. Caracteriza el tono de la proclama y el efecto que provoca.

B

Analizar el contenido y el estilo de una proclama

1 *Indica a quién se dirige el orador.*
2 *Apunta las palabras clave que utiliza Franco para*
   – *expresar sus propios objetivos,*
   – *clasificar a sus adversarios políticos.*
3 *Señala los recursos estilísticos más destacados de los que se sirve Franco para que sus oyentes se identifiquen con sus objetivos.*
4 *Identifica la orientación política del orador citando ejemplos del texto.*

→ Recursos estilísticos, p. 249

El golpe militar comenzó el 17 de julio en Melilla. Ese mismo día se sublevaron igualmente militares en la península; sin embargo, el levantamiento fracasó en las principales ciudades del país.

¡Españoles! A cuantos sentís el santo amor a España, a los que en filas del Ejército y Armada habéis hecho profesión de fe en el servicio de la Patria, a los que jurasteis defenderla de sus enemigos hasta perder la vida, la Nación os llama a su defensa. La situación de España es, cada día que pasa, más crítica: la anarquía reina en la mayoría de sus campos y pueblos; autoridades de nombramiento gubernativo presiden, cuando no fomentan, las revueltas. A tiros de pistola y ametralladoras se dirimen las diferencias entre los bandos de ciudadanos que alevosa y traidoramente, se asesinan sin que los poderes públicos impongan la paz y la justicia. Huelgas revolucionarias de todo orden paralizan la vida de la Nación arruinando y destruyendo sus fuentes de riqueza y creando una situación de hambre que lanzará a la desesperación a los hombres trabajadores. [...] ¿Es que se puede consentir un día más el vergonzoso espectáculo que estamos dando al mundo? ¿Es que podemos abandonar a España a los enemigos de la Patria, con un proceder cobarde y traidor, entregándola sin lucha y sin resistencia? ¡¡Eso no!! Que lo hagan los traidores, pero no lo haremos quienes juramos defenderla.

Justicia e igualdad ante la Ley. Os ofrecemos paz y amor entre los españoles. Libertad y Fraternidad exentas de libertinaje y tiranía. Trabajo para todos. Justicia social, llevada a cabo sin enconos ni violencias y una equitativa y progresiva distribución de riqueza sin destruir ni poner en peligro la economía española.

Pero frente a eso, una guerra sin cuartel a los explotadores de la política, a los engañadores del obrero honrado, a los extranjeros y a los extranjerizantes que directa o solapadamente intentan destruir a España.

En estos momentos es España entera la que se levanta pidiendo paz, fraternidad y justicia; en todas las regiones, el Ejército, la Marina, fuerzas de orden público, se lanzan a defender la Patria. Sabremos hacer reales en nuestra Patria, por primera vez, y por este orden, la trilogía Fraternidad, Libertad e Igualdad.

Españoles: ¡¡¡Viva España!!! ¡¡¡Viva el honrado pueblo español!!!

Francisco Franco, Comandante General de Canarias. Santa Cruz de Tenerife, a las 5.15 horas del día 18 de julio de 1936.

---

3 **cuantos:** *aquí* todos los que 4 **las filas:** *aquí* las fuerzas militares 13 **fomentar:** *hier* anheizen
14 **la ametralladora:** Maschinengewehr 15 **dirimir a/c:** deshacer a/c, poner fin a a/c 16 **alevosa y traidoramente:** auf heimtückische und verräterische Weise 35 **exento/-a de:** libre de, sin 35 **el libertinaje:** Zügellosigkeit
37 **el encono:** la enemistad, el odio 41 **sin cuartel:** *hier* erbarmungslos 45 **solapado/-a:** arglistig, hinterlistig

DISCUSIÓN

¿Qué papel desempeñan los medios de comunicación como instrumento de propaganda política?

PARA PROFUNDIZAR

La Guerra Civil enfrentó a «las dos Españas», expresión con la cual se denominaba la división profunda de la sociedad española de aquella época. Bajo el mando del General Francisco Franco, los «nacionales» reunieron las fuerzas políticas que se opusieron a la República con el propósito de sustituirla por un régimen monárquico o autoritario. Dentro de este grupo se encontraban altos mandos del ejército, apoyados por la burguesía y la Iglesia, pero también movimientos campesinos de derechas principalmente en Castilla.

Las fuerzas republicanas, apoyadas por intelectuales y liberales españoles, recogían un amplio espectro político. Iba desde los anarquistas, pasando por los comunistas así como diversas tendencias marxistas, socialistas y socialdemócratas y partidos de tendencia nacional (PNV = Partido Nacionalista Vasco).

Guernica destruida (1937)

UN DISCURSO DE MIGUEL DE UNAMUNO*

EL TEXTO

Comprender el mensaje de un discurso

1 *Describe la situación expuesta.*
2 *Indica el efecto que te provoca el discurso.*
3 *Localiza las frases clave en el discurso y reformúlalas con tus propias palabras.*

El 12 de octubre de 1936, se celebró el Día de la Raza en la Universidad de Salamanca, entonces zona nacional. El general Millán Astray acababa de amenazar a los catalanes y a los vascos de «arrancarlos» de su tierra y fue aplaudido con el grito de «¡Viva la muerte!». Entonces Miguel de Unamuno, el rector de la universidad, se levantó y tomó la palabra:

«Todos estáis pendientes de mis palabras. Todos me conocéis y me sabéis incapaz de callar. No aprendí a hacerlo en los setenta y tres años de mi vida. Y ahora no quiero aprenderlo. Callar, a veces significa mentir porque el silencio puede interpretarse como aquiescencia. [...]
Voy a ser breve. La verdad es más verdad cuando se manifiesta desnuda, libre de adornos y de palabrería. Quisiera comentar el discurso –por llamarlo de alguna forma– del general Millán Astray, quien se encuentra entre nosotros... [...]
Acabo de oír el grito necrófilo y sin sentido de ¡Viva la muerte!, esto me suena lo mismo que ¡Muera la vida! Y yo que he pasado toda la vida creando paradojas que provocaron el enojo de los que no las comprendieron, he de deciros, con la autoridad en la materia, que esta ridícula paradoja me parece repelente. [...] El general Millán es un inválido [...] de guerra. También lo fue Cervantes. Pero los extremos no sirven como norma. Desgraciadamente, hay hoy demasiados inválidos en España. Y pronto habrá más si Dios no nos ayuda... Me duele pensar que el general Millán Astray pueda dictar normas de psicología de las masas. Un inválido que carezca de la grandeza espiritual de Cervantes, que era un hombre –no un superhombre– viril y completo a pesar de sus mutilaciones, un inválido como dije, que carezca de esa superioridad del espíritu, suele sentirse aliviado viendo cómo aumenta el número de mutilados alrededor de él. [...] El general Millán Astray quisiera crear una España nueva –creación negativa sin duda– según su propia imagen. Y por ello desearía ver España mutilada, como inconscientemente dio a entender.»

Y dirigiéndose a Millán Astray que, fuera de sí, acababa de gritar: «¡Abajo la inteligencia! ¡Viva la muerte!»:

«Éste es el templo de la inteligencia. Y yo soy su sumo sacerdote. Vosotros estáis profanando su sagrado recinto. [...] Venceréis pero no convenceréis, porque convencer significa persuadir. Y para persuadir necesitáis algo que os falta: la razón y el derecho en la lucha. Me parece inútil que penséis en España. He dicho.»

Unamuno fue destituido de su cátedra y murió dos meses después.

Miguel de Unamuno, en: Hugh Thomas, La Guerra Civil española © Ruedo Ibérico, París 1962

1 **Día de la Raza:** Bajo este nombre se celebraba en la época de Franco el día del descubrimiento de América. Hoy, ese día lleva el nombre de «Encuentro de dos mundos». 5 **estar pendiente de a/c:** *aquí* esperar con inquietud a/c 11 **la aquiescencia:** la aceptación 14 **el adorno:** Schmuck, Verzierung 18 **necrófilo/-a:** quien ama la muerte 22 **el enojo:** el enfado 25 **repelente:** abstoßend 38 **carecer de a/c:** no tener a/c 40 **el mutilado:** Verstümmelter 51 **el sumo sacerdote:** Hohepriester 52 **el recinto:** el área, el terreno

OPINIÓN

1 *Comenta por qué el discurso de Unamuno es una prueba de su superioridad moral e intelectual.*
2 *La actitud de Unamuno, ¿un modelo para ti?*

DOS CARTELES

EL CARTEL

Analizar los elementos de un cartel

1 *Formad dos equipos. Uno trabaja con el cartel de 1937, el otro con el de 1938.*
- *¿Quiénes están representados en el cartel?*
- *¿Cómo están representados?*
- *Analizad el texto y los colores.*
- *Teniendo en cuenta la época, ¿de quién es el cartel?*

→ Imágenes y cuadros, p. 250

2 *¿Cuál es el objetivo del cartel, según vuestra opinión?*

(1937)

(1938)

BÚSQUEDA DE INFORMACIÓN

El cartelismo floreció especialmente durante la Guerra Civil. Analizad algunos carteles que reflejan el papel que desempeñaron las mujeres en esta época.

www.ugt.es/ugtpordentro/guerracivil/carteles.htm
www.historiasiglo20.org

« ¡POR AQUÍ NO HAY NADIE! »

EL TEMA

Da ejemplos de una persona que muestra
- *valor en una situación peligrosa,*
- *valor cívico.*

EL TEXTO **A**

Reaccionar ante el comportamiento de un personaje

1 *Lee el texto y comenta espontáneamente el comportamiento del miliciano.*
2 *¿Por qué el miliciano no fusiló al padre de Sánchez Ferlosio?*

B

Comprender un texto

1 *Indica el tema del texto.*
2 *«…lo detuvieron en Barcelona … se lo llevaron al Collell… Allí lo fusilaron.» (ll. 12–16) ¿Quiénes son «ellos»?*
3 *Expón en qué fase de la Guerra Civil se sitúan los acontecimientos descritos.*
4 *Describe esta fase y la atmósfera que reinaba por aquel entonces, según se puede desprender del texto.*

El escritor Sánchez Ferlosio cuenta qué le pasó a su padre durante la Guerra Civil:

– Lo fusilaron muy cerca de aquí, en el santuario del Collell. –Me miró–. ¿Ha estado usted allí alguna vez? Yo tampoco, pero sé que está junto a Banyoles. Fue al final de la guerra. El 18 de julio le había sorprendido en Madrid, y tuvo que refugiarse en la embajada de Chile, donde pasó más de un año. Hacia finales del treinta y siete escapó de la embajada y salió de Madrid camuflado en un camión, quizá con el propósito de llegar hasta Francia. Sin embargo, lo detuvieron en Barcelona, y cuando las tropas de Franco llegaban a la ciudad se lo llevaron al Collell, muy cerca de la frontera. Allí lo fusilaron. Fue un fusilamiento en masa, probablemente caótico, porque la guerra ya estaba perdida y los republicanos huían en desbandada por los Pirineos, así que no creo que supieran que estaban fusilando a uno de los fundadores de la Falange, amigo personal de José Antonio Primo de Rivera por más señas. Mi padre conservaba en casa la zamarra y el pantalón con que lo fusilaron, me los enseñó muchas veces, a lo mejor todavía andan por ahí; el pantalón estaba agujereado, porque las balas sólo lo rozaron y él aprovechó la confusión del momento para correr a esconderse en el bosque. Desde allí, refugiado en un agujero, oía los ladridos de los perros y los disparos y las voces de los milicianos, que lo buscaban sabiendo que no podían perder mucho tiempo buscándolo, porque los franquistas les pisaban los talones. En algún momento mi padre oyó un ruido de ramas a su espalda, se dio la vuelta y vio a un miliciano que le miraba. Entonces se oyó un grito: «¿Está por ahí?». Mi padre contaba que el miliciano se quedó mirándole unos segundos y que luego, sin dejar de mirarle, gritó: «¡Por aquí no hay nadie!», dio media vuelta y se fue.

Javier Cercas, Soldados de Salamina © Tusquets, Barcelona 2002

2 **el santuario:** iglesia pequeña, capilla 5 **Banyoles:** pueblo en el noreste de Cataluña, cerca de la frontera con Francia 10 **camuflar:** *aquí* esconder 23 **por más señas:** además 24 **la zamarra:** la chaqueta 28 **rozar:** streifen 35 **pisarle los talones a alguien:** jdm. dicht auf den Fersen sein 38 **el miliciano:** *aquí* miembro de un cuerpo de voluntarios que luchaba con el ejército republicano

LA LENGUA
DELE

El uso de los tiempos verbales

Explica por qué en unos casos se usa el pretérito indefinido, en otros el pretérito imperfecto y en otros el pretérito perfecto.

a) «Lo fusilaron muy cerca de aquí, en el santuario del Collell. […] ¿Ha estado usted allí alguna vez?» (ll. 2–4)

b) «Fue al final de la guerra. El 18 de julio le había sorprendido en Madrid, y tuvo que refugiarse en la embajada de Chile…» (ll. 5–8)
c) «…y cuando las tropas de Franco llegaban a la ciudad se lo llevaron al Collell, muy cerca de la frontera.» (ll. 13–15)
d) «…no creo que supieran que estaban fusilando a uno de los fundadores de Falange…» (ll. 20–22)
e) «En algún momento mi padre oyó un ruido de ramas a su espalda, se dio la vuelta y vio a un miliciano que le miraba.» (ll. 36–38)

DISCUSIÓN

¿Es el miliciano una persona valiente o hay otros adjetivos más adecuados? Discutid y comparad con vuestras ideas (ver «El tema»).

TAREA CREATIVA
→ Redactar textos creativos, p. 240

«…el miliciano se quedó mirándole unos segundos…» (ll. 40/41) ¿Qué le pasó por la cabeza al miliciano en aquel momento? Apunta sus pensamientos.

A los 23 años, el fotógrafo Robert Capa (1913–1950) va a España para hacer un reportaje sobre la Guerra Civil española. Esta foto de un miliciano herido a muerte, hecha cerca de Córdoba en septiembre de 1936, se hizo famosa en el mundo entero.

COMPRENSIÓN AUDIOVISUAL
DVD
→ Películas, p. 247

Soldados de Salamina
Mira el extracto de la película y compárala con el texto de la página 140.
1 *¿En qué son diferentes las escenas?*
2 *¿Cuál te parece más lograda?*

UN POEMA DE FEDERICO GARCÍA LORCA

EL TEXTO A

Poemas, p. 243

Hacer una lectura subjetiva de un poema

1 *Lee el título del poema e imagina de qué trata.*
2 *Lee el poema y describe el efecto que te provocan sus dos estrofas.*
3 *Compara el contenido del poema con tu hipótesis (véase 1).*
4 *Inventa un título alternativo.*

B

Recursos estilísticos, p. 249

Analizar un poema

1 *Caracteriza el escenario del poema refiriéndote a los recursos estilísticos más destacados.*
2 *Describe los sentimientos que tiene el yo lírico.*
3 *Comenta en qué sentido el poema entero puede ser leído como una metáfora.*

Canción primaveral

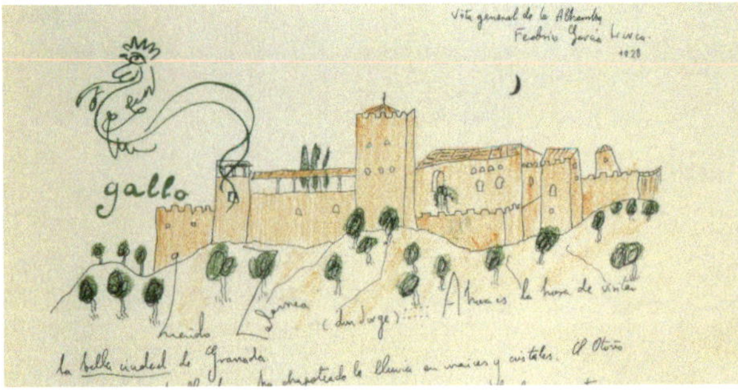

I

Salen los niños alegres
de la escuela,
poniendo en el aire tibio
del abril canciones tiernas.
¡Qué alegría tiene el hondo
silencio de la calleja!
Un silencio hecho pedazos
por risas de plata nueva.

II

Voy camino de la tarde,
entre flores de la huerta,
dejando sobre el camino
el agua de mi tristeza.
En el monte solitario,
un cementerio de aldea
parece un campo sembrado
con granos de calaveras.

Y han florecido cipreses
como gigantes cabezas
que con órbitas vacías
y verdosas cabelleras
pensativos y dolientes
el horizonte contemplan.

¡Abril divino, que vienes
cargado de sol y esencias,
llena con nidos de oro
las floridas calaveras!

Federico García Lorca, Canción primaveral (1919),
en: Obras Completas © Aguilar, Madrid 1966

3 **tibio/-a:** poco caliente 4 **tierno/-a:** dulce, lleno/-a de cariño y amor 5 **hondo/-a:** profundo/-a 7 **hacer pedazos:** destrozar, *aquí* interrumpir 10 **la huerta:** Gemüse-, Obstgarten 14 **la aldea:** el pueblo 16 **la calavera:** la cabeza de un muerto 19 **las órbitas:** *aquí* los dos huecos en la cabeza en los que se encuentran los ojos 20 **la cabellera:** el pelo 21 **doliente:** enfermo/-a, que sufre dolor 24 **la esencia:** *aquí* el buen olor

PARA PROFUNDIZAR

Federico García Lorca (1898–1936)

Nació en 1898 en Fuente Vaqueros, Andalucía. Fue poeta, dramaturgo, músico y dibujante y muy popular ya en los años 30. El 19 de agosto de 1936 fue fusilado en Granada por la Guardia Civil (falangista) porque lo sospecharon de simpatizar con los republicanos.

BÚSQUEDA DE INFORMACIÓN

Busca más poemas de Federico García Lorca. Escoge algunos que te impresionen y léelos en clase. Explica también por qué los has elegido.

EL CRIMEN FUE EN GRANADA

EL TEXTO **A**

Comprensión de lectura, p. 228

Recitar un poema

Formad parejas.

1 *Leed el poema detalladamente y resumidlo.*
2 *Ensayad la lectura del poema (en voz baja). El volumen de la voz, la entonación, la velocidad y el ritmo tienen que corresponder a vuestra interpretación personal.*
3 *Presentad vuestro recitado en clase. Elegid el recital que más os gustó.*

B

Poemas, p. 243

Analizar un poema

1 *El poema contiene información directa e indirecta sobre Federico García Lorca. Resúmela.*
2 *Localiza los recursos estilísticos más destacados en el poema e indica su función.*
3 *Interpreta el título y muestra cómo se refleja en el poema.*

El crimen fue en Granada

Se le vio, caminando entre fusiles
por una calle larga,
salir al campo frío,
aún con estrellas de la madrugada.
Mataron a Federico
cuando la luz asomaba.
El pelotón de verdugos
no osó mirarle a la cara.
Todos cerraron los ojos;
rezaron: ¡ni Dios te salva!
Muerto cayó Federico
–sangre en la frente y plomo en las entrañas–
... Que fue en Granada el crimen,
sabed –¡pobre Granada!–,
en su Granada ...

Antonio Machado, El crimen fue en Granada (1937),
en: Poesías completas © Espasa Calpe, Madrid 1936

Federico García Lorca (1898–1936)

7 **asomar:** empezar a aparecer 8 **el pelotón:** *aquí* una pequeña unidad militar 8 **el verdugo:** Henker
9 **osar hacer a/c:** tener el valor de hacer a/c 13 **el plomo:** Blei 13 **las entrañas:** los órganos

PARA PROFUNDIZAR

Antonio Machado (1875–1939)
Poeta y prosista español, pertenece al movimiento literario conocido como «Generación del 98». Probablemente es todavía el poeta más popular de su época. Sus libros más famosos son *Soledades* (1903) y *Campos de Castilla* (1912).
La historia de Antonio Machado y de su hermano Manuel –también poeta– muestra cómo la Guerra Civil separa hasta las familias: al estallar la Guerra Civil, Manuel se encuentra en Burgos (en la zona nacional) y adhiere poco después a la causa franquista. Antonio, que siempre había estado del lado de la República, tiene que exiliarse en enero de 1939 al pueblo francés de Colliure, donde muere en febrero.

CANTAR LA GUERRA

Joan Miró (1937)

EL TEMA

1 *Escucha la canción de Ernst Busch: ¿a qué se refiere?*
2 *Busca información sobre Ernst Busch, George Orwell, Gustav Regler y Joan Miró: ¿quiénes eran? ¿Qué tienen que ver con la Guerra Civil española?*

I had to come to Spain with some notion of writing newspaper articles, but I had joined the militia almost immediately, because at that time and in that atmosphere it seemed the only conceivable thing to do.
George Orwell, Homage to Catalonia (1938)

Wir sprachen nun immer häufiger über Spanien und dass sein Kampf dem gleichen Übel gelte, das mich aus Deutschland vertrieben hat. Ich würde nicht ruhig zusehen, sagte ich …
Gustav Regler, Das Ohr des Malchus (1958)

LA CANCIÓN A

Percibir una canción por la melodía y el ritmo
1 *Escucha las canciones y fíjate en sus ritmos y sus melodías. Describe la impresión que evocan en ti (alegría – agresividad – tristeza – melancolía – serenidad – energía …) e indica lo que te llama la atención.*
2 *Opina sobre el mensaje de las dos canciones y explica en qué sentido te ayudan las melodías a comprenderlo.*

B

Comprender y analizar la letra de una canción
1 *Lee la letra de las dos canciones e indica a quién se dirigen, según tu opinión.*
2 *Señala las frases clave en cada canción.*
3 *Apunta en una lista quiénes son los «buenos», quiénes los «malos» en las dos canciones y lo que se les atribuye.*
4 *Las dos canciones revelan historias. Detéctalas y resúmelas.*

Ya sabes mi paradero

Los moros que trajo Franco
en Madrid quieren entrar.
Mientras quede un miliciano
los moros no pasarán.

Si me quieres escribir
ya sabes mi paradero
Tercera Brigada Mixta,
primera línea de fuego.

Aunque me tiren el puente
y también la pasarela
me verás pasar el Ebro,
en un barquito de vela.

Diez mil veces que los tiren,
diez mil veces los haremos.
Tenemos cabeza dura
los del Cuerpo de Ingenieros.

En el Ebro se han hundido
las banderas italianas
y en los puentes sólo ondean
las que son republicanas.

1 **el paradero:** sitio donde se para 2 **los moros que trajo Franco:** los militares españoles que lucharon con Franco en la guerra contra Marruecos 4 **el miliciano:** *aquí* miembro de un cuerpo de voluntarios que luchaba con el ejército republicano 5 **¡No pasarán!:** el lema de los republicanos para la defensa de Madrid 8 **Tercera Brigada Mixta:** parte del Ejército Popular de la República 10 **tirar:** (be)schießen, werfen 11 **la pasarela:** Laufsteg 18 **hundirse:** desaparecer en el agua 20 **ondear:** moverse con el viento

¡Ay, Carmela!

El Ejército del Ebro,
rumba la rumba la rumba ba
una noche el río pasó,
¡ay, Carmela! ¡Ay, Carmela!

Y a las tropas invasoras,
rumba la rumba la rumba ba
buena paliza les dio,
¡ay, Carmela! ¡Ay, Carmela!

El furor de los traidores,
rumba la rumba la rumba ba
lo descarga su aviación,
¡ay, Carmela! ¡Ay, Carmela!

Pero nada pueden bombas,
rumba la rumba la rumba ba
donde sobra corazón,
¡ay, Carmela! ¡Ay, Carmela!

Contraataques muy rabiosos,
rumba la rumba la rumba ba
deberemos resistir,
¡ay, Carmela! ¡Ay, Carmela!

Pero igual que combatimos,
rumba la rumba la rumba ba
prometemos combatir,
¡ay, Carmela! ¡Ay, Carmela!

29 **la paliza:** Tracht Prügel 31 **el traidor:** Verräter 37 **sobrar:** haber demasiado

OPINIÓN *¿Cuál de las dos canciones te gusta más? Indica las razones.*

PARA PROFUNDIZAR

Las Brigadas Internacionales

Unos 40.000 extranjeros (entre ellos muchos periodistas y escritores) combatieron en las Brigadas Internacionales para defender la República española y, por lo tanto, luchar contra el fascismo que se estaba extendiendo en Europa. Eran apoyados y animados por una multitud de canciones populares, muchas veces tradicionales, pero con versos adaptados a las circunstancias. ¡Ay, Carmela! por ejemplo ya fue cantada a principios del siglo XIX por los españoles que lucharon contra Napoleón.

Pasar el río Ebro y defenderlo significa entonces para el ejército republicano, auxiliado por cinco Brigadas Internacionales, impedirles a los Nacionales avanzar hacia la Costa del Levante. La batalla dura más de tres meses y causa más de 100.000 muertos en ambos lados, pero al final los rebeldes, gracias a su abrumadora superioridad de armas, recuperaron el territorio y Franco pudo emprender la ofensiva final contra Cataluña.

EL FRANQUISMO

EL REGISTRO

EL TEXTO **A**

Comentar un texto

1 *¿Por qué los guardias civiles registran la casa del narrador?*
2 *Describe las opiniones de la madre y del padre frente al régimen, revelando las diferencias.*
3 *¿Cuál de las dos actitudes te parece más convincente? Comenta.*

➔ Dar una opinión, p. 239

B

➔ Textos narrativos, p. 241

Analizar la estructura temporal de un texto

1 *Analiza la estructura temporal del texto a partir de la línea 33 hasta el final. Para ello, fíjate en las partes del texto donde la madre conversa*
- *con su hijo,*
- *con su marido.*

Examina también el tiempo de los verbos en la parte narrada y separa los niveles temporales.

2 *Restablece la cronología de los hechos descritos, basándote en los resultados de B1.*
3 *Resume el texto siguiendo el orden cronológico.*

Terminada la guerra, mi madre movió cielo y tierra para congraciarse con las fuerzas ganadoras. Ella, en privado, en casa, los llamaba «los facciosos» y «los cuatro apoderados». Eran los tenderos, los falangistas, los católicos ricos, los curas, los fabricantes... [...] Para empezar, me inscribió en la escuela parroquial que había abierto el nuevo vicario en la planta baja de la casa parroquial, en vez de llevarme a la escuela pública –las escuelas nacionales, las llamaban– donde mi padre había frecuentado –era la palabra que utilizaba ella– aquel maestro rojo y revolucionario que acabó fusilado a las primeras de cambio.

No sé cuántos días pasaron entre el final de la guerra y el encarcelamiento de mi padre. Sólo recuerdo que una tarde, a la vuelta del colegio, encontré la escalera de casa llena de guardias civiles que me cortaban el paso. Me refugié en casa de unos vecinos que me acogieron.

–No te preocupes –me decían–. Es sólo un registro. No encontrarán nada.

Cuando pude entrar en casa, hallé a mi madre con los ojos llorosos intentando poner orden en el desbarajuste de armarios vaciados, cómodas abiertas con la ropa revuelta, camas deshechas con los colchones despanzurrados y la lana esparcida por el suelo como goterones de sangre blanca.

–No podremos detener lo que se nos viene encima... –mi madre me hablaba sin mirarme–. No lo podremos salvar. Se significó demasiado. ¡Maldita política! ¿Por qué tenía que meterse? Ya ves, la política acaba siempre mal, no te metas nunca.

Yo entendía que hablaba de mi padre. Él no estaba. Se había refugiado en el bosque, quizás en La Tora o en casa de los abuelos maternos. Pero no había escapado a Francia como su hermano, Fonso, el padre de la Lloramicos, porque decía que él no había matado a nadie, que ni tan siquiera había ido al frente, que la única cosa que había hecho había sido trabajar para el pueblo, que precisamente por eso lo habían dejado permanecer allí, porque no había nadie más que quisiera ocuparse de nada.

–No digas eso. –Mi madre hacía el gesto de taparle la boca cuando él se excusaba de esa manera–. Di que te engatusaron, que aquel maestro que parecía tan fino y educado te metió en el cerebro ideas que no eran tuyas, que tú, sólo lo frecuentabas para aprender y que él te embaucó...

Pero mi padre era tozudo. Estaba convencido de su inocencia y de su derecho a opi- ▶

nar como quisiera sin dañar a nadie. Ya le habían hundido el negocio, ¿qué más podían hacerle?
–Han dejado un papel para que se presente en el cuartel de la Guardia Civil con urgencia –decía mi madre con voz ahogada–. Lo buscaban a él. Han venido a prenderlo. Este destrozo ha sido por la rabia de no haberlo encontrado en casa. Ellos sabían muy bien que aquí no guardábamos nada comprometedor.
Me hablaba como si de repente yo ya fuera mayor. Me hablaba como se habla a las personas adultas. Y ese detalle, más que el registro brutal, me hizo comprender la gravedad de la situación.

Emili Teixidor, Pan negro © Seix Barral, Barcelona 2002

2 **congraciarse con alg.:** sich mit jdm. gut stellen 4 **el faccioso:** el rebelde armado 5 **el tendero:** el comerciante 17 **el encarcelamiento:** acto de meter a alg. en la cárcel 30 **despanzurrar:** aufschlitzen 33 **detener:** parar, impedir 35 **significarse:** *aquí* llamar la atención, destacar 54 **engatusar:** bezirzen, umgarnen 58 **embaucar:** engañar 59 **tozudo/-a:** cabezón/-ona, testarudo/-a 62 **hundir:** *aquí* destruir 67 **prender:** *aquí* detener 68 **el destrozo:** la destrucción

LA LENGUA

El estilo indirecto en el pasado

1 *Mira las líneas 44–51. ¿Qué dijo el padre literalmente? Apunta sus palabras en el estilo directo y explica los cambios gramaticales necesarios.*
2 *Transforma al estilo indirecto lo que le dice la madre a su hijo (ll. 33–71).*

DEBATE

→ El debate, p. 231

La madre afirma que la política «acaba siempre mal» y le aconseja a su hijo que no se meta nunca (ll. 37/38). ¿Meterse o no meterse en la política? Organizad un debate.

TAREA CREATIVA

¿Qué le pasó al padre después de que se había refugiado en el bosque?

PARA PROFUNDIZAR

Las consecuencias de la Guerra Civil

La Guerra Civil había sido una tragedia para España en todos los sentidos: terminó con cerca de 650.000 muertos, de los que muchos cayeron en represalias y ejecuciones en la retaguardia. La economía se vino abajo, la vida social y cultural quedó interrumpida, los pueblos y hasta las familias quedaban divididos para siempre. La posguerra no hizo sino prolongar estos sufrimientos, con la durísima represión de los vencedores, el hambre, la privación total de libertades, el empobrecimiento de la vida cultural y la necesidad en que se vio medio millón de españoles de partir al exilio para salvar sus vidas o para poder desarrollar su trabajo en libertad. Otros no pudieron hacerlo y lo pagaron con penas de cárcel, trabajos forzados, depuraciones ideológicas o incluso la muerte.

Refugiados españoles entrando en Francia

EL AGUA QUE NO CORRÍA

EL TEXTO **A**

Acercarse a un poema por una imagen

1 *Dibuja o pinta la imagen que se te pase por la cabeza al leer el poema.*
2 *Formad equipos de cuatro y comparad vuestras imágenes. Cada uno/-a tiene que explicarles a los demás el por qué de lo que ha pintado.*
3 *Dentro de cada grupo, elegid la imagen que represente mejor el contenido del poema, según vuestro juicio, y presentadla en clase.*

B

→ Poemas, p. 243

Analizar un poema

Interpreta el poema.

Canción 5

Hoy las nubes me trajeron,
volando, el mapa de España.
¡Qué pequeño sobre el río,
y qué grande sobre el pasto
la sombra que proyectaba!

Se le llenó de caballos
la sombra que proyectaba.
Yo, a caballo, por su sombra
busqué mi pueblo y mi casa.

Entré en el patio que un día
fuera una fuente con agua.
Aunque no estaba la fuente,
la fuente siempre sonaba.
Y el agua que no corría
volvió para darme agua.

Rafael Alberti, Canción 5 (1954),
en: Baladas y canciones del Paraná,

4 **el pasto:** el campo verde, el prado 11 **fuera:** *ant. poet.* había sido 13 **siempre:** *aquí* todavía

PARA PROFUNDIZAR

Rafael Alberti (1902–1999)
Nativo de Cádiz, el poeta tuvo que huir de España después de la derrota del Gobierno republicano y se exilió en Argentina en 1939. No fue hasta 1977 que volvió a España donde pronunció su famosa frase: «Me fui con el puño cerrado y vuelvo con la mano abierta».

LA CARA QUE VEÍA EN TODAS PARTES

EL TEXTO **A**

Analizar un texto

1 *Indica las frases que revelan que el autor, de niño, vivía bajo un régimen autoritario.*
2 *¿Qué quiere decir la frase: «Éramos niños católicos y niños franquistas» (ll. 42/43)?*
3 *Comprueba con el texto que Franco, para un niño pequeño de los años 60, venía a equivaler a Dios.*
4 *¿Cómo explicas esta «posición»?*

B

→ Caracterizar a un personaje, p. 234

Analizar la imagen de una persona

1 *Haz listas*
   – *de los sustantivos y adjetivos con los que Antonio Muñoz Molina designa a Franco,*
   – *de los lugares donde Franco estaba presente,*
   – *de cómo aparecía Franco en los medios visuales.*
2 *Analiza la imagen de Franco que tenía el autor de niño, basándote en los resultados de B1.*

Franco estaba casi en todas partes, pero también era una figura en gran medida irreal, remota, a la manera de los monarcas asiáticos. La cara de Franco estaba en todas las monedas, y con diversos colores también en todos los sellos de correos, y la veíamos cada mañana escolar al entrar en el aula, encima de la pizarra, a la derecha del crucifijo. A la izquierda estaba la foto de José Antonio, más joven que Franco, la nariz y la barbilla enfáticas y el pelo engominado como un actor de cine. A Franco lo veíamos también en el noticiario en blanco y negro que daban antes de las películas, aquel NO-DO que nos fastidiaba tanto, y al que nadie hacía caso, y que a los niños nos desconcertaba, porque no acabábamos de distinguir si sus imágenes eran o no de ficción. Franco, en el NO-DO, era un abuelo menudo que llevaba trajes oscuros y sombreros de ala corta, o grandes botas de pescador de río, o uniformes que empaquetaban su figura y la hacían aún más diminutiva.

Eran los tiempos anteriores a la televisión, así que nos faltaba la familiaridad visual con las caras de los gobernantes que poco después impusieron los telediarios. Franco, para un niño de cinco o seis años, era sobre todo un nombre, y también una voz, la que de vez en cuando se escuchaba en la radio después del pitido de un cornetín. En la noche del 31 de diciembre Franco daba un discurso en

3 **remoto/-a:** lejano/-a, a mucha distancia 12 **engominado/-a:** *de* engominar, fijar el cabello con gel
16 **el NO-DO** (**No**ticiarios y **Do**cumentales): spanische Wochenschau 18 **desconcertar:** verwirren, verunsichern
22 **el ala:** *hier* Hutkrempe 34 **el pitido de un cornetín:** Trompetenton

Dos Guardias Civiles transportan un retrato de Francisco Franco.

la radio, y su voz era un hilo tembloroso que tenía la misma irrealidad y la misma presencia paradójica de las voces de los locutores y de los cantantes, de los actores que interpretaban los folletines de las tardes. [...]

Éramos niños católicos y niños franquistas. No conocíamos a nadie que no fuera católico y franquista. Si nuestros mayores sentían algo de disgusto hacia el régimen procuraban mantenerlo en secreto. Durante la misa, el cura solicitaba la protección divina primero para el Papa y para el obispo de la diócesis, y en tercer lugar para «nuestro jefe de Estado, Francisco». El 18 de julio era un día estupendo porque había fiesta y porque la gente recibía una paga extraordinaria. Una vez hubo desfiles de soldados con botas y correajes relucientes y bandas de música, y se inauguró un parque, y la ciudad se llenó de carteles con una foto de Franco sonriente, sentado en un sillón rojo y dorado como un trono. En los carteles, en las banderolas, en las pancartas que colgaban de las calles, se repetía el mismo letrero: 25 años de paz.

Era 1964: yo tenía siete años y acababa de hacer la primera comunión. [...] Dios veía todo lo que hacíamos, aunque nos creyéramos solos, y adivinaba todos nuestros pensamientos, aunque estuviéramos bien cobijados en la oscuridad del dormitorio, en la dulzura de las mantas. Dios era nuestro Padre que estaba en los Cielos, pero Franco, de algún modo, también era padre de todos nosotros, o más bien abuelo, y estaba en un sitio no menos inimaginable que el Cielo, el Palacio del Pardo, y también era omnipotente y lo sabía y lo veía todo, y velaba por nosotros. En los noticiarios del cine, antes de la película, aparecía a veces jugando con sus nietos, teniéndolos en brazos, a caballito. Pero también sabíamos que había sido un héroe, el general más joven de Europa, a los 33 años, el salvador de España, el que llevaba dándonos 25 años de paz.

Antonio Muñoz Molina

39 **el locutor:** persona que anima un programa de radio 46 **procurar:** intentar, tratar de 54 **el desfile (militar):** Militärparade 55 **el correaje:** *mil.* Koppelzeug 60 **la banderola:** Wimpel, kleine Fahne 60 **la pancarta:** el cartel 76 **velar por alg.:** cuidar a alg., proteger a alg.

LA LENGUA
DELE

El uso de *ser* y *estar*

Completa el texto con el pretérito imperfecto de **ser** *o* **estar,** *según convenga.*

Para un niño de cinco o seis años, Franco [¿] una figura irreal. Su cara [¿] en todas partes, en todas las monedas y también en todos los sellos de correos. A Franco se le veía también en la tele, que por aquel entonces [¿] en blanco y negro. De algún modo, [¿] padre de todos, o más bien abuelo, y [¿] en el Palacio del Pardo, un sitio que [¿] no menos inimaginable que el Cielo. [¿] omnipotente y lo sabía y lo veía todo.

Conjunciones con indicativo y / o subjuntivo

1 *Explica la diferencia en el significado de las dos frases:*
«Dios veía todo lo que hacíamos, aunque nos creyéramos solos, y adivinaba todos nuestros pensamientos, aunque estuviéramos bien cobijados en la oscuridad del dormitorio…» (ll. 64–69)
Dios veía todo lo que hacíamos, *aunque nos creíamos* solos, y adivinaba todos nuestros pensamientos, *aunque estábamos* bien cobijados en la oscuridad del dormitorio.
2 *Indica las conjunciones que se utilizan también o únicamente con subjuntivo:* a no ser que, así que, como, como si, cuando, de forma que, de manera que, de modo que, en vista de que, por eso, porque, siempre que, sin que, ya que
3 *¿Qué te parece la educación en España de los años sesenta? Comenta y utiliza algunas de las conjunciones.*

MEDIACIÓN
→ Mediación, p. 233

Una estudiante de Historia, que no habla español, se interesa por lo que cuenta Muñoz Molina. Escribe un resumen en alemán que contenga también traducciones al pie de la letra de algunas frases que te parezcan las más importantes.

DISCUSIÓN

¿En qué medida os sentís influidos por las imágenes que veis en todas partes?

PARA PROFUNDIZAR

La censura

Con la dictadura de Franco empezó una larga temporada de dominio político sobre los medios de comunicación. La censura impedía cualquier información que el poder político no quisiera. Los censores controlaban los guiones para que nada se les escapara, y las radios comerciales estaban obligadas a emitir únicamente las noticias de Radio Nacional de España.
Sólo a partir de 1966 la «Ley Fraga» (del entonces ministro Manuel Fraga Iribarne) supuso una cierta apertura del sistema informativo, de forma que la radio, la tele y la prensa comenzaron a tratar temas algo más variados y con una mentalidad un poco más moderna, aunque seguía siendo muy importante el control del régimen.

EL MIEDO A LA TORTURA

EL TEMA *¿Qué se puede hacer contra un régimen autoritario?*

EL TEXTO **A**

Acercarse a un texto por la primera frase

1 *Lee la primera frase y formula una hipótesis sobre el contenido del texto. ¿Quién narra? ¿Quién detuvo a quién? ¿Por qué?*
2 *Lee el texto y compáralo con tus ideas.*
3 *Resume el texto.*

→ Hacer un resumen, p. 238

B

Comprender, analizar y comentar un texto

1 *Expón la relación entre el yo narrador y los personajes principales.*
2 *Explica la frase: «Temía un golpe irreversible, y aquello no me pareció definitivo.» (ll. 15/16)*
3 *Analiza la atmósfera política que reinaba a principios de los años 70 en España, tal como se puede desprender del texto.*
4 *Lo que le pasa a Leo, ¿es tortura? Comenta.*

→ Textos narrativos, p. 241

Dos semanas más tarde, de regreso en la ciudad, os detuvieron a Leo y a ti. Aún veo los dos rostros, inclinados sobre mi cama, la espantada mirada de Alicia, la diligente de tu madre, indicándome por señas que me quitara los tapones de los oídos. Yo me resistía. Me asusta lo que vais a decirme, dije. Sentía miedo; siempre temí las noticias de la madrugada. Aún veo los dos rostros acuciándome, la lámpara encendida sobre mi cabeza, la tulipa azul. Decídmelo por partes, supliqué. Ella asintió y entonces me saqué los tapones de los oídos. Su voz era tranquila: Han detenido a Ana y a Leo, dijo. Temía un golpe irreversible, y aquello no me pareció definitivo. Cada día detenían a docenas de universitarios y sabía que vosotros llevabais tiempo metidos

Joan Miró (1893–1983)

en actividades políticas, y Leo, concretamente, en el Frente Revolucionario. Dice Nicolás que a Leo le detuvieron al aparcar el coche en la universidad; lo tenía lleno de panfletos contra el 1001. A Ana, en el laboratorio, poco después (iba añadiendo pormenores).

Logré sentarme en la cama. Había conseguido dominar la limitación de mi pensamiento, incapaz de abarcar de una vez los diversos aspectos del problema. Reaccioné súbitamente y pregunté por la niña. Estaba con Nicolás y sus amigos, en el piso de San Julio. Inmediatamente mi cerebro entró en actividad. Vámonos enseguida, dije. Hay que impedir que les torturen. Era mi obsesión. Pero mientras me vestía, pese a que eran solamente las cuatro de la madrugada, tu madre ya andaba colgada del teléfono. Despertó a Indalecio Vicuña, su primo, falangista de la vieja guardia, a Mariano Gajate, coronel, hermano de Justo Gajate, el abogado del Estado, el fiscal Alonso Cano, de los Cano de aquí, un viejo conocido.

[...Ni] Vicuña, ni Gajate, ni Alonso Cano, tomaron a mal que los despertara a horas intempestivas: Lo que desazona a Nicolás es la posibilidad de que les torturen. La oía una y otra vez por el teléfono, como una cantinela. Más tarde, cuando bajábamos al coche, en el silencio de la madrugada, me confesó que el coronel Gajate le había dicho una cosa insólita, esto es, que la organización del estado policíaco había alcanzado tal perfección que ni el alto mando podía impedir ya la acción individual de un número. [...]

Nicolás y sus amigos de San Julio nos traían noticias cada tarde. Tú habías pasado la noche, de interrogatorio en interrogatorio, en la Dirección General de Seguridad. Leo en una celda, con un magnetófono en la contigua, transmitiendo el llanto de una mujer. Pretendían hacerle creer que eras tú la que llorabas para doblegarle. ¿Te das cuenta del ardid? Les alarmaba el cariz que iba tomando el proceso 1001; que la calle se les fuese de las manos. De ahí mi miedo a la tortura, un miedo tan tenaz que me paralizaba.

Miguel Delibes, Señora de rojo sobre fondo gris © Destino, Barcelona 1991

3 **el rostro:** la cara 4 **diligente:** atento/-a, cuidadoso/-a 10 **acuciar a alg.:** jdn. drängen 12 **por partes:** der Reihe nach, eines nach dem anderen 23 **el 1001:** A finales de 1973, el gobierno preparó un proceso, el proceso 1001, contra diez dirigentes del sindicato clandestino Comisiones Obreras (CCOO) con el objetivo de reprimir la creciente movilización obrera. 24 **los pormenores:** los detalles 37 **andar colgado/-a del teléfono:** estar telefoneando sin parar 46 **desazonar:** inquietar, preocupar 49 **la cantinela:** Leier 52 **insólito/-a:** poco habitual, poco normal 54 **el alto mando:** Oberbefehlshaber 62 **contiguo/-a:** al lado 64 **doblegar a alg.:** jdn. beugen, jds. Willen brechen 65 **el ardid:** List, Trick 66 **el cariz:** *hier* Wendung

LA LENGUA

El uso de los pronombres relativos

1 *Explica el uso de los pronombres relativos en las frases siguientes:*

a) «Me asusta lo que vais a decirme, dije.» (ll. 7/8)

b) «Pretendían hacerle creer que eras tú la que llorabas para doblegarle.» (ll. 63–65)

c) «Les alarmaba el cariz que iba tomando el proceso 1001 …» (ll. 65–67)

2 *Completa con* ***que, el que, la que*** *o* ***lo que.***

En vísperas del proceso 1001, [¿] les alarma a los franquistas es la enorme tensión social y la situación en la calle [¿] es cada vez menos controlable. Un día detienen a dos universitarios, Leo y Ana, [¿] llevan tiempo metidos en actividades políticas clandestinas. Es Leo [¿] tiene que pasar la noche en una celda. En la de al lado han puesto un magnetófono [¿] transmite el llanto de una mujer. Quieren hacerle creer a Leo que es Ana, su mujer, [¿] está llorando. De hecho, el miedo de que los torturen es [¿] más les inquieta a sus parientes.

TAREA CREATIVA

→ Redactar textos creativos, p. 240

Convertid el texto en una obra dramática. Para ello, divididlo en escenas (empezando por la detención de Leo en la universidad). Para cada escena, inventad libremente los detalles y los diálogos que faltan. Luego escenificad vuestra obra.

LA DICTADURA DE FRANCO

EL TEXTO **A**

→ Textos informativos, p. 245

Comprender un texto informativo

1 *Expón –a grandes rasgos– cómo evolucionó el régimen franquista a lo largo de los años.*

2 *Explica*

- *el papel de los Estados Unidos de América en los años 40 / 50,*
- *los cambios sociales a partir de los años 60.*

3 *¿Por qué el autor sostiene que la dictadura de Franco estaba «llena de paradojas» (l. 2)?*

B

Estructurar un texto

Divide el texto en etapas históricas y ordénalas en un eje cronológico. Después reparte la información central del texto en este eje.

La dictadura de Franco (1939–1975) está llena de paradojas. Fue un régimen autoritario y personalista, sin más ideología que la inspiración católica, militar y conservadora de su jefe indiscutible; pero demostró capacidad para adaptarse a las circunstancias y sobrevivir hasta la muerte del propio Franco. Empezó siendo un régimen de tendencia fascista, aliado de la Alemania nazi y de la Italia mussoliniana, que gobernaba España con mano de hierro por «derecho de conquista» y perseguía cruelmente a los vencidos de la Guerra Civil. Pero la derrota del Eje en la Segunda Guerra Mundial llevó a Franco a evolucionar en un sentido más pragmático, abandonando el discurso y la simbología fascista para conseguir que los aliados no le apartaran del poder; hizo valer su probado anticomunismo y, en el contexto de la guerra fría, los Estados Unidos acabaron aceptándolo como un aliado en los años cincuenta (época de los acuerdos bilaterales que permitieron el establecimiento de bases militares norteamericanas en España). Ello obligó al régimen a cambiar de estilo en un sentido tecnocrático, dejando que la inspiración ideológica viniera más de los católicos que del partido filofascista Falange Española; y el cambio se tradujo en el paso de la economía autárquica y nacionalista de la posguerra a una liberalización que, desde el Plan de Estabilización de 1959, permitió recuperar la senda del crecimiento económico.

Francisco Franco y su sucesor, el príncipe Juan Carlos de Borbón (octubre de 1975)

El crecimiento de la industria y del turismo en los años sesenta terminó de transformar a España en un país capitalista, la décima potencia industrial del mundo al final de la década. Estos cambios económicos, que culminaban un largo proceso de desarrollo, produjeron cambios sociales trascendentales: la población pasó a vivir mayoritariamente en las ciudades, adquirió mayor formación y se alejó de los tópicos ideológicos procedentes de la Guerra Civil. Las generaciones jóvenes empezaron a manifestar intensamente sus ansias de libertad y democracia, participando en movimientos de protesta contra la dictadura, que se intensificaron en los primeros años setenta y fueron el origen de las fuerzas políticas que protagonizaron la transición posterior.

España 2000 © Secretaría de Estado de Comunicación, Ministerio de la Presidencia, Madrid 2000

14 **con mano de hierro:** mit eiserner Hand 17 **la derrota del Eje:** die Niederlage der Achsenmächte (Deutschland, Italien, Japan und Verbündete) 36 **filofascista:** amigo/-a del fascismo 41 **la senda:** el camino 57 **el ansia** *f.*: Sehnsucht, Drang

LA LENGUA

DELE

El uso de las preposiciones

Así continúa el texto. Complétalo con las siguientes preposiciones:
a, con, de, en, entre, para

A pesar de la inspiración monárquica [¿] muchos [¿] sus partidarios, Franco no utilizó su victoria [¿] la Guerra [¿] restablecer la monarquía [¿] España. Mantuvo conversaciones [¿] el hijo de Alfonso XIII, don Juan de Borbón, pero las diferencias [¿] ambos fueron insuperables, y Franco no aceptó que éste se convirtiera [¿] rey. Proclamó que España era un reino, pero conservó [¿] sí mismo la jefatura del Estado, en espera de designar [¿] quien debiera ponerse la corona. Se ocupó personalmente [¿] la educación del príncipe Juan Carlos –hijo de don Juan– y finalmente, [¿] 1969, lo proclamó sucesor. Así pues, al morir Franco [¿] 1975, el príncipe fue proclamado rey [¿] el nombre [¿] Juan Carlos I.

PARA PROFUNDIZAR

← Tierra de emigrantes, destino para inmigrantes, p. 86

«España es diferente»

Con este eslogan, el Ministerio de Información y Turismo lanzó, en 1963, una campaña internacional que pretendía fomentar el turismo y que quería mostrar la cara amable de la dictadura. Era la época en la que España exportaba trabajadores e importaba turistas. Ambos fueron fuente de divisas y potenciaron una sorprendente etapa de desarrollo económico conocida como «el milagro español». Pero ambos fenómenos, emigración y turismo, fueron también una pequeña ventana abierta al mundo, tanto para los que se fueron como para los que se quedaron. La llegada masiva de millones de hombres y mujeres a las playas españolas proporcionó a muchos españoles que nunca habían salido del país una primera referencia de un mundo que existía más allá de los Pirineos.

LA TRANSICIÓN

LA LIBERTAD DE EXPRESIÓN*

EL TEMA *¿En qué consiste la libertad de expresión y dónde están sus límites? Haz una lista que, más adelante, puedes comparar y completar con la información del texto.*

EL TEXTO **A**

Comprender un ensayo

1 *Describe con tus propias palabras y con ejemplos concretos lo que significan para la gente las prohibiciones mencionadas al inicio del texto.*
2 *Indica las frases clave del texto.*
3 *Explica el proceso por el que tiene que transcurrir el pueblo español a partir de 1978.*

B

Comprender la función de un texto

1 *¿A quién se dirige el texto? Analiza el lenguaje del texto con especial atención a los pronombres personales.*
2 *Elige el adjetivo que mejor caracteriza la función del texto. Compruébalo citando ejemplos en el texto:* apelativa – descriptiva – informativa – objetiva – subjetiva

En unas páginas escritas con ocasión de la muerte de Franco [...] analicé algunos de los aspectos del problema con el que hoy día nos enfrentamos: [...] «Imposibilidad de votar, comprar un periódico con diferentes opiniones que el Gobierno, leer un libro o ver una película no censurados, asociarse con otros ciudadanos disconformes, protestar contra los abusos, sindicarse. [...] Enseñar [ahora] a cada español a pensar y actuar por su cuenta será una labor difícil, independientemente de las vicisitudes políticas del momento. Habrá que aprender poco a poco a leer y escribir sin miedo, a hablar y escuchar con entera libertad. Un pueblo que ha vivido casi cuarenta años en condiciones de irresponsabilidad e impotencia, es un pueblo necesariamente enfermo, cuya convalecencia se prolongará en razón directa a la duración de su enfermedad.» [...]
La presencia de la censura –por muy «liberal» que sea hoy día, después de la muerte de Franco– constituye un obstáculo insalvable de cara al desenvolvimiento de una cultura española del mismo nivel que la francesa, inglesa, alemana o italiana. [...]
Por primera vez en espacio de casi cuarenta años –es decir, en el de dos generaciones y media – el pueblo español tiene la posibilidad real de intervenir en la vida pública y forjar así su propio destino y los escritores e intelectuales, aun aquellos que no formamos parte de la clase política, no podemos permitirnos el lujo de desaprovecharla. En el nuevo período histórico que se abre para el país, quisiera evocar y hacer mías las palabras de Blanco White, cuando saludaba desde Londres la reacción popular española contra la intervención imperialista de Bonaparte: «Dejad que todos piensen, todos hablen, todos escriban. Desterrad todo lo que se parezca a vuestro antiguo gobierno». [...]
El franquismo no puede ni debe sobrevivir a la muerte física de quien lo creó. Depende de nosotros, y sólo de nosotros –escritores, intelectuales, lectores–, el poner fin de una vez para siempre, con rigor, voluntad y firmeza, a los efectos de su larga e invisible ocupación.

Juan Goytisolo, Libertad, libertad, libertad © Anagrama, Barcelona 1978

9 **el abuso:** el uso injusto o excesivo de alg. o a/c 9 **sindicarse:** fundar un sindicato 12 **las vicisitudes:** Wechselfälle 19 **la convalecencia:** el proceso de recuperarse después de una enfermedad 22 Franco murió en 1975, pero la censura fue abolida apenas en 1978. 32 **forjar:** schmieden 37 **evocar:** llamar a la memoria, recordar 42 **desterrar:** echar, deshacerse de a/c 48 **el rigor:** la seriedad, la dureza

LA LENGUA

Recursos estilísticos

1 *Busca en el texto frases de carácter apelativo.*
2 *Transforma estas frases al imperativo con «tú».*
Ejemplo: Aprende (tú) a leer y a escribir sin miedo.

Los prefijos *des-/dis-* e *in-/im-/ir-*

➔ Vocabulario, p. 254

1 *Haz una lista con las palabras en el texto que empiezan con estos prefijos.*
Completa la lista con palabras que ya conoces o busca otras más en el diccionario.
2 *Traduce las palabras al alemán o a otro idioma y analiza los prefijos correspondientes.*
Ejemplo:

palabra en el texto:	otra palabra:	otras lenguas:
la <u>im</u>posibilidad (l. 4)	<u>im</u>posible	unmöglich, impossible (ing., francés)

PARA PROFUNDIZAR

EL PAIS
DIARIO INDEPENDIENTE DE LA MAÑANA
EDICIÓN ESPECIAL
El general Milans del Bosch decreta el estado de excepción en la Región Militar de Valencia
Golpe de Estado
El País, con la Constitución
El Gobierno y el Parlamento, rehenes de un grupo de guardias civiles
¡Viva la Constitución!

Desde la llegada de la democracia y la Constitución de 1978 los periódicos gozaron de la libertad de expresión. En 1976 aparecieron dos diarios que hasta hoy quedan como símbolos de la transición: *El País y Diario 16.* Ambos tenían como objetivo la construcción de la democracia. Mientras que *El País* tenía como meta una profunda renovación de la sociedad española, *Diario 16* se mostró más moderado en algunos temas. El éxito de *El País* fue rotundo y consiguió alcanzar el liderazgo de ventas de los periódicos de información general hasta la actualidad. En cuanto a los periódicos que provenían de la etapa franquista desaparecieron de los quioscos españoles en pocos años.

DISCUSIÓN

Se reconocen y protegen los derechos: A expresar y difundir libremente los pensamientos, ideas y opiniones mediante la palabra, el escrito o cualquier otro medio de reproducción. [...]
El ejercicio de estos derechos no puede restringirse mediante ningún tipo de censura previa.

Artículo 20 de la Constitución española (1978)

Jeder hat das Recht, seine Meinung in Wort, Schrift und Bild frei zu äußern und zu verbreiten und sich aus allgemein zugänglichen Quellen ungehindert zu unterrichten. Die Pressefreiheit und die Freiheit der Berichterstattung durch Rundfunk und Film werden gewährleistet. Eine Zensur findet nicht statt.

Artikel 5 Grundgesetz der Bundesrepublik Deutschland (1949)

¿Por qué es tan importante la libertad de expresión en una democracia?

UNA NOCHE DE FEBRERO

EL TEMA
DVD

Mira el documental o la foto y formula una hipótesis sobre los acontecimientos. Imagina cómo terminará esta escena.

EL TEXTO **A**

Comprender una situación histórica
Resume los acontecimientos del 23 de febrero de 1981.

B

➔ Recursos estilísticos, p. 249

Analizar los recursos estilísticos de un texto
1 *Busca en el texto ejemplos de una simple descripción de hechos y acontecimientos.*
2 *Indica ejemplos de cómo valora el entrevistador los acontecimientos y a los rebeldes.*
3 *Contesta la pregunta inicial: «¿estaba el rey a favor o en contra de los militares rebeldes?» (ll. 16/17). Justifica tu opinión.*

Siempre noto los momentos en que don Juan Carlos titubea entre las ganas de hablar y la necesidad de callarse. Pero sus silencios son a menudo tan significativos como sus palabras. A muchas de mis preguntas –a veces demasiado concretas– sobre la noche del 23-F, me ha respondido ya en varias ocasiones: «No me corresponde a mí emitir opiniones personales sobre hechos que ya han sido juzgados por un tribunal militar.» [...]

[La] pregunta que se plantearon aquella noche muchos españoles durante las horas que precedieron a la aparición del Monarca en las pantallas de televisión [era la siguiente]: ¿estaba el rey a favor o en contra de los militares rebeldes?

Volvamos atrás. El 23 de febrero de 1981, exactamente a las seis y veinte de la tarde, el teniente coronel Antonio Tejero entra pistola en mano, seguido de sus guardias civiles, en el hemiciclo de las Cortes, en el momento mismo en que Landelino Lavilla, presidente de la asamblea, procedía, mediante votación nominal, a la investidura del nuevo presidente del Gobierno. Tejero –físicamente un personaje que parece salido de una zarzuela– sube los tres o cuatro escalones que le sitúan a la altura del presidente Lavilla y grita:

–¡Al suelo! ¡Todos al suelo!
El general Gutiérrez Mellado –un hombre frágil, con rostro fino de intelectual– se levanta de un salto y se encara a los guardias civiles que le apuntan con sus metralletas.
–¡Depongan inmediatamente las armas!
Respuesta de Tejero:
–¡Sólo recibimos órdenes del general!
Gutiérrez Mellado se indigna:
–¿Qué general? ¡Aquí el único general soy yo!
Tejero –nunca se ponderará lo bastante hasta qué punto aquel hombre grotesco pudo ser soez – empuja a Gutiérrez Mellado y grita de nuevo:
–¡Quiero ver a todo el mundo en el suelo!
Ministros y diputados le obedecen como un solo hombre y se tiran bajo sus escaños. [...]
Sólo Adolfo Suárez y Santiago Carrillo siguen sentados en su sitio, decididos a morir con dignidad. En cuanto al general Gutiérrez Mellado, se queda de pie, con las manos en las caderas, a algunos metros de Adolfo Suárez, con una mueca de supremo desprecio en los labios.
Tejero anuncia por los altavoces que obedece «órdenes del Rey y del general Milans del Bosch, capitán general de Valencia», ciudad que acaba de ser tomada por sus carros. Y comienza lo que Antonio de Senillosa, diputado y noctámbulo de tradición, calificó a la mañana siguiente como «la noche más larga de mi vida». [...]
[No] hay que creer que los únicos en conspirar eran los militares. Civiles de la derecha más conservadora –banqueros, grandes industriales, incluso algún príncipe de la Iglesia– animaban a éstos bajo mano con su dinero y sus influencias políticas.

–¿Se sabe con certeza quiénes eran los civiles que apoyaban el golpe de Estado militar?
La mano del Rey se agita en el aire. Es su gesto preferido cuando quiere eludir una pregunta que necesita demasiadas explicaciones. [...]
[Los militares eran] hombres decididos a acabar con esa democracia que, según ellos, había entregado el poder a los vencidos de 1939. Sin don Juan Carlos a la cabeza del Estado, es posible que aquellos hombres hubieran derrocado hacía tiempo al Gobierno legítimo. Pero para aquella gente el Rey era un obstáculo difícil de evitar. Había quienes pensaban que para tener éxito en un golpe de Estado contra la democracia había en primer lugar que deshacerse del Rey. De ahí a decirse que había que liquidarlo no mediaba más que un paso.

José Luis de Vilallonga, El Rey – Conversaciones con D. Juan Carlos I de España © Salvat, Barcelona 1995

2 **titubear:** vacilar al hablar, sentir dudas al hablar 7 **23-F:** el 23 de febrero 10 **juzgar:** pronunciar una sentencia en un juicio 12 **plantearse una pregunta:** preguntarse 20 **el teniente coronel:** Oberstleutnant 22 **el hemiciclo:** Halbrund 25 **la investidura:** Amtseinführung 28 **la zarzuela:** la opereta 35 **la metralleta:** Maschinengewehr 42 **ponderar:** medir 44 **soez:** niederträchtig 48 **el escaño:** el asiento en el Parlamento 49 **Adolfo Suárez:** Presidente del Gobierno que dirigió la reforma política de la transición a la democracia entre 1976 y 1981. 49 **Santiago Carrillo:** diputado del Partido Comunista Español 54 **la mueca:** Gesichtsausdruck 61 **el noctámbulo:** persona que pasa las noches despierta 68 **bajo mano:** en secreto 74 **eludir:** evadir, *aquí* no contestar 82 **derrocar:** derribar, *aquí* eliminar de su cargo

TAREA CREATIVA *Inventa preguntas que los españoles se plantearon antes de que el rey hablara en la televisión. Usa para ello el futuro, teniendo en cuenta su función de expresar también la inseguridad y la duda.*
Ejemplo: ¿Qué hará el rey?

LIBERTAD, LIBERTAD

EL TEMA *Haz propuestas para terminar la frase:* Dicen los viejos que en este país…

LA CANCIÓN **A**

Interpretar una canción

1 *Escucha la canción y presta atención ante todo a la música y al ritmo. ¿Qué ambiente refleja?*
2 *Indica quiénes son los dos grupos de personas mencionados.*
3 *Interpreta la expresión: «Libertad sin ira…» ¿Quién la pronuncia y a quién se dirige?*

B

Relacionar la letra de una canción con el trasfondo histórico

1 *Lee el texto de la canción y anota las palabras o frases clave del texto.*
2 *Explica estas palabras y frases en relación con la época de la transición en España.*
3 *Indica a quién se dirige la canción.*

Dicen los viejos
que en este país
hubo una guerra,
y hay dos Españas
que guardan aún
el rencor de viejas deudas.

Dicen los viejos
que este país necesita
palo largo y mano dura
para evitar lo peor.

Pero yo sólo he visto gente
que sufre y calla,
dolor y miedo,
gente que sólo desea
su pan, su hembra
y la fiesta en paz.

Libertad, libertad sin ira, libertad,
guárdate tu miedo y tu ira
porque hay libertad sin ira, libertad
y si no la hay
sin duda la habrá.

Dicen los viejos
que hacemos
lo que nos da la gana,
y no es posible
que así pueda haber
gobierno que gobierne nada.

Dicen los viejos
que no se nos dé rienda suelta,
que todos aquí llevamos
la violencia a flor de piel.

Pero yo sólo he visto gente
muy obediente
hasta en la cama,
gente que tan sólo pide
vivir su vida
sin más mentira
y en paz.

Libertad, libertad sin ira, libertad …

9 **el palo largo:** Schlagstock 29 **dar rienda suelta:** dejar toda la libertad 31 **a flor de piel:** en la superficie, *aquí* presente en todas partes

TAREA CREATIVA *Escribe una estrofa más, referida a tu situación de joven, según el esquema de la canción:* Dicen los viejos que… pero yo sólo he visto jóvenes que…

ESCRIBIR *Escribe un texto con el título «Las dos Españas» explicando la primera estrofa de la canción.*

–He dicho que en la mesa no se habla de política. Es más, que en esta casa no quiero que se hable de política.

Tomás Ricart dio un manotazo que hizo sonar copas, platos y cubiertos, y se encontró con las miradas de su mujer y de su hijo mayor, Josemari. En la de ella leyó un reproche que se refería a sus modales; a su facilidad para perder la paciencia y no ser capaz de resolver los asuntos de manera civilizada. «Tienes poca correa», le decía la mirada de Olga, y a él ese reproche lo hacía desmoronarse aún más. En la mirada del hijo había enfado y una punta de desprecio: «¿Ves como eres tú el que no razonas?», expresaban aquellos ojos. Tomás se preguntaba qué estaba pasando en su casa últimamente. [...]

–No es política, papá, –decía Josemari–, es que Quini es comunista, y si no viene a comer, es porque está metido en los follones que han montado para hoy en Filosofía. Los buitres se preparan para la insurrección, aprovechando la agonía del Caudillo; y tu hijo es uno de esos buitres. ¿Te enteras? Es que le estás dando de comer a un comunista.

–Le doy de comer a un hijo, o, para ser más exacto, les doy de comer a los dos hijos que tengo, ¿o quieres que te dé de comer nada más a ti?

–Le estás pagando los trapos rojos que compran para colgarlos en las ventanas de la facultad, y los sprays con los que pintarrajean insultos contra España y contra el Caudillo.

–¿Es que no pago también tus camisas azules? ¿Y no pago el papel en el que imprimís ese *Salvar España* que me traes todos los meses? Y te pago los panfletos que llevas en la cartera. Lo que tienes que hacer, lo que tenéis que hacer los dos es ir con cuidado y no meteros en líos. ¿Para qué cojones usas el bate que tienes en la habitación?

Miró a Olga, ella había sido la que se lo había dicho. Y ahora fue la que intervino:

–¿Queréis hacer el favor de callaros los dos?

–Es que papá habla como si fuera lo mismo hundir España que defenderla. ¿O estás con Quini? ¿Estás con los comunistas?

–¿Quieres hacer el favor de no volverme loco? [...]

–¿No os enseñan, en esas escuadras en las que estás, el respeto a la autoridad familiar? ¿No sois vosotros los defensores de la autoridad patriarcal y del orden? Pues respétalo. Al fin y al cabo, soy tu superior en la cadena de mandos.

–Cuando el padre ya no sabe dónde está la frontera entre el bien y el mal, pierde su autoridad. Y entre la familia y la patria tengo que elegir por fuerza a la patria, que es la que da sentido a la familia, porque tú me estás hablando de una familia en la que el padre no sé si es débil o cobarde, y el hermano es traidor, cómplice de los asesinos. Me toca elegir la patria frente a la familia.

– [...] Déjate de cuentos y dedícate a estudiar, que es lo que tienes que hacer y, por cierto, no haces, porque tus notas dan pena. ¿Sabes lo que te digo? Que si quieres jugar a la guerra y ponerte camisas azules y pegarle cadenazos al primer desgraciado que te pasa por delante de las narices, lo hagas fuera, cuando te hayas ido para siempre de aquí, de esta casa, y te lo pagues con tu dinero y con tu trabajo. Mientras estés comiendo de mi mano, lo único que tienes que hacer es estudiar: ésa es tu forma de pagar tus deudas conmigo. Lo otro es robarme.

4 **dar un manotazo:** dar un golpe con la mano 8 **los modales:** el comportamiento 11 **la correa:** *aquí* la paciencia, el aguante 13 **desmoronarse:** *aquí* sufrir 21 **el follón:** *fam.* la discusión, el desorden 23 **el buitre:** Geier 24 **el Caudillo:** Francisco Franco (el caudillo: el jefe, el líder) 34 **pintarrajear:** manchar algo de colores sin arte 44 **el bate:** Baseballschläger 55 **la escuadra:** *aquí* el grupo de militantes 76 **pegar cadenazos:** dar golpes con una cadena

RINCÓN DE POESÍA

CANCIÓN ÚLTIMA

Pintada, no vacía:
pintada está mi casa
del color de las grandes
pasiones y desgracias.

Regresará del llanto
adonde fue llevada
con su desierta mesa
con su ruidosa cama.

Florecerán los besos
sobre las almohadas.
Y en torno de los cuerpos
elevará la sábana
su intensa enredadera
nocturna, perfumada.

El odio se amortigua
detrás de la ventana.

Será la garra suave.

Dejadme la esperanza.

Miguel Hernández, en: El hombre acecha (1937–1939)

---

13 **la enredadera:** Kletterpflanze 15 **amortiguarse:** abklingen 17 **la garra:** Klaue

LLEGÓ CON TRES HERIDAS ...

Llegó con tres heridas:
la del amor,
la de la muerte,
la de la vida.

Con tres heridas viene:
la de la vida,
la del amor,
la de la muerte.

Con tres heridas yo:
la de la vida,
la de la muerte,
la del amor.

Miguel Hernández, en: Cancionero y romancero de ausencias (1938–1941)

PUNTO FINAL

REVISIÓN

1 *Revisad los textos que habéis leído en este capítulo y reunid en un mapa mental la información que habéis obtenido.*
2 *Buscad en los demás textos temas que no habéis tratado y añadidlos al mapa.*
3 *Señalad el tema o el texto que más / menos os haya gustado e indicad también por qué.*

DIARIO DE LECTURA

Anota lo que
– *te ha llamado la atención en el capítulo y explica también por qué,*
– *te ha aportado algo nuevo (ideas, conocimientos) que no quieres perder de vista.*

PORTAFOLIO

1 *Escoge tu tema favorito y sigue buscando información por tu cuenta. Escribe, a base de los resultados, una carta, un artículo o prepara una exposición.*
2 *Dentro de las tareas que has preparado trabajando los textos de este capítulo, elige la que mejor te haya salido.*

DISCUSIÓN

1 *Mostrar valor cívico – comentad situaciones en las que es difícil, pero importante decir abiertamente su opinión. ¿Puede haber situaciones en las que os parece mejor callarse?*
2 *Libertad – ¿qué significa para ti, hoy en día?*

OPINIÓN

Comenta la evolución de los datos según tus conocimientos sobre el Franquismo y la Transición.

¿Con cuál de las siguientes frases está usted más de acuerdo?	2000 %	1995 %	1985 %	1980 %
La democracia es preferible a cualquier otra forma de gobierno	78	76	70	49
En algunas circunstancias, un régimen autoritario, una dictadura, puede ser preferible al sistema democrático	7	10	10	10
A la gente como yo lo mismo nos da un régimen que otro	11	11	9	8
No sabe / No contesta	14	3	11	33

BÚSQUEDA DE INFORMACIÓN

1 *Formad tres equipos, cada uno elige un tema: informaos sobre los años treinta en España, es decir, sobre*
– *la crisis económica,*
– *la situación europea de la época,*
– *Cataluña, el País Vasco y sus respectivos idiomas.*
2 *Exponed los resultados de vuestra búsqueda de información brevemente en clase.*

DIRECCIÓN DE INTERNET

Historia de España: www.historiasiglo20.org/enlaces

PARA LEER MÁS

Josefina Aldecoa, *Historia de una maestra,* Anagrama, Barcelona 1997.
Miguel Delibes, *Cinco horas con Mario,* Destino, Barcelona 1966.
Fernando Fernán Gómez, *Las bicicletas son para el verano,* Espasa-Calpe, Madrid 1997.
Alfredo Gómez Cerdá, *Noche de alacranes,* SM, Madrid 2005.
Ernest Hemingway, *For Whom the Bell Tolls,* Charles Scribner's Sons, New York 1940.
Manuel Rivas, *La lengua de las mariposas* / Almudena Grandes, *El lado de la luz,* Cornelsen Verlag, Berlín 2004.

EL CONO SUR

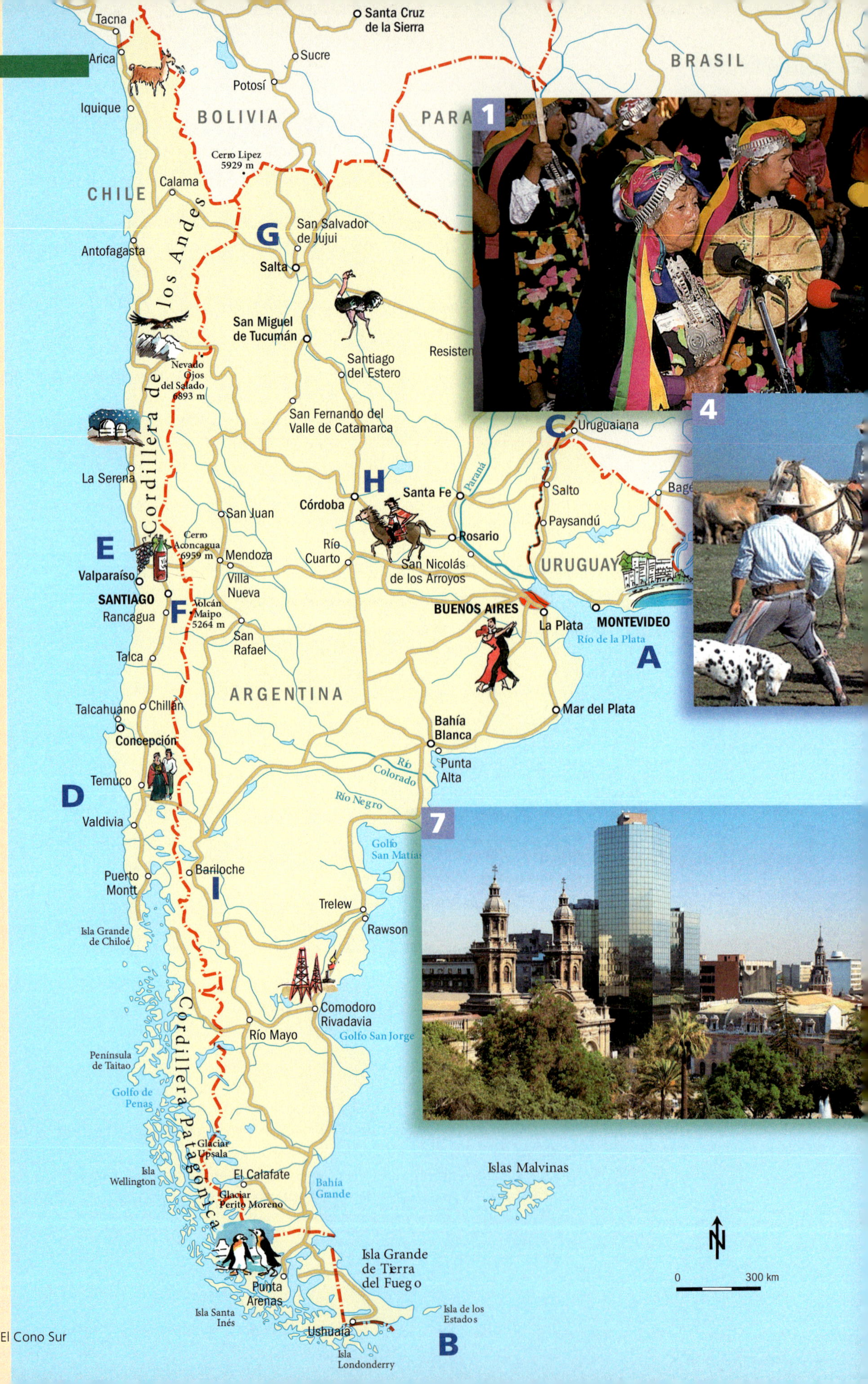

Tacna
Arica
Iquique
Santa Cruz
de la Sierra
Sucre
Potosí
BOLIVIA
PARA
BRASIL
Cerro Lipez
5929 m
CHILE
Calama
Antofagasta
los Andes
Cordillera de
G
San Salvador
de Jujui
Salta
San Miguel
de Tucumán
Santiago
del Estero
Resisten
Nevado
Ojos
del Salado
6893 m
San Fernando del
Valle de Catamarca
La Serena
C
Uruguaiana
Paraná
Salto
Paysandú
Bagé
H
Santa Fe
Córdoba
San Juan
Cerro
Aconcagua
6959 m
Mendoza
Río
Cuarto
Rosario
San Nicolás
de los Arroyos
URUGUAY
E
Valparaíso
Villa
Nueva
SANTIAGO
Rancagua
F
Volcán
Maipo
5264 m
San
Rafael
BUENOS AIRES
La Plata
MONTEVIDEO
Río de la Plata
A
Talca
ARGENTINA
Talcahuano
Chillán
Concepción
Mar del Plata
Bahía
Blanca
Punta
Alta
Río
Colorado
Temuco
D
Río Negro
Valdivia
Golfo
San Matías
Puerto
Montt
Bariloche
I
Trelew
Rawson
Isla Grande
de Chiloé
Cordillera Patagónica
Comodoro
Rivadavia
Golfo San Jorge
Río Mayo
Península
de Taitao
Golfo de
Penas
Glaciar
Upsala
Isla
Wellington
El Calafate
Glaciar
Perito Moreno
Bahía
Grande
Islas Malvinas
Isla Grande
de Tierra
del Fuego
Punta
Arenas
Isla Santa
Inés
Isla de los
Estados
Ushuaia
B
Isla
Londonderry
N
0
300 km
1
4
7

Escucha y relaciona las fotos con los destinos del viaje.

DEPENDENCIA E INDEPENDENCIA

ESPÍRITU CRIOLLO

EL TEMA *Compara el mapa histórico con el mapa en las páginas 164/165: ¿qué países de hoy pertenecieron al Virreinato del Río de la Plata?*

EL TEXTO **A**

Conocer a los personajes de un texto

Formad tres grupos, cada grupo lee uno de los textos:

1 *Extraed la información acerca de las personas: el sexo, el año de nacimiento, el origen de la familia y la situación individual.*
2 *Describid las circunstancias políticas y sociales en las que viven las personas.*

B

Extraer información concreta de un texto

1 *Explica qué es un criollo y sitúalo en la sociedad colonial.*
2 *Resume las ideas de los habitantes de la colonia que luchan por la independencia.*
3 *Analiza el conflicto entre la colonia y España.*

América del Sur a principios del siglo XVIII

Nací en Buenos Aires en 1786. Mis padres son españoles y mi padre es dueño de un importante negocio de importación y exportación. Me siento privilegiado porque después de terminar mis estudios en el Real Colegio de San Carlos fui a estudiar abogacía a la Universidad de Charcas. Allí pude leer libros que el virrey había prohibido en Buenos Aires y con mis compañeros discutíamos apasionadamente las nuevas ideas que circulaban por el virreinato. Muchos amaneceres me encontraban leyendo libros de historia, economía, filosofía y ciencias y poco a poco se hicieron carne en mí las ideas de libertad, igualdad, fraternidad e independencia. Me enteraba de los acontecimientos de Buenos Aires por las cartas de mis amigos. Algunos de ellos participaron activamente en la reconquista y la defensa de Buenos Aires; otros, hijos de hacendados, me contaron de la lucha de sus padres por obtener el libre comercio de sus productos con Inglaterra; pero todos coincidían en que se debía cambiar el sistema político que regía el país.

Con mi título de abogado bajo el brazo y muchos deseos de ser útil volví a Buenos Aires. Me esperaban mis amigos con una invitación: incorporarme a alguno de los grupos que querían lograr la independencia del Río de la Plata y poner fin a la discriminación de que eran objeto los criollos.

◊ ◊ ◊

Soy mujer y nací en Buenos Aires en 1795. Mis padres son criollos, hijos de españoles llegados al Río de la Plata hace mucho tiempo. Mi familia es muy conocida y respetada en la ciudad.

Afortunadamente sé leer y escribir, algo que sólo las mujeres de buenas familias podemos aprender. En las últimas semanas, cuando salía junto a las criadas hacia el convento de San Francisco, escuché en las calles algunos comentarios acerca de la situación de España que, según entendí, fue invadida por los ejércitos franceses. No pude averiguar más, ya que mi madre siempre nos ha repetido que las mujeres no debemos andar solas por la calle ni juntarnos con gente viciosa. Sin embargo, mi espíritu se ha inquietado, la gente murmura por calles y ferias, y quisiera saber más de lo que está sucediendo...

◊ ◊ ◊

Buenos Aires en el siglo XIX

Nací en España en 1750. Desciendo de una tradicional familia de la nobleza española. Cuando en 1778 el rey nombró a un nuevo virrey para el Río de la Plata, fui enviado junto a otros funcionarios a Buenos Aires con la misión de organizar la administración de esas tierras. Muchos criollos no se resignaban a que los puestos más importantes de la administración colonial estuvieran en manos de españoles. Tampoco aceptaban que los españoles ocuparan posiciones importantes en el comercio como representantes de las grandes casas mercantiles con sede en la metrópoli. Cuando los ingleses invadieron Buenos Aires, junto con el virrey abandoné Buenos Aires: mi lealtad hacia él me obligó a hacerlo. Pero los días que siguieron fueron trágicos. Cada noticia desfavorable del destino de España era aprovechada por un grupo de criollos sediciosos para ganar partidarios del fin de la dominación española. Hacia 1810 los acontecimientos se precipitaron cuando los vecinos reunidos en Cabildo Abierto le quitaron el mando militar al virrey. Este fue el principio del fin. Lo que sigue es conocido por todos.

◊ ◊ ◊

7 **la abogacía**: Derecho 9 **el virrey**: el representante del rey en las colonias 12 **el amanecer**: las primeras horas de la mañana 15 **hacerse carne**: concretizarse 35 **incorporarse**: formar parte, hacerse miembro de alguna organización 54 **averiguar**: intentar descubrir a/c 57 **vicioso/-a**: de malas costumbres 75 **la casa mercantil**: la empresa comercial 83 **sedicioso/-a**: rebelde 86 **precipitarse**: acelerarse 87 **el Cabildo Abierto**: (allen zugängliche) Gemeinderatssitzung

LA LENGUA

La voz pasiva

1 *Busca tres ejemplos de la voz pasiva en el texto (ll. 41–90) y analiza su formación.*
2 *Transforma estas tres frases a la voz activa. ¿Qué otras formas hay para sustituir la voz pasiva?*
3 *Transforma también tres frases del texto en voz activa a la voz pasiva.*

DEBATE / JUEGO DE ROLES

Imaginad una identidad para cada uno de los tres personajes en el texto: nombre, edad, carácter, ideas políticas… Después preparad un debate entre los tres sobre el deseo de la independencia por parte de los argentinos.

TAREA CREATIVA

Lee este extracto de la carta de un español. Después imagina lo que un criollo escribe ese mismo día en su diario.

El odio de loſ criollos de la independencia contra el europeo es indecible, hay muchos hijos que viviendo en la misma casa con sus padres españoles, no les ven ni les hablan y les dicen frecuentemente que darían la vida por ſacarse la sangre española que circula por sus venas [...]

Los perturbadores de Buenos Aires caminan abiertamente a la independencia.

Carta de un español, José María Zalazar, del 22 de junio de 1810 (Buenos Aires)

Buenos Aires: La Plaza de la República con el Obelisco

3 **indecible:** unbeschreiblich 11 **el perturbador:** Störenfried

PARA PROFUNDIZAR

A principios del siglo XVIII la sociedad colonial estaba formada por los españoles (funcionarios de la Corona o colonos), criollos (descendientes de españoles, nacidos en la colonia), indígenas, negros esclavos o liberados, mulatos (descendientes de negros y blancos) y mestizos (descendientes de indígenas y blancos). Por una parte los criollos eran privilegiados y necesitaban el Gobierno español que mantenía el orden social. Por otra parte quedaban excluidos del ejército, del clero y de la función pública y se veían sometidos a impuestos exagerados, por lo que odiaban al Gobierno que controlaba el poder político y parte del poder económico. Por eso, en todos los países de América Latina fueron sobre todo los criollos los que organizaron las luchas por la independencia.

¡VIVA LA INDEPENDENCIA!

EL TEMA

Busca en una enciclopedia información sobre el rey español Fernando VII y la situación en España entre 1800 y 1820.

EL TEXTO

Comprender un acta histórica

1 *Nombra el objetivo principal de las actas.*
2 *Indica a los protagonistas de las actas y contra quiénes están dirigidas.*
3 *¿Cómo se ven los autores de las proclamas a sí mismos?*
4 *¿Con qué palabras y expresiones justifican su actitud?*

→ Comprensión de lectura, p. 228

El acta de la Independencia fue traducida al quechua y al aymará para que la conocieran las poblaciones indígenas:

Nos los Representantes de las Provincias Unidas en Sud América reunidos en Congreso General, invocando al Eterno que preside al universo, [...]: declaramos solemnemente a la faz de la tierra, que es voluntad unánime e indubitable de estas Provincias romper los violentos vínculos que las ligaban a los Reyes de España, recuperar los derechos de que fueron despojadas, e investirse del alto carácter de una nación libre e independiente del rey Fernando VII, sus sucesores y metrópoli.

Extracto del Acta de la Independencia de las Provincias Unidas en Sud-América, 9 de julio de 1816 (Tucumán, Argentina)

Estaba reservado al siglo 19 el oír a la América reclamar sus derechos sin ser delincuente y mostrar que el período de su sufrimiento no podía durar más que el de su debilidad. La revolución del 18 de septiembre de 1810 fue el primer esfuerzo que hizo Chile para cumplir esos altos destinos a que lo llamaba el tiempo y la naturaleza; sus habitantes han probado desde entonces la energía y firmeza de su voluntad, arrastrando las vicisitudes de una gran guerra en que el gobierno español ha querido hacer ver que su política con respecto a la América sobrevivirá al transtorno de todos los abusos. Este último engaño les ha inspirado naturalmente la resolución de separarse para siempre de la Monarquía Española y proclamar su INDEPENDENCIA a la faz del mundo. [...]

Hemos tenido a bien, en ejercicio del poder extraordinario con que para este caso particular nos han autorizado los Pueblos, declarar solemnemente a nombre de ellos en presencia del Altísimo, y hacer saber a la gran confederación del género humano que el territorio continental de Chile y sus Islas adyacentes forman de hecho y de derecho un Estado libre Independiente y Soberano y quedan para siempre separados de la Monarquía de España, con plena aptitud de adoptar la forma de gobierno que más convenga a sus intereses.

Extracto de la Proclama de la Independencia de Chile, 1 de enero de 1818 (Concepción, Chile)

4 **nos:** *ant.* nosotros 6 **invocar al Eterno:** llamar a Dios 8 **a la faz de la tierra:** *fam.* ante el mundo entero 10 **el vínculo:** el lazo, la relación 13 **despojar:** quitar, robar 15 **la metrópoli:** *aquí* España 27 **arrastrar:** llevar consigo 27 **la vicisitud:** Wechselfall 31 **el transtorno** (*hoy* el trastorno): los disturbios, las molestias 44 **adyacente:** próximo/-a

BÚSQUEDA DE INFORMACIÓN

Busca información sobre Simón Bolívar y el papel que desempeñó en el proceso de la independencia americana.

«Ya que (América) tiene un origen, una lengua, unas costumbres y una religión, debería por consiguiente tener un solo gobierno…»

Simón Bolívar (1815)

CIUDAD Y CAMPO

LA PAMPA*

EL TEMA
DVD

Mira en el DVD las imágenes y resume después lo que se dice sobre la pampa y la vida de los gauchos.

EL TEXTO

Relacionar y comparar dos textos

1 *Lee el texto de José Hernández y describe al gaucho y su forma de vivir.*

2 *Escucha la canción y explica su título.*

3 *Lee la letra de la canción (p. 171) y localiza los versos que pueden ser interpretados como una alusión a la epopeya de José Hernández.*

4 *Compara la imagen del gaucho en ambos textos.*

Martín Fierro

Soy gaucho, y entiéndanló
como mi lengua lo esplica:
para mí la tierra es chica
y pudiera ser mayor;
ni la víbora me pica
ni quema mi frente el sol.

[...]

Mi gloria es vivir tan libre
como el pájaro del cielo;
no hago nido en este suelo
ande hay tanto que sufrir,
y naides me ha de seguir
cuando yo remuento el vuelo.

Yo no tengo en el amor
quien me venga con querellas;
como esas aves tan bellas
que saltan de rama en rama,
yo hago en el trébol mi cama
y me cubren las estrellas.

Y sepan cuantos escuchan
de mis penas el relato
que nunca peleo ni mato
sino por necesidá
y que a tanta alversidá
sólo me arrojó el mal trato.

Y atiendan la relación
que hace un gaucho perseguido,
que padre y marido ha sido
empeñoso y diligente,
y sin embargo la gente
lo tiene por un bandido.

José Hernández, Martín Fierro (1872)

5 **la víbora:** la serpiente 10 **ande:** donde 11 **naides:** nadie 12 **remontar el vuelo:** irse de un lugar a otro 17 **el trébol:** Klee 23 **la alversidá:** la adversidad: Feinschaft 24 **arrojar:** *aquí* impulsar 25 **atender:** prestar atención a a/c 25 **la relación:** *aquí* el relato 28 **empeñoso/-a:** *amer.* muy dedicado/-a 28 **diligente:** cuidadoso/-a

Los dos abuelos

Me galopan en la sangre
dos abuelos, sí señor.
Uno lleno de silencios
y el otro, medio cantor.

Hace tiempo, mucho tiempo
que el indio ya se alejó,
con su lanza y su alarido,
su tobiano y su tambor.

El gaucho salió a buscarlo
por esos campos de Dios.
Se lo habrá traga'o la tierra
porque tampoco volvió.

Volvió pero hecho leyenda
hecho canto y tradición.
Para que el hombre argentino
no pierda su condición.

Me galopan en la sangre
dos abuelos, sí señor.
Uno lleno de silencios,
y el otro medio cantor.

34 **el cantor:** un cantante que suele improvisar sobre temas propuestos por su auditorio 37 **el alarido:** un grito muy fuerte 38 **el tobiano:** *arg.* un caballo con manchas blancas 38 **el tambor:** Trommel 41 **tragar:** verschlucken

PARA PROFUNDIZAR

El gaucho se ocupa del ganado y es empleado en estancias que se extienden hasta decenas de miles de hectáreas. Forma parte de la historia de la pampa y representa a un personaje orgulloso, que siempre muestra valor, cierta violencia, enormes ansias de libertad y un gran rechazo a la justicia establecida en las ciudades de la que, a menudo, ha sido injusta víctima. Siempre ha sido un hombre idealizado y aparece en epopeyas, novelas y poemas como por ejemplo en el «Martín Fierro» de José Hernández: símbolo de un hombre que desde los tiempos de la colonia fue creando un espíritu nuevo, diferente al español.

OPINIÓN

→ Dar una opinión, p. 239

¿Cuáles son, en tu opinión, las razones por las que Martín Fierro *–y por lo tanto el gaucho– se convirtió en el personaje más famoso de la literatura argentina?*

BUENOS AIRES*

EL TEMA

Comenta la proporción entre el número de habitantes de Buenos Aires y el de todo el país.

Argentina	38 millones de habitantes
Buenos Aires (ciudad)	3 millones de habitantes
Buenos Aires (región)	11 millones de habitantes
Población urbana	88,5 % (= el índice más alto de América Latina)

EL TEXTO A

→ Tomar apuntes, p. 258

Sistematizar la información de dos textos y compararla

1 *Haz una lista con tres columnas. Apunta en dos columnas la información que se da en los dos textos sobre Buenos Aires. Escribe en la tercera columna a qué ámbitos temáticos pertenece la información.*
2 *Compara si hay similitudes o contradicciones entre la información dada en los dos textos. Explica las diferencias que encuentras.*

B

→ Textos narrativos, p. 241

Analizar y comparar dos textos

1 *Lee los dos textos y compara la información que contienen sobre las características de Buenos Aires, el río de la Plata y la pampa.*
2 *Detecta los sobrenombres que se le dan a Buenos Aires y explícalos.*
3 *Inventa un título para cada uno de los textos que ponga en evidencia lo esencial de sus respectivos contenidos.*
4 *Comprueba si los dos autores valoran positiva o negativamente la ciudad de Buenos Aires.*

En su embocadura [= del río de la Plata] están situadas dos ciudades: Montevideo y Buenos Aires, cosechando hoy alternativamente las ventajas de su envidiable posición. Buenos Aires está llamada a ser un día la ciudad más gigantesca de ambas Américas. Bajo un clima benigno, señora de la navegación de cien ríos que fluyen a sus pies, reclinada muellemente sobre un inmenso territorio, y con trece provincias interiores que no conocen otra salida para sus productos, fuera ya la Babilonia americana, si el espíritu de la pampa no hubiese soplado sobre ella, y si no ahogase en sus fuentes el tributo de riqueza que los ríos y las provincias tienen que llevarla siempre. Ella sola, en la vasta extensión argentina, está en contacto con las naciones europeas, ella sola explota las ventajas del comercio extranjero; ella sola tiene poder y rentas. En vano le han pedido las provincias que les deje pasar un poco de civilización, de industria y de población europea [...].
Los progresos de la civilización se acumulan en Buenos Aires sólo; la pampa es un malísimo conductor para llevarla y distribuirla en las provincias [...].

Domingo Faustino Sarmiento, Civilización y barbarie (1845)

1 **la embocadura:** Mündung 4 **envidiable:** beneidenswert 7 **benigno/-a:** agradable 9 **reclinar:** anlehnen, aufstützen 9 **muelle:** *culto* blando/-a, débil 14 **soplar:** blasen 14 **ahogar:** quitar el aire, matar 21 **la renta:** el beneficio periódico que produce una propiedad

Bruno, estirándose sobre el parapeto, colocando sus manos debajo de la nuca, dejó divagar su pensamiento.
Las gaviotas iban y venían. [...]
Miraba hacia el cielo tormentoso y oía el rítmico golpeteo del río lateral que no corre en ninguna dirección (como los otros ríos del mundo), el río que se extiende casi inmóvil sobre cien kilómetros de ancho, como un apacible lago, y en los días de tempestuosa sudestada como un embravecido mar. Pero en ese momento, en aquel caluroso día de verano, en aquel húmedo y pesado atardecer, con la transparente bru-

ma de Buenos Aires velando la silueta de los rascacielos contra los grandes nubarrones tormentosos del oeste, apenas rizado por una brisa distraída, su piel se estremecía apenas como por el recuerdo apagado de sus grandes tempestades. [...]
Se inclinó hacia la ciudad y volvió a contemplar la silueta de los rascacielos.
Seis millones de hombres, pensó. [...]
Un muchacho besaba a una chica. Pasó un vendedor de helados Laponia en bicicleta: lo chistó. Y mientras comía el helado, sentado sobre el paredón, volvía a mirar el monstruo: millones de hombres, de mujeres, de chicos, de obreros, de empleados, de rentistas. ¿Cómo hablar de todos? ¿Cómo representar aquella realidad innumerable en cien páginas, en mil, en un millón de páginas?
Seis millones de argentinos, españoles, italianos, vascos, alemanes, húngaros, rusos, polacos, yugoslavos, checos, sirios, libaneses, lituanos, griegos, ucranianos.
Oh, Babilonia. La ciudad gallega más grande del mundo. La ciudad italiana más grande del mundo. Etcétera. Más pizzerías que en Nápoles y Roma juntos. «Lo nacional». ¡Dios mío! ¿Qué era lo nacional?

Ernesto Sábato, Sobre héroes y tumbas (1961)

---

29 **el parapeto:** Brüstung 30 **la nuca:** Nacken, Genick 31 **divagar:** andar sin rumbo fijo 32 **la gaviota:** Möwe 33 **tormentoso/-a:** que amenaza tormenta o mal tiempo, con mucha lluvia y viento 38 **apacible:** tranquilo/-a 39 **la sudestada:** el viento del sudeste 39 **embravecido/-a:** agitado/-a, con muchas olas 42 **la bruma:** la niebla sobre el mar 44 **el rascacielos:** un edificio muy alto 45 **rizado/-a:** movido/-a por el viento 46 **estremecerse:** temblar 47 **apagado/-a:** *aquí* desaparecido/-a 54 **chistar:** llamar 55 **el paredón:** el muro 66 **gallego/-a:** *arg.* español/a

LA LENGUA

Palabras compuestas

→ Vocabulario, p. 254

1 *Indica por qué palabras está compuesto el sustantivo* ***el rascacielos.***
2 *Utiliza las siguientes palabras para formar más palabras compuestas:* abrir, el agua, el año, la bota, la caída, cumplir, limpiar, la lata, parar (3x), el sol

Gentilicios

→ Utilizar un diccionario, p. 255

1 *Mira las líneas 62–65 y nombra los países / regiones de los que viene dicha gente.*
2 *Nombra los habitantes de: Francia, Bélgica, Suecia, Guatemala, Chile, Uruguay, Costa Rica, Venezuela, Cataluña, Galicia, Madrid, Cádiz, Granada, Salamanca, Lima.*
3 *Los habitantes de Buenos Aires se llaman* **bonaerenses** *o* **porteños.** *Explica.*

PARA PROFUNDIZAR

Desde la Independencia, Argentina se consideró un país de inmigrantes: necesitaba gente para poblar sus inmensas tierras y mano de obra para cultivarlas. Hoy, casi el 90 % de la población de Argentina es descendiente de inmigrantes, mayoritariamente europeos. En el siglo XIX y XX vinieron para dejar atrás la pobreza y los grandes conflictos europeos como la Guerra Civil española, el fascismo, la Primera y la Segunda Guerra Mundial. Ya que todos entraron en el país por el puerto de Buenos Aires, la ciudad quedó marcada fuertemente por los inmigrantes.

En 1909, de los 1.232.000 habitantes de Buenos Aires eran:

argentinos	54,4 %
italianos	22,4 %
españoles	14,2 %
franceses	2,1 %
rusos	1,1 %

Censo de 1909

TAREA CREATIVA DELE

Un domingo por la tarde, sentado en un banco… Describe el ambiente en la ciudad o en el pueblo donde vives tú.

DEBATE

→ El debate, p. 231

¿Vivir en una ciudad / una metrópoli o en el campo?
Organizad un debate.

LA CIUDAD DEL TANGO

EL TEMA
← Vivir la cultura, p. 54

¿Qué asocias con las fotos?

LA CANCIÓN
→ Comprensión auditiva, p. 229

Comprender e interpretar una canción

1 *Escucha la canción y caracteriza el tono de la música.*
Transmite: alegría – enfado – esperanza – melancolía – nerviosismo – nostalgia – satisfacción – tranquilidad – tristeza – …
2 *Escucha otra vez la canción y señala cuáles de las siguientes palabras distingues:*
amar / amor, engaño / desengaño, doler / dolor, sol / soledad
3 *Lee la letra y explica lo que significa la ciudad de Buenos Aires para el yo lírico.*
4 *Comprueba en qué sentido esta canción puede ser interpretada como un homenaje no sólo a Buenos Aires, sino también al tango.*

Mi Buenos Aires querido,
cuando yo te vuelva a ver
no habrá más penas ni olvido.

El farolito de la calle en que nací
fue centinela de mis promesas de amor;
bajo su quieta lucecita yo la vi
a mi pebeta, luminosa como un sol.
Hoy que la suerte quiere que te vuelva a ver,
ciudad porteña de mi único querer,
oigo la queja de un bandoneón,
dentro del pecho pide rienda el corazón.

Mi Buenos Aires,
tierra florida,
donde mi vida
terminaré.
Bajo tu amparo
no hay desengaños,
vuelan los años,
se olvida el dolor...
En caravana
los recuerdos pasan
con una estela
dulce de emoción.
Quiero que sepas
que al evocarte
se van las penas
del corazón.

La ventanita de mi calle de arrabal,
donde sonríe una muchachita en flor;
quiero de nuevo yo volver a contemplar
aquellos ojos que acarician al mirar.
En la cortada más maleva una canción
dice su ruego de coraje y de pasión.
Una promesa y un suspirar
borró una lágrima de pena aquel cantar.

Mi Buenos Aires querido,
cuando yo te vuelva a ver
no habrá más penas ni olvido.

Mi Buenos Aires querido (1934),
música: Carlos Gardel, letra: Alfredo Le Pera

4 **el farol:** Straßenlampe 5 **el centinela:** el vigilante 7 **la pebeta:** *arg. fam.* la niña 10 **la queja:** Klage 11 **pedir rienda:** pedir libertad (la rienda: Zügel) 16 **el amparo:** la protección 22 **la estela:** Kielwasser, Kondensstreifen 28 **el arrabal:** un barrio en los alrededores de una ciudad 32 **la cortada:** *arg.* una calle corta y angosta 32 **malevo/-a:** *arg.* de malas costumbres

LA LENGUA

Conjunciones

1 *Explica los modos y los tiempos en las siguientes frases:*
- «...cuando yo te vuelva a ver / no habrá más penas ni olvido.» (ll. 2/3)
- Si te vuelvo a ver, no habrá más penas ni olvido.

2 *Completa el siguiente texto utilizando el futuro simple, si es posible.*
- Ya me (decir / tú) si (venir / vosotros) a mi boda.
- Sólo te lo (poder) decir en definitiva cuando (saber / yo) si (irse / nosotros) de vacaciones a Argentina o no. Si (viajar / nosotros) allá, entonces claro que no nos (dar) tiempo para ir a tu boda. Pero es que todavía no (saber / nosotros) si Joaquín se (poder) liberar de su trabajo. ¡Y a mí me encantan las bodas, créeme! Pero Joaquín, ya lo (saber / tú)... (Tener / él) horror de tales fiestas y le (hacer) mucha más ilusión escaparse para allá... Mira, te (llamar / yo) en cuanto me (decir / él) si (ser) posible o no.

PARA PROFUNDIZAR

Indica cómo nació y evolucionó el tango.

Hacia 1929 emprendí una investigación, entonces posible, sobre las probables fuentes del tango. Fuera de alguna divergencia geográfica –los montevideanos hablaron de Montevideo, los rosarios, del Rosario, los porteños, de Buenos Aires– todos mis interlocutores coincidieron en el ambiente y la fecha aproximativa. La fecha, 1880; el ambiente, el prostíbulo. [...] Los instrumentos eran el piano, el violín y la flauta [...]. El tiempo agregaría el bandoneón, en el barrio genovés de la Boca. La gente humilde, que no desconocía su origen, empezó por rechazar el tango, que nunca se bailó en las casas de inquilinato. En mi niñez, al son del trashumante organillo, lo he visto bailar en la vereda, por parejas de hombres que no hubieran permitido jamás que lo bailaran sus mujeres. No cesa aquí la historia del tango. Algún pianista [...], algún escritor [...] lo exportan a París, donde lo adecentan y languidecen. El tango se hace melancólico. El argentino, esencialmente snob, lo acepta cuando sabe que ha merecido los plácemes de París. Del primer tango, que guarda resabios de la milonga [...] se pasa al tango sentimental, de final sollozado, cuyo protagonista es Gardel.

Jorge Luis Borges, en: Carlos Zubillaga, Carlos Gardel © Júcar, Madrid 1976

2 **la divergencia:** la discrepancia, el desacuerdo 4 **coincidir en a/c:** estar de acuerdo con a/c 5 **el prostíbulo:** Freudenhaus 6 **el barrio genovés de la Boca:** barrio porteño donde vivían sobre todo inmigrantes italianos 6 **humilde:** de una clase social baja 8 **la casa de inquilinato:** *arg.* una casa de alquiler donde vive mucha gente 8 **el trashumante organillo:** Leierkasten auf Rädern 9 **la vereda:** la acera 10 **cesar:** terminar, acabar 11 **adecentar:** hacer más decente 11 **languidecer:** dejar sin energía 12 **merecer los plácemes de París:** *aquí* tener mucho éxito y ser aceptado/-a en París 13 **el resabio:** Nachgeschmack 13 **la milonga:** un baile argentino 14 **sollozado/-a:** muy triste

DICTADURA Y DEMOCRACIA

«EL MOMENTO GRIS Y AMARGO»

EL TEXTO **A**

Escuchar una alocución histórica

1 *Escucha y presta atención a la atmósfera y los ruidos de fondo. Luego describe lo que has escuchado y qué impresión te ha dado.*
2 *Especula sobre la situación en la que se pronunció la alocución.*
3 *Lee ahora el texto y expón la situación.*

B

Comprender y analizar un discurso

1 *Lee el texto y determina quién habla, a quién se dirige la persona, en qué situación se encuentra, qué / quién ha provocado esta situación.*
2 *Analiza la intención del orador.*

Quizás sea ésta la última oportunidad en que me pueda dirigir a ustedes. La Fuerza Aérea ha bombardeado las torres de Radio Portales y Radio Corporación. Mis palabras no tienen amargura, sino decepción, y serán ellas el castigo moral para los que han traicionado el juramento que hicieron. [...]

Yo no voy a renunciar. Colocado en un tránsito histórico pagaré con mi vida la lealtad del pueblo. Y les digo que tengo la certeza que la semilla que entregáramos a la conciencia digna de miles y miles de chilenos no podrá ser cegada definitivamente. Tienen la fuerza, podrán avasallarnos, pero no se detienen los procesos sociales ni con el crimen, ni con la fuerza. La historia es nuestra y la hacen los pueblos. Trabajadores de mi patria: quiero agradecerles la lealtad que siempre tuvieron, la confianza que depositaron en un hombre que sólo fue intérprete de grandes anhelos de justicia, que empeñó su palabra en que respetaría la Constitución y la Ley, y así lo hizo. Es este momento definitivo, el último en que yo pueda dirigirme a ustedes. Espero que aprovechen la lección. El capital foráneo, el imperialismo, unido a la reacción, creó el clima para que las Fuerzas Armadas rompieran su tradición. [...]

Seguramente Radio Magallanes será acallada y el metal tranquilo de mi voz no llegará a ustedes. No importa, me seguirán oyendo. Siempre estaré junto a ustedes, por lo menos mi recuerdo será el de un hombre digno que fue leal con la patria. El pueblo debe defenderse, pero no sacrificarse. El pueblo no debe dejarse arrasar ni acribillar, pero tampoco puede humillarse.

Trabajadores de mi patria: tengo fe en Chile y su destino. Superarán otros hombres el momento gris y amargo, donde la traición pretende imponerse. Sigan ustedes sabiendo que, mucho más temprano que tarde, de nuevo abrirán las grandes alamedas por donde pase el hombre libre, para construir una sociedad mejor.

¡Viva Chile, viva el pueblo, vivan los trabajadores!

Éstas son mis últimas palabras y tengo la certeza de que mi sacrificio no será en vano. Tengo la certeza de que, por lo menos, será una lección moral que castigará la felonía, la cobardía y la traición.

Salvador Allende, en: Discursos © Editorial de Ciencias Sociales, La Habana 1975

2 **la Fuerza Aérea:** Luftwaffe 5 **la amargura:** Bitterkeit 9 **renunciar:** *hier* zurücktreten 12 **la semilla:** Samenkorn 12 **entregar:** dar 14 **cegado/-a:** *aquí* destruido/-a 16 **avasallar a alg.:** oprimir a alg. 24 **empeñar la palabra:** dar la palabra 28 **foráneo/-a:** de otro lugar, del extranjero 32 **acallar:** hacer callar 33 **el metal:** *aquí* el sonido 40 **arrasar:** *aquí* oprimir 40 **acribillar:** matar a tiros 41 **humillarse:** sich demütigen (lassen) 44 **amargo/-a:** bitter 48 **la alameda:** la avenida 56 **la felonía:** Treuebruch, Verrat

LA LENGUA

El futuro simple

1 *Busca en el texto todas las formas del futuro simple y completa el paradigma de las terminaciones.*
2 *Separa los verbos regulares de los irregulares. ¿Qué otros verbos irregulares hay?*
3 *Utiliza en el siguiente discurso de Salvador Allende el futuro simple siempre que sea posible.*

«(Pagar / yo) con mi vida la defensa de principios que son caros a esta patria. (Caer) un baldón* sobre aquellos que han faltado a su palabra. Ésta es una etapa que (superar / nosotros), éste es un momento duro y difícil. Es posible que nos (matar / ellos), pero el mañana (ser) del pueblo, de los trabajadores.
Compatriotas: es posible que (hacer / ellos) callar las radios. En estos momentos (pasar) los aviones. Pero que sepan que aquí estamos, para señalar que en este país hay hombres que saben cumplir con las obligaciones que tienen. Yo lo (hacer) por mandato del pueblo.»

el baldón: Schande, Schandfleck

PARA PROFUNDIZAR

En 1970, Salvador Allende fue elegido presidente de Chile. Su gobierno emprendió un plan de transición del capitalismo al socialismo que preveía, entre otras cosas, la estatización de las áreas clave de la economía, la nacionalización de las minas, la aceleración de la reforma agraria y la congelación de los precios de las mercancías. Ello condujo a una fuerte polarización de la sociedad chilena y la violencia política y terrorista se expandió, tanto desde la derecha como desde la izquierda. Mientras tanto, la economía dejó de crecer y el país entró en una fuerte crisis económica.
El 11 de septiembre de 1973 las Fuerzas Armadas, bajo el mando del general Augusto Pinochet, se levantaron contra el gobierno de Allende «para liberar al país del yugo marxista» y tomaron el poder mediante un golpe de Estado. Salvador Allende murió en el palacio presidencial tras el bombardeo de ése. Comenzó el Gobierno militar que duró hasta 1989.

Salvador Allende

El bombardeo del palacio presidencial

3 **la estatización:** Verstaatlichung 9 **el yugo:** Joch

EL TERROR

EL TEMA *¿Cuáles serán las primeras medidas de un Gobierno militar después de un golpe de Estado? Discutid y organizad vuestras ideas en un mapa mental.*

EL TEXTO **A**

→ Textos narrativos, p. 241

Comprender un texto

1 *Apunta en una lista las medidas tomadas por los militares y compáralas con tus ideas (ver «el tema»).*
2 *Expón*
  - *la reacción de la clase alta ante el golpe militar,*
  - *la reacción de la clase media,*
  - *el destino de los oponentes del régimen,*
  - *el papel de la iglesia.*
3 *Relaciona el título con el texto: ¿dónde se refleja «el terror»?*

B

Analizar el punto de vista de una narradora

1 *Resume la situación después del golpe y los acontecimientos más importantes.*
2 *Analiza el punto de vista de la narradora. ¿Cómo valora los acontecimientos?*

De una plumada, los militares cambiaron la historia, borrando los episodios, las ideologías y los personajes que el régimen desaprobaba. [...] La censura, que al principio sólo abarcó los medios de comunicación, pronto se extendió a los textos escolares, las letras de las canciones, los argumentos de las películas y las conversaciones privadas. Había palabras prohibidas por bando militar, como la palabra «compañero», y otras que no se decían por precaución, a pesar de que ningún bando las había eliminado del diccionario, como libertad, justicia y sindicato. [...]
La alta burguesía y la derecha económica, que habían propiciado el cuartelazo, estaban eufóricas. Al comienzo se asustaron un poco, al ver las consecuencias de su acción, porque nunca les había tocado vivir en una dictadura y no sabían lo que era. Pensaron que la pérdida de la democracia iba a ser transitoria y que se podía vivir por un tiempo sin libertades individuales ni colectivas, siempre que el régimen respetara la libertad de empresa. Tampoco les importó el desprestigio internacional, que los puso en la misma categoría de otras tiranías regionales, porque les pareció un precio barato por haber derrocado al marxismo. [...] Sólo cuando devolvieron las concesiones de las minas a las compañías norteamericanas, después de tres años de nacionalización, algunas voces sugirieron que eso era lo mismo que regalar la patria envuelta en papel celofán. Pero cuando comenzaron a entregar a sus antiguos dueños las tierras que la reforma agraria había repartido, se tranquilizaron: habían vuelto a los buenos tiempos. Vieron que sólo una dictadura podía actuar con el peso de la fuerza y sin rendirle cuentas a nadie, para garantizar sus privilegios, así es que dejaron de hablar de política y aceptaron la idea de que ellos iban a tener el poder económico, pero los militares iban a gobernar. La única labor de la derecha fue asesorarlos en la elaboración de los nuevos decretos y las nuevas leyes. En pocos días eliminaron los sindicatos, los dirigentes obreros estaban presos o muertos, los partidos políticos declarados en receso indefinido y todas las organizaciones de trabajadores y estudiantes, y hasta los colegios profesionales, desmantelados. Estaba prohibido agruparse. El único sitio donde la gente podía reunirse era en la iglesia, de modo que al poco tiempo la religión se puso de moda y los curas y las monjas tuvieron que postergar sus labores espirituales para socorrer las necesidades terrenales de aquel rebaño perdido. El gobierno y los empresarios empezaron a verlos como enemigos potenciales y algunos soñaron con resolver el problema asesinando al

cardenal, en vista de que el Papa, desde Roma, se negó a sacarlo de su puesto y enviarlo a un asilo para frailes alienados. Una gran parte de la clase media se alegró con el Golpe Militar, porque significaba la vuelta al orden, a la pulcritud de las costumbres, las faldas en las mujeres y el pelo corto en los hombres, pero pronto empezó a sufrir el tormento de los precios altos y la falta de trabajo. No alcanzaba el sueldo para comer. En todas las familias había alguien a quien lamentar y ya no pudieron decir, como al principio, que si estaba preso, muerto o exiliado, era porque se lo merecía. Tampoco pudieron seguir negando la tortura.

Isabel Allende, La casa de los espíritus © Plaza & Janés, Barcelona 1982

---

4 **desaprobar:** no aceptar, condenar 10 **el bando:** *hier* Erlass 12 **la precaución:** el cuidado 16 **propiciar:** favorecer, apoyar 16 **el cuartelazo:** el golpe militar 36 **entregar:** dar 41 **rendir cuentas:** Rechenschaft ablegen 46 **asesorar a alg.:** aconsejar a alg. 51 **en receso:** *hier* in Auflösung 54 **desmantelar:** *aquí* prohibir 59 **postergar:** atrasar 61 **el rebaño:** Herde 67 **alienado/-a:** loco/-a 70 **la pulcritud:** la pureza, la limpieza 76 **lamentar a alg.:** *aquí* llorar por alg.

LA LENGUA

El uso de conjunciones menos frecuentes

1 *Encuentra las siguientes conjunciones en el texto:* de modo que, a pesar de que, siempre que, así [es] que, en vista de que.

2 *Combina las frases usando estas conjunciones.*

a) [¿] en muchas familias había alguien a quien lamentar, la clase media empezó a desaprobar el régimen militar.
b) Los oponentes del régimen se reunían en la iglesia [¿] el gobierno empezó a considerar a los curas como enemigos potenciales.
c) La derecha apoyaba a los militares [¿] se garantizaran sus privilegios.
d) La alta burguesía se alegró con el golpe [¿] el país sufrió un fuerte desprestigio internacional.
e) Estaba prohibido agruparse en las calles [¿] la gente sólo podía reunirse en la iglesia.
f) [¿] los precios habían subido muchísimo, en muchas familias no alcanzaba el sueldo para comer.

3 ***Siempre que, de modo que** y **a pesar de que** pueden usarse tanto con el indicativo como con el subjuntivo. Consulta una gramática para comprender su uso.*

OPINIÓN

¿Se puede realmente «vivir por un tiempo sin libertades individuales ni colectivas» (ll. 22–24)*? Utiliza algunas conjunciones de la tarea anterior.*

ESCUCHAR

Quilapayún, Cuando sales de tu casa

1 *Escucha la canción y apunta el estribillo según lo entiendas.*

2 *Vuelve a escuchar y apunta qué pasa cuando el tú lírico «sale». Estas palabras te facilitarán la comprensión:*

---

encabitrarse: levantarse **endurecerse:** hacerse más duro/-a **el pecho:** Brust **alborotarse:** agitarse, ponerse furioso/-a **cesante:** *chil.* sin trabajo **el puño enardecido**: vor Wut geballte Faust

3 *Describe con tus propias palabras la situación expuesta en la canción.*

PARA PROFUNDIZAR

Las medidas que tomó la Junta Militar del general Augusto Pinochet fueron suspender inmediatamente la Constitución, disolver el Congreso, y prohibir todos los partidos políticos. Chile se convirtió en un Estado policial. Se impuso una estricta censura y se lanzó una fuerte campaña represiva: miles de personas fueron arrestadas y centenares de ellas ejecutadas o torturadas; muchos chilenos se exiliaron, mientras que otros pasaron largos años en prisión o se dieron por desaparecidos.

DESPUÉS DE LA DICTADURA

EL TEXTO **A**

→ Textos dramáticos, p. 246

Comprender un texto dramático

1 *Describe la tarea y las competencias de la comisión.*
2 *¿Qué problemas afrontará la comisión, según el texto?*
3 *Explica la diferencia entre «justicia» y «verdad» en el contexto dado.*
4 *A tu modo de ver, ¿bastaría con que haya «sanción moral» (l. 99) o cómo se deberían castigar los crímenes de una dictadura?*

B

→ La discusión, p. 230

Insertar un personaje en una obra dramática

1 *Haz una lista de los temas tocados en la conversación entre Gerardo y Roberto.*
2 *Reescribe el texto creando un tercer personaje que te represente a ti y que exprese tu opinión personal acerca de los temas tratados.*

El abogado Gerardo Escobar ha sido nombrado miembro de una comisión presidencial. En la escena siguiente conversa con Roberto Miranda, un conocido que ha venido para felicitarlo por su nombramiento. El tiempo es el presente, y el lugar, un país que es probablemente Chile, aunque puede tratarse de cualquier país que acaba de salir de una dictadura.

ROBERTO: Vine para felicitarte, para decirte que … Esto es lo que le hace falta al país, saber de una vez por todas la verdad…

GERARDO: Lo que al país le hace falta es justicia, pero si podemos establecer la verdad…

ROBERTO: Es lo mismo que digo yo. Aunque no podamos juzgar a esta gente, aunque se acojan a esa aberración de una amnistía … que se publiquen sus nombres, por lo menos…

GERARDO: Los nombres se mantienen en reserva, a la Comisión no le toca revelarlos…

ROBERTO: En este país todo se termina sabiendo. Que sus hijos, que sus nietos vengan y les pregunten: es verdad tú hiciste esto de que te acusan … y ellos tendrán que mentir, dirán que jamás, yo no, dirán, son calumnias, es una conspiración comunista, qué sé yo qué estupidez dirán, pero se les notará en cada mirada y los mismos hijos, los nietos les tendrán pena y asco. No es como meterlos en la cárcel pero…

GERARDO: Tal vez algún día…

ROBERTO: Nunca se sabe. Por ahí, si la gente se indigna, capaz de que se pueda derogar la ley de amnistía también.

GERARDO: A nuestra Comisión eso no nos compete. Nosotros reunimos antecedentes, escuchamos testigos, averiguamos…

ROBERTO: Yo estoy por matar a estos hijos de puta, pero veo…

GERARDO: Lamento tener que discrepar, Roberto, pero opino que la pena de muerte no resuelve ningún…

ROBERTO: Vamos a tener que discrepar entonces, Gerardo. Hay gente que no merece estar viva. Pero a lo que iba es que creo que van a tener un problema más o menos serio…

GERARDO: Vamos a tener un montón de problemas serios. Para empezar, el Ejército nos va a hacer la contra durante todo el … Ya le avisaron al Presidente que consideraban esta investigación un agravio, que era inaceptable que se estuvieran removiendo las heridas del pasado. Por suerte, siguió adelante, pero…

ROBERTO: En ese caso, capaz de que tengas razón y no se sepa finalmente quiénes son estos tipos, no ves que forman una especie de ... cofradía, fraternidad.

GERARDO: Mafia.

ROBERTO: Eso. Una mafia. Nadie cuenta nada y se cubren las espaldas entre todos, y si lo que dices es cierto entonces los militares no van a permitir a ninguno de sus hombres que vayan a declarar, y si ustedes los citan van a decir que se vayan a la puta que los parió ... Así que quizás eso que dije de sus hijos, sus nietos, quizás después de todo...

GERARDO: Quién sabe. El Presidente me adelantó ... Esto, en confianza, por cierto...

ROBERTO: Por cierto.

GERARDO: Me adelantó que hay gente que está dispuesta a declarar, en secreto, sabes, dándoseles todo tipo de garantías de confidencialidad. Y una vez que se larguen, una vez que comiencen a confesar, es increíble la cadena de nombres que va a salir ... Como dijiste tú: en este país todo se termina sabiendo.

ROBERTO: Ojalá compartiera tu optimismo. Temo que haya cosas que no se van a saber nunca.

GERARDO: Estamos limitados, pero no tan limitados, mi amigo. Sanción moral, por lo menos, tendrá que haber ... Ya que los tribunales...

Ariel Dorfman, La muerte y la doncella (1992) © Cornelsen, Berlín 1997

19 **acogerse a a/c:** sich auf etw. berufen 19 **la aberración:** el error, la falta 24 **en reserva:** en secreto 31 **la calumnia:** Verleumdung 36 **el asco:** Ekel 40 **indignarse:** irritarse, enfadarse mucho 40 **capaz de que:** *amer.* es posible que, puede ser que 41 **derogar (una ley):** anular 44 **competer:** corresponder, tocar 52 **discrepar:** no estar de acuerdo, tener otra opinión 62 **el agravio:** el insulto, la ofensa 86 **adelantar:** *aquí* decir a/c con anticipación 89 **la confidencialidad:** Diskretion 90 **largarse:** *aquí* contar lo que no se debe

LA LENGUA
→ Mapa mental, p. 257

Campo léxico

Extrae del texto todas las palabras o expresiones relacionadas con el campo léxico «justicia» y organízalas en un mapa mental.
Luego completa el mapa con más palabras que conoces o con la ayuda de un diccionario.

El uso del subjuntivo

DELE

1 *Explica el uso del subjuntivo en estas frases:*
   a) «...que se publiquen sus nombres, por lo menos...» (ll. 20–22)
   b) «Que sus hijos, que sus nietos vengan y les pregunten: es verdad tú hiciste esto de que te acusan...» (ll. 27–29)

2 *Señala en el texto los demás verbos y expresiones que rigen el subjuntivo y clasifícalas según los grupos a que pertenecen gramaticalmente:*

Expresión de emociones	Expresión impersonal	Expresión de voluntad	Otras

3 *Completa la tabla con más verbos o expresiones que rigen el subjuntivo.*

DISCUSIÓN
→ La discusión, p. 230

Discutid la idea de una ley de amnistía. ¿Es una «aberración» (l. 19) *o una medida para curar las heridas del pasado? Podéis utilizar algunas de las expresiones de las tareas* ***La lengua****.*

OPINIÓN
→ Dar una opinión, p. 239

«Hay gente que no merece estar viva.» (ll. 53/54)
Comenta.

PARA PROFUNDIZAR

1 *Describe la foto y relaciónala con el texto.*
2 *Explica el eslogan «Verdad y justicia para Chile».*

Chile y Argentina: las cifras del horror

Un año después del fin de la dictadura en Chile, se creó la *Comisión Nacional de Verdad y Reconciliación*. En sus oficinas se presentaron miles de personas para contar su tragedia personal, la de sus familiares y amigos, y miles más lo hicieron cuando sus representantes viajaron a las provincias para seguir recogiendo testimonios.

Las conclusiones del informe fueron deprimentes:

Muertos	2.094
Desaparecidos	1.102
Torturados	104.000
Violaciones de derechos humanos	500.000
Detenidos maltratados	Un millón

Al presentarse el informe formalmente a la nación en 1991, miles de chilenos se lanzaron a las calles para reivindicar que el mero listado de víctimas no suponía una reconciliación con el pasado, sino una base para afrontarlo, hacer justicia y construir el futuro.

También Argentina vivió entre 1976 y 1983 una dictadura militar que causó miles de víctimas desaparecidos, asesinados o torturados en campos clandestinos. Datos oficiales calculan entre 15.000 y 30.000 los desaparecidos o muertos, hubo unos 10.000 presos políticos y se estima en más de 100.000 los exiliados. Al terminar la dictadura, se creó una comisión para investigar estos crímenes que publicó un informe titulado «Nunca más» (1984). El presidente de la comisión, el escritor Ernesto Sábato, dijo entonces: «...no estamos movidos por el resentimiento ni por el espíritu de venganza; sólo pedimos la verdad y la justicia, [...] entendiendo que no podrá haber reconciliación sino después del arrepentimiento de los culpables y de una justicia que se fundamente en la verdad.»

ENTRE TODOS TE ESTAMOS BUSCANDO

EL TEMA

Imágenes y, cuadros, p. 250

Durante el verano de 2005, o sea, más de veinte años después de terminar la dictadura militar en Argentina (1976–1983), se publicó este cartel.
Descríbelo, después formula hipótesis:
¿De qué trata?
¿A quién se dirige?

EL SPOT

DELE

Comprensión auditiva, p. 229

Comprender un spot radiofónico

El cartel forma parte de una campaña que también incluía una serie de spots que la radio argentina emitió en 2005.
Escúchalos y toma apuntes:

1 *¿Quiénes están hablando?*
2 *¿A qué sucesos se refieren?*
3 *¿Qué dicen las personas sobre sí mismas?*
4 *¿A quién se dirige la última frase?*

BÚSQUEDA DE INFORMACIÓN

Exponer un tema, p. 232

Informaos sobre la dictadura militar en Argentina (1976–1983).
Formad equipos, repartid el trabajo, preparad exposiciones y exponed los resultados en clase.
Ojo: una de las exposiciones debe tratar de las «Abuelas de Plaza de Mayo».

ECONOMÍA Y ECOLOGÍA

UNA CAMPAÑA SOLIDARIA

EL TEMA

Escucha lo que cuenta Gigio González: apunta su información personal y explica por qué se ha marchado de Argentina.

EL TEXTO

Comprender y comentar una campaña

1 *Mira el gráfico y expón cómo funciona la separación de residuos según la campaña.*
2 *Lee el texto y explica qué hacen los cartoneros y quiénes participan en la campaña.*
3 *Da tu opinión sobre esta campaña.*

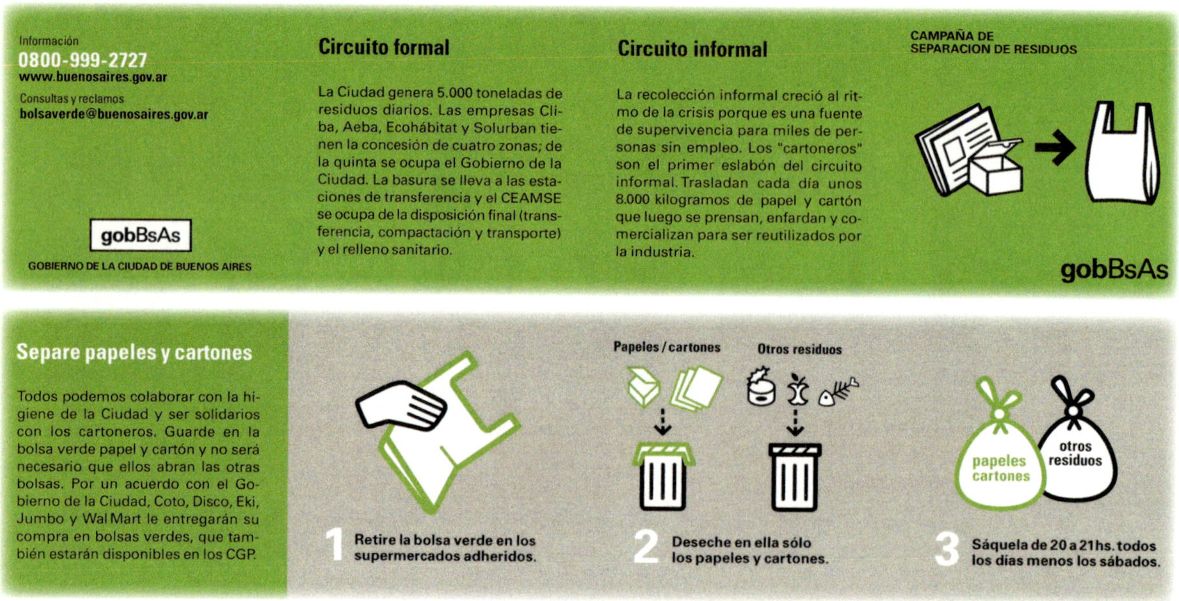

el residuo: la basura **el CEAMSE:** Coordinación Ecológica Área Metropolitana Sociedad del Estado, städtische Müllabfuhr von Buenos Aires **el relleno sanitario:** técnica de eliminación final de residuos sólidos **el eslabón:** (Ketten)glied **el CGP:** Centro de Gestión y Participación, städt. Bezirk. Buenos Aires está dividido en 16 centros.

MEDIACIÓN

→ Mediación, p. 233

Explícale a un amigo tuyo que no habla español cómo funciona la separación de residuos según la campaña.

PARA PROFUNDIZAR

A finales de 2001, Argentina sufrió la crisis económica más grave de su historia: los bancos colapsaron y miles de argentinos perdieron de un día para otro su trabajo y todos los ahorros que tenían. A una huelga general siguieron manifestaciones violentas en todo el país, y, sobre todo en Buenos Aires, estalló una ola de saqueos a supermercados. El Gobierno declaró el estado de sitio, pero tuvo que dimitir al día siguiente. Mientras que a principios de los años setenta la pobreza en Argentina se había reducido a un 8 %, aumentó en poco tiempo a más del 50 % de la población. Como consecuencia, muchos argentinos dejaron el país para buscar fortuna en otras partes del mundo, muchos de ellos en España.

VIVIR LA CRISIS

EL TEXTO **A**

Distinguir la información objetiva y subjetiva de un texto periodístico

→ Textos informativos, p. 245

1 *Indica las actividades y cualidades que se les atribuye a las mujeres y a los hombres piqueteros.*
2 *Analiza lo que se dice sobre el comportamiento de los hombres. Observa también quiénes lo dicen.*
3 *Identifica el punto de vista a que los autores del texto tienen hacia el movimiento piquetero.*

B

Descubrir la información indirecta en un texto periodístico

1 *Analiza el papel de la mujer tanto en su casa como en el movimiento piquetero.*
2 *Compara la actitud de las mujeres con la de los hombres.*
3 *Comenta el hecho de que* «los referentes [...] son casi todos hombres» (ll. 27/28) *teniendo en cuenta también las causas indicadas.*

Piqueteros:
las mujeres empujan y van al frente

Las mujeres son, silenciosas, el motor de los movimientos piqueteros. Y lo fueron desde siempre, desde que comenzaron a ser algo más que un grupito de vecinos. Hay motivos que lo explican y que los mismos hombres reconocen: «Cuando se queda sin trabajo, el hombre se deprime y se encierra en su casa. Son las mujeres las que salen y se acercan al movimiento y las que terminan empujando a toda la familia.»

En el terreno esto se comprueba fácil. Los centros populares de los piqueteros, que son la base física de sus organizaciones, están a cargo de mujeres en ocho o nueve de cada diez casos.

Al principio de todo, el movimiento piquetero era, en verdad, casi un movimiento femenino. «El 90 por ciento mujeres», dice, estadística en la cabeza, la piquetera Neka Jara, de San Francisco Solano, y nadie la desmiente. Hoy la cosa es más pareja, pero la mujer sigue ocupando espacios clave. Eso sí, rara vez los principales, ya que los referentes de cada agrupación son casi todos hombres. Ellos tienen más idea sobre la construcción política, ya que muchos hicieron «carrera» en los sindicatos, en las épocas lejanas en que tenían trabajo. Pero en las bases y en la segunda línea se nota más el dominio de las mujeres, llegadas al piquete para defender el estómago de sus hijos.

Las mujeres piqueteras son aguerridas, mucho más que la mayoría de los hombres. Hay miles de casos y cada uno es particular. Está Olga, del Movimiento Teresa Rodríguez. Hace cuatro años andaba buscando trabajo y la anotaron casi a empujones. «Teníamos un local en la ruta 2 donde se arrimaba la gente a comer. No teníamos comedores ni nada. Y hoy hasta tenemos un banco de reme-

1 **los piqueteros:** asociación de desempleados en Argentina que bloquea carreteras como señal de protesta
2 **empujar:** hacer fuerza, presión 24 **desmentir:** contradecir, negar 27 **el referente:** persona que está al mando
34 **el piquete:** el centro donde se reúnen los piqueteros 37 **aguerrido/-a:** valiente, agresivo/-a 44 **arrimarse:** acercarse 46 **un banco de remedios:** Arzneimittellager

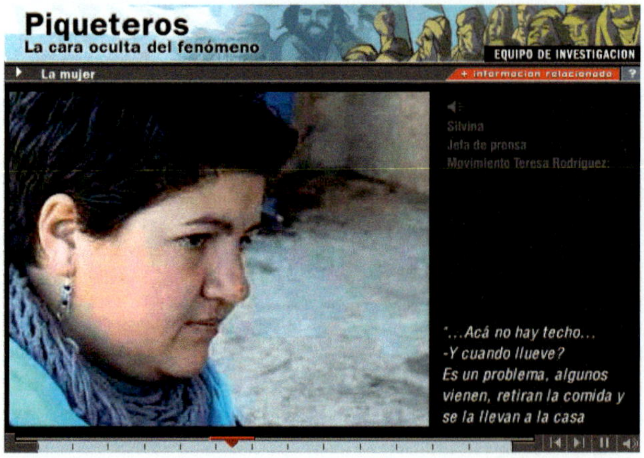

dios con cosas que nos donan», dice. En Florencio Varela, su movimiento tiene siete comedores donde, en cada uno, se alimentan por día 70 personas.

Olga está preocupada porque siente que, con la crisis que no para nunca, las donaciones de los comerciantes y fábricas, que son una buena parte de los ingresos piqueteros, están cayendo. Al mismo tiempo dice que en los piquetes los de afuera los tratan mejor, se acercan para darles jugo a los chicos y esas cosas: «Ya no nos tratan como delincuentes, ¿vio?»

Tiene una teoría: «Hay más mujeres porque a los hombres les cuesta más. Hay compañeras a las que les cuesta traer a su compañero. O vienen por el plan de asistencia, y cuando lo consiguen no aparecen más. A mí me parece que es porque las mujeres son más encaradoras. Será por los hijos: si te piden y no tenés para darles de comer o los tenés descalzos, hacés cualquier cosa.»

Se mueven en barrios donde se pierden embarazos por anemia, donde se come una vez por día, donde sus chicos van al colegio si es lindo día y si llueve, se encierran en las casas y esperan, rodillas apretadas, porque no hay plata para el gas, a 18 pesos la garrafa. Muchas tienen una sola muda de ropa, que estropean en los piquetes, y cargan con sus bebés porque no tienen dónde dejarlos.

Especial Piqueteros © Clarín, 2002

47 **donar:** spenden 60 **el jugo:** *amer.* el zumo 74 **encarador/a:** *fam.* tatkräftig 76, 77 **(vos) tenés, (vos) hacés:** *arg.* (tú) tienes, (tú) haces 80 **el embarazo:** estado cuando una mujer espera un hijo 88 **la muda:** un juego completo de ropa

JUEGO DE ROLES *Imaginad una discusión entre Olga y su marido: él no está de acuerdo con que ella pase cada vez más tiempo en el movimiento. Dice que ella ha cambiado mucho, que ya no es la misma de antes.*

ESCRIBIR *Convierte el reportaje en un texto informativo sacando únicamente la información objetiva. Compara con el original y valora las diferencias.*

LOS GLACIARES

EL TEMA *Explica a qué fenómeno se refiere el dibujo.*

EL TEXTO **A**

Estructurar un texto periodístico

→ Textos informativos, p. 245

1 *Divide el texto en partes y ponle subtítulos a cada parte.*
2 *Indica también el aspecto formal de cada parte, por ejemplo, si es descriptiva, argumentativa, un ejemplo para aclarar, etc.*

B

Descifrar el mensaje implícito de un texto

1 *Ordena la información del texto según el criterio de causa y efecto.*
2 *¿Por qué los autores han publicado estos datos objetivos sobre los glaciares?*
3 *Busca ejemplos en el texto que presenten algo más que una información objetiva.*

Advierten que los glaciares del sur se derriten más rápido

Son nueve ubicados en Santa Cruz. El fenómeno también afecta a muchos de los chilenos. Se produce por el aumento de la temperatura y la reducción de las lluvias, a raíz del calentamiento del planeta.

En ambos lados de la Cordillera, la mayoría de los glaciares patagónicos están atravesando serios problemas. El adelgazamiento y la pérdida de sus superficies se han más que duplicado durante la década de los noventa. Así también elevaron los volúmenes de agua que aportan al aumento del nivel del mar, según reveló un estudio realizado con la ayuda de cartografía y radares por un científico de la NASA de los Estados Unidos con dos investigadores chilenos.

1 **el glaciar:** territorio cubierto de hielo y nieve durante el año entero 1 **derretirse:** volverse agua 2 **ubicado/-a:** situado/-a 6 **a raíz de:** a causa de 10 **el adelgazamiento:** la reducción, la disminución 12 **la década:** período de diez años

El estudio, que se publica hoy en la revista *Science* de la *Asociación Americana para el Avance de la Ciencia*, advirtió el retroceso, con una aceleración mayor a la prevista, de la mayoría de los 63 glaciares que monitorearon, nueve de ellos argentinos y que están ubicados en Santa Cruz.

Los glaciares forman los Campos de Hielo Patagónico Norte y Sur, que ocupan 17.000 kilómetros cuadrados. En las últimas cinco décadas, estos reservorios de agua potable venían experimentando un fuerte retroceso en sus frentes y reduciendo sus superficies de hielo. Pero entre los años 1995 y 2000, las tasas de adelgazamiento se aceleraron en particular en glaciares como el Upsala, en Santa Cruz, a un equivalente de suba del nivel del mar de 0,1 milímetro por año.

¿A qué se deben estas pérdidas para los glaciares y esas ganancias para el mar?

«Las causas se relacionan con balances de masa negativos en los glaciares (acumulan menor cantidad de nieve de la que pierden por fusión o desprendimiento de témpanos) producidos por el aumento de las temperaturas y la reducción de las lluvias en el sur de Chile y la Argentina». Esto implicó que menos nieve alimentara a los glaciares, que sufrieron un aumento en la producción de sus témpanos. Es decir, en sus desagües.

Hasta aquí los cambios puntuales. Pero los investigadores no tienen dudas de que ésta es una repercusión de un problema mundial: el aumento de las temperaturas promedio del planeta.

«Para detener el adelgazamiento de los glaciares, lo único que cabe hacer es reducir la emisión de gases invernadero, siguiendo los lineamientos del *Protocolo de Kyoto*», afirmaron los investigadores Casassa y Rivera.

«Pero la gran pregunta que cabe hacerse también es en qué medida el calentamiento global es producto de variaciones naturales del clima». Esta cuestión sigue pendiente. «Aún faltan estudios más detallados, para evaluar la influencia de la actividad humana».

«Los glaciares de la Patagonia –dijo Eric Rignot a Clarín– son el único laboratorio que permite estudiar sus interacciones con el clima. Deben ser protegidos».

22 **el retroceso:** la marcha atrás 23 **la aceleración:** el aumento de velocidad 25 **monitorear:** *neologismo* observar
31 **el reservorio:** *amer.* el depósito 38 **la suba:** *arg.* la subida 45 **la fusión:** Schmelze, Verflüssigung
46 **el témpano:** Eisscholle 52 **el desagüe:** la salida de agua 60 **los gases invernadero:** Treibhausgase

LA LENGUA

Propuestas y consejos

1 *¿Qué modos y qué verbos se pueden utilizar para hacer propuestas o recomendaciones y para dar consejos?*

➔ Escribir una carta, p. 235

2 *Escribe una carta al director de Clarín desde la perspectiva de un ecologista, refiriéndote al texto sobre los glaciares y utilizando los modos y los verbos de 1.*

ESCRIBIR

➔ Palabras de enlace, p. 259

Explícale a un joven argentino o chileno un tema ecológico que se discute actualmente en tu país.

RINCÓN DE LECTURA

Libertad es una palabra enorme. Por ejemplo, cuando terminan las clases, se dice que una está en libertad. Mientras dura la libertad, una pasea, una juega, una no tiene por qué estudiar. Se dice que un país es libre cuando una mujer cualquiera o un hombre cualquiera hace lo que se le antoja. Pero hasta los países libres tienen cosas muy prohibidas. Por ejemplo matar. Eso sí, se pueden matar mosquitos y cucarachas, y también vacas para hacer churrascos. Por ejemplo está prohibido robar, aunque no es grave que una se quede con algún vuelto cuando Graciela, que es mi mami, me encarga alguna compra. Por ejemplo está prohibido llegar tarde a la escuela, aunque en ese caso hay que hacer una cartita, mejor dicho la tiene que hacer Graciela, justificando por qué. Así dice la maestra; justificado.

Libertad quiere decir muchas cosas. Por ejemplo, si una no está presa, se dice que está en libertad. Pero mi papá está preso y sin embargo está en Libertad, porque así se llama la cárcel donde está hace ya muchos años. A eso el tío Rolando lo llama qué sarcasmo. Un día le conté a mi amiga Angélica que la cárcel en que está mi papi se llama Libertad y que el tío Rolando había dicho que era un sarcasmo y a mi amiga Angélica le gustó tanto la palabra que cuando su padrino le regaló un perrito le puso de nombre Sarcasmo. Mi papá es un preso, pero no porque haya matado o robado o llegado tarde a la escuela. Graciela dice que papá está en Libertad, o sea está preso, por sus ideas. Parece que mi papá era famoso por sus ideas. Yo también a veces tengo ideas, pero todavía no soy famosa. Por eso no estoy en Libertad, o sea que no estoy presa.

Si yo estuviera presa, me gustaría que dos de mis muñecas, la Toti y la Mónica, fueran también presas políticas. Porque a mí me gusta dormirme abrazada por lo menos a la Toti. A la Mónica no tanto, porque es muy gruñona. Yo nunca le pego, sobre todo para darle ese buen ejemplo a Graciela.

Ella me ha pegado pocas veces, pero cuando lo hace yo quisiera tener muchísima libertad. Cuando me pega o me rezonga yo le digo Ella, porque a ella no le gusta que la llame así. Es claro que tengo que estar muy alunada para llamarle Ella. Si por ejemplo viene mi abuelo y me pregunta dónde está tu madre, y yo le contesto Ella está en la cocina, ya todo el mundo sabe que estoy alunada, porque si no estoy alunada digo solamente Graciela está en la cocina. Mi abuelo siempre dice que yo salí la más alunada de la familia y eso a mí me deja muy contenta. A Graciela tampoco le gusta demasiado que yo la llame Graciela, pero yo la llamo así porque es un nombre lindo. Sólo cuando la quiero muchísimo, cuando la adoro y la beso y la estrujo y ella me dice ay chiquilina no me estrujes así, entonces sí la llamo mamá o mami, y Graciela se conmueve y se pone muy tiernita y me acaricia el pelo, y eso no sería así ni sería bueno si yo le dijera mamá o mami por cualquier pavada.

O sea que la libertad es una palabra enorme. Graciela dice que ser un preso político como mi papá no es ninguna vergüenza. Que casi es un orgullo. ¿Por qué casi? Es orgullo o es vergüenza. ¿Le gustaría que yo dijera que es casi vergüenza? Yo estoy orgullosa, no casi orgullosa, de mi papá, porque tuvo muchísimas ideas, tantas y tantísimas que lo metieron preso por ellas. Yo creo que ahora mi papá seguirá teniendo ideas, tremendas ideas, pero es casi seguro que no se las dice a nadie, porque si las dice, cuando salga de Libertad para vivir en libertad, lo pueden meter otra vez en Libertad. ¿Ven como es enorme?

Mario Benedetti, Primavera con una esquina rota © Nueva Imagen, México 1982

7 **antojar:** desear con vehemencia 11 **el churrasco:** la carne asada 32 **el padrino:** Patenonkel 47 **gruñón/-ona:** mürrisch 52 **rezongar:** ser gruñón/-ona 55 **alunado/-a:** *arg.* malhumorado/-a 67 **estrujar:** abrazar fuertemente y con mucho cariño 73 **la pavada:** la tontería

Describe el juego de palabras y explica su efecto.

RINCÓN DE POESÍA

LA CASA

La mesa, hijo, está tendida,
en blancura quieta de nata,
y en cuatro muros azulea,
dando relumbres, la cerámica.

Esta es la sal, éste el aceite
y al centro el pan que casi habla.
Oro más lindo que oro del pan
no está ni en fruta ni en retama,
y da su olor de espiga y horno
una dicha que nunca sacia.

Lo partimos, hijito, juntos,
con dedos duros y palma blanda,
y tú lo miras asombrado
de tierra negra que da flor blanca.

Baja la mano de comer,
que tu madre también la baja.

Los trigos, hijo, son del aire,
y son del sol y de la azada;
pero este pan «cara de Dios»
no llega a mesas de las casas;

y si otros niños no lo tienen,
mejor, mi hijo, no lo tocarás,
y no tomarlo mejor sería
con mano y mano avergonzadas.

Hijo, el hambre, cara de mueca,
en remolino gira las parvas,
y se buscan y no se encuentran
el pan y el hambre corcovada.
Para que lo halle, si ahora entra,
el pan dejemos hasta mañana;
el fuego ardiendo marque la puerta,
que el indio quechua nunca cerraba,
¡y miremos comer al hambre,
para dormir con cuerpo y alma!

Gabriela Mistral, La casa, en: Poesías completas

4 **el relumbre:** el brillo 8 **la retama:** Ginster *Pflanze* 9 **la espiga:** Ähre *Korn* 10 **la dicha:** la fortuna, la suerte 10 **saciar:** satisfacer 18 **la azada:** Spaten 25 **la mueca:** Grimasse 26 **la parva:** Getreide 28 **corcovado/-a:** höckerig

PUNTO FINAL

REVISIÓN

1 *Revisad los textos que habéis leído en este capítulo y reunid en un mapa mental la información que habéis obtenido.*
2 *Buscad en los demás textos temas que no habéis tratado y añadidlos al mapa.*
3 *Señalad el tema o el texto que más / menos os haya gustado e indicad también por qué.*

DIARIO DE LECTURA

Anota lo que
– *te ha llamado la atención en el capítulo y explica también por qué,*
– *te ha aportado algo nuevo (ideas, conocimientos) que no quieres perder de vista.*

PORTAFOLIO

1 *Escoge tu tema favorito y sigue buscando información por tu cuenta. Escribe, a base de los resultados, una carta, un artículo o prepara una exposición.*
2 *Dentro de las tareas que has preparado trabajando los textos de este capítulo, elige la que mejor te haya salido.*

PROYECTO

Buenos Aires joven
Busca en la página web del Gobierno de Buenos Aires el enlace «Buenos Aires joven». En el archivo «Visual» encuentras una serie de campañas destinadas a los jóvenes. Elige una y preséntala en clase.

BÚSQUEDA DE INFORMACIÓN

1 Los países del Río de la Plata
¿Cuáles son los países del Río de la Plata? Formad equipos y presentadlos (historia, geografía, situación actual, lugares de interés...).
2 Viaje por la Pampa
Ayuda a un periodista español en preparar un artículo sobre la pampa argentina. Busca información sobre el paisaje, los lugares de interés y las ciudades. Proponle los temas que tiene que tratar así como un recorrido por la región.

PARA LEER MÁS

Bruce Chatwin, *In Patagonia,* Vintage Books, London 1977.
Eduardo Galeano, *Memoria del fuego III. El siglo del viento,* Siglo XXI, México 1986.
Elsa Osorio, *A veinte años, Luz,* Alba, Barcelona 1998.
Quino, *Historias de Mafalda,* Lumen, Barcelona 1963 sgs.
Luis Sepúlveda, *Mundo del fin del mundo,* Tusquets, Barcelona 1994.
Jordi Sierra i Fabra, *Víctor Jara. Reventando los silencios,* SM, Madrid 1999.
Antonio Skármeta, *No pasó nada,* Plaza y Janés, Barcelona 1996.

DIRECCIONES DE INTERNET

Argentina: www.sectur.gov.ar
La Pampa: www.turismolapampa.gov.ar
Buenos Aires: www.buenosaires.gov.ar
Conadi (Arg.): www.conadi.jus.gov.ar
Abuelas de Plaza de Mayo: www.abuelas.org.ar
Chile: www.memoriachilena.cl
Chile: www.nuestro.cl

FUTURO

El ladrillo invade el Cabo de Gata

La construcción de un hotel de 21 plantas en una playa del parque natural almeriense desata las críticas de los ecologistas

Una mancha de aceite calentada por el sol

MEDIOAMBIENTE

Por un turismo sostenible

Una buena gestión ambiental y el respeto a una serie de principios como los de la Declaración de Río son necesarios para que el sector turístico se desarrolle sin degradar el medio

Una ley pionera

La aprobación del matrimonio homosexual situará a España a la cabeza en los derechos de gays y lesbianas

T-Systems ‘suelta’ a la Generalitat

La filial de Deutsche Telekom busca negocio fuera de Cataluña

La transformación de la familia española

Parejas de hecho, bebés fuera del matrimonio y hogares monoparentales marcan el cambio

Miguel Ángel Rodríguez
EX PORTAVOZ DEL GOBIERNO CON AZNAR

“Si Cataluña es nación, ¿España es un planeta?”

Indicadores del agua. 2002*

Consumo medio hogares	**164,00** Litros/habitante/día
% de agua perdida en la red de distribución	**19,40**
Precio medio	**0,81** (euros/m³)
Volumen de agua disponible	**4.783,00** (Hm³)
Volumen de agua abastecida a hogares	**2.512,00** (Hm³)

* Fuente: INE..

Intercambios comerciales entre España y otros países. 2004

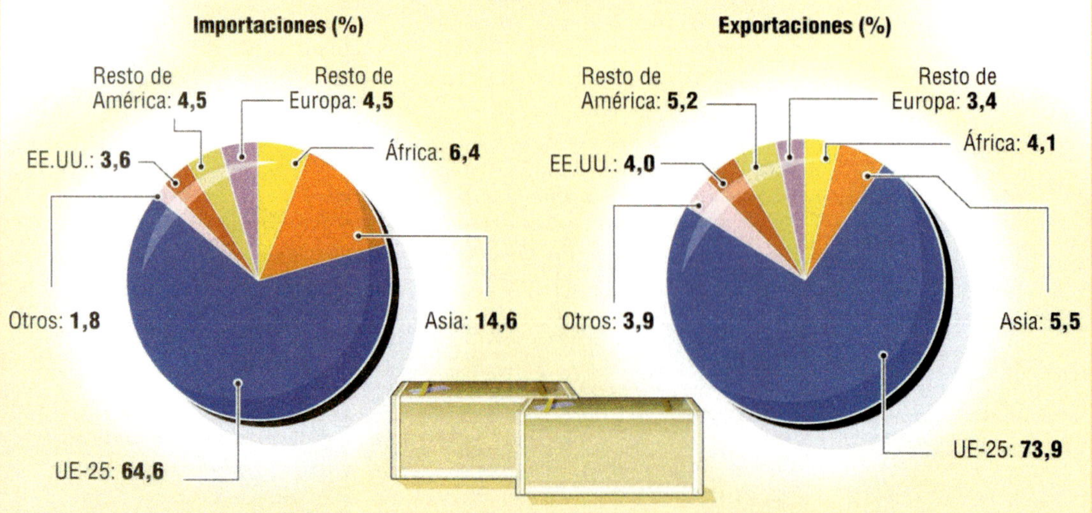

Los pisos más pequeños de BCN se sitúan en el grupo de los más caros

Viviendas minúsculas de Ciutat Vella y Poble Sec alcanzan 6.000 € (un million de pesetas) por m²

Las agencias culpan a los propietarios de que los peores inmuebles doblen la media de la ciudad

■ Comunicación

Menos lectores de prensa

Según un estudio elaborado por la compañía de análisis y medición de audiencias Nielsen//NetRatings, uno de cada cinco españoles reconoce que dedica menos tiempo a la lectura de periódicos y revistas debido a su afición a Internet. El porcentaje es inferior cuando se alude a los libros ya que sólo un 13 por ciento reconoce haber abandonado parcialmente la lectura de libros por la Red. ■

Incendios forestales

Un siglo para renacer

La herida abierta de la Guerra civil

Casi 70 años después de que arrancara el conflicto que dividió a España, aún perduran algunas consecuencias

Coches : CC AA con mayores y menores aumentos*

Región	1994-2004	Región	1994-2004
Murcia	25,5	Canarias	10,4
C. La Mancha	25,3	País Vasco	10,6
Andalucía	23,7	Cataluña	11,8
Cantabria	22,2	Asturias	12,8
Extremadura	22,2	Navarra	12,9
C. Valenciana	19,8	Madrid	13,7

■ Literatura

Homenaje francófono a "El Quijote"

El Teatro Real de Bruselas ofrecerá desde el próximo 22 de septiembre y durante un mes una adaptación de la obra estrella de Miguel de Cervantes para conmemorar los cuatrocientos años de su primera edición.

La adaptación pretende reproducir fielmente, en una lengua próxima al francés contemporáneo, los episodios más representativos del texto original. Para ello, el director intentará dar a entender la verdadera naturaleza de la obra, profundamente humanista, más que hacer una nueva versión del texto. Con éste se suma un nuevo homenaje a todos los que se están haciendo durante el 2005 a "El Quijote". ■

Zapatero trata de recolocar a España en la UE tras el fracaso de la cumbre

El presidente evita pronunciarse sobre el eje París-Berlín y abre la puerta a las reformas de Blair

Hoy con mamá, mañana con papá

La custodia compartida de los hijos centra el debate sobre la reforma de la ley del divorcio

ESTE PAÍS

El conflicto vasco regresa a la calle

La ilegalizada manifestación de Batasuna en la Semana Grande de San Sebastián se saldó con cargas de la Ertzaintza, la quema de contenedores, ocho detenidos y una veintena de heridos

1 *Relaciona los títulos y textos según los temas tratados.*
2 *Indica el título / texto que más despierta el interés de los lectores, según tu opinión.*

CAMBIOS

AÑO 2080: ESPAÑA, EL DESIERTO

EL TEMA
← Los glaciares, p. 187

Describe y después comenta el mapa.

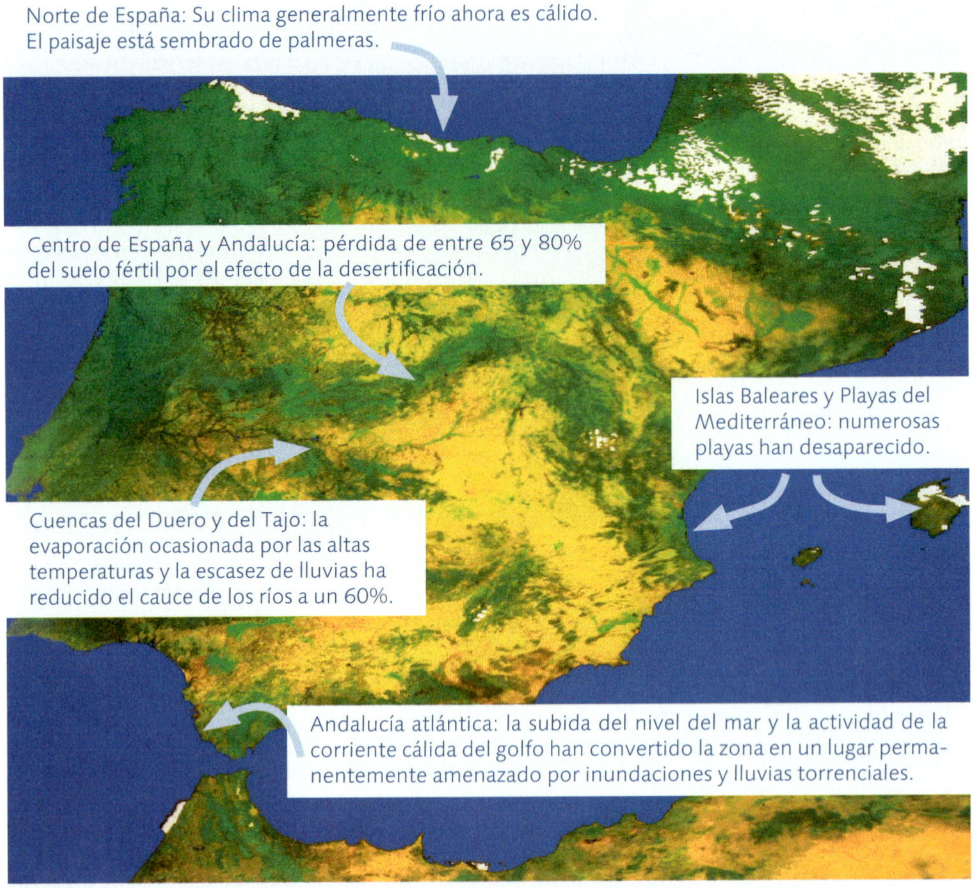

Nuevas enfermedades asociadas al cambio climático, transmitidas por mosquitos: dengue y malaria, entre otras.

EL TEXTO **A**
→ Textos informativos, p. 245

Ordenar la información de un texto

1 *Lee el texto y describe el estado actual del clima.*
2 *Extrae toda la información sobre el futuro.*
3 *Compara el texto con la información extraída del mapa y comenta si hay diferencias, coincidencias o información suplementaria.*

B

Analizar la forma de un reportaje

1 *Describe el tipo de texto de cada parte de este reportaje y su respectiva función.*
2 *Ponle un subtítulo a cada parte.*
3 *Presenta a Emilio.*
4 *¿Qué postura manifiesta el autor del texto ante Emilio y los acontecimientos en general? Fundamenta tu opinión con citas del texto.*

Año 2080: las palmeras serán el árbol típico del norte de España

El escenario lo pinta un estudio reciente de la Agencia Europea de Medio Ambiente (AEMA), que pronostica para 2080 una situación alarmante en el sur de Europa, especialmente en España, con olas de calor cada vez más intensas y frecuentes, inundaciones, tormentas y otras condiciones meteorológicas extremas. «Nos preocupa que se haya llegado a este punto. Hay que parar esto cuanto antes. Estamos contaminando muy por encima de lo deseable», reconoce a Magazine la ministra de Medio Ambiente, Cristina Narbona.

Cosas que normalmente suceden en cientos o miles de años, ocurrirán en el transcurso de una vida humana. El informe *Impacts of climate change in Europe*, en el que se prevé que la Península Ibérica será la más afectada por los impactos del cambio climático, describe un futuro que ojalá no se cumpla. Los inviernos fríos, de los que sólo se registra uno cada 10 años desde 1960, serán cada vez menos frecuentes y desaparecerán casi por completo en el año 2080. Y es que Europa, y sobre todo España, se calienta más rápidamente que la media mundial. La temperatura se ha elevado 0,95 grados en los últimos 110 años, y para este siglo se prevé un incremento adicional de entre 2 y 6,3 grados.

El desbarajuste climático amenaza con traer infecciones exóticas, alterar los hábitos de las personas y hasta su forma de vestir. El norte de la Península podría volverse tropical, salpicado de palmeras, mientras en el sur habrá un clima desértico. Estos son algunos de los pronósticos más inquietantes.

Los periodos de sequía que se avecinan y la falta de agua se convertirán en crónicos en buena parte de la Península Ibérica. Sus efectos son ya evidentes. El río Duero ha perdido el 23% de su caudal; el Ebro, un 5%, y el Júcar y el Segura, de los que igualmente dependen miles de agricultores y hogares, se estima quedarán reducidos a la mitad en 2080.

Emilio, un joven agricultor orensano de 35 años, que de sol a sol se afana en sacarle partido a una huerta, no necesita sofisticados programas de ordenador ni predicciones matemáticas a largo plazo para saber que su mundo, por pequeño que sea, está cambiando lo mismo que a escala global. «Lo estoy viendo todos los días», se lamenta. «Esta tierra siempre ha sido muy fértil, pero desde hace unos años se reseca mucho más deprisa que antes, hay que regarla y abonarla más a menudo, y las plantas crecen sin fuerza. Las cosechas se pierden porque no aguantan tantos meses de calor como hay ahora». Mientras en el norte de Europa, donde el ambiente es con frecuencia más frío, los campos podrían beneficiarse de un aumento limitado de las temperaturas, en el sur, especialmente en Portugal y España –donde los efectos del cambio climático se dejarán notar con mayor intensidad– los cultivos se verán seriamente mermados por la escasez de agua y por las condiciones meteorológicas extremas (erosión, tormentas, inundaciones...).

14 **Cristina Narbona:** ministra de Medio Ambiente en el Gobierno de Zapatero (2005) 20 **el impacto:** el efecto, la consecuencia 31 **el incremento:** el aumento 33 **el desbarajuste:** la falta de equilibrio 34 **alterar:** cambiar 37 **salpicado/-a de palmeras:** con palmeras en muchas partes 40 **inquietante:** que pone intranquilo/-a, nervioso/-a 45 **el caudal:** la cantidad de agua que lleva un río 50 **orensano:** de la ciudad de Orense en Galicia 51 **afanar:** trabajar duro 51 **sacarle partido a a/c:** obtener provecho, rendimiento 64 **aguantar:** resistir, soportar 73 **mermar:** reducir, minimizar

La interpretación del informe de la agencia no deja dudas. Y es que con el calor en alza, el mar también sube. Si el nivel de las aguas que bañan el litoral español crece según calculan los modelos climáticos actuales (en el último siglo ha subido a razón de entre cuatro y 10 centímetros por década, y se estima que este ritmo sea de entre dos y cuatro veces mayor durante el presente siglo), el paisaje será, a mediados de esta centuria, bastante distinto al que hoy conocemos. Torremolinos, Castellón, La Palma, Marbella… Cada vez más ayuntamientos, dependientes del turismo, se verán abocados a adoptar una solución sencilla, pero cara: volver a rellenar las playas de arena.

A medida que científicos y ecólogos exigen costosas y dolorosas medidas para reconducir el clima (uso de energías renovables, menos producción de gases tóxicos…, lo que obligaría a una profunda reconversión de la industria), algunos visionarios sueñan con medidas más directas, aunque parezcan fantásticas. Piensan, como el doctor Thomas Stix, físico de la Universidad estadounidense de Princeton, en cañones con láseres que destruyan los dañinos productos químicos, satélites que envían energía limpia a la Tierra, microorganismos que devoran agentes contaminantes, y aviones que inyectan los compuestos químicos necesarios que han sido eliminados de la atmósfera. Pero, a fin de cuentas, ¿no sería más fácil no contaminar?

91 **verse abocado:** *hier* sich gezwungen sehen 97 **reconducir:** reestablecer 100 **la reconversión:** el cambio, la reestructuración 109 **devorar:** verschlingen 110 **inyectar:** *aquí* lanzar, tirar

LA LENGUA

El futuro

1 *Para hablar del futuro, el texto usa el futuro y el condicional. Busca ejemplos y explica la diferencia en el uso.*

2 *Forma cinco frases más con estas formas que se refieran al futuro de nuestro planeta.*

OPINIÓN

Comenta las ideas del doctor Thomas Stix (ll. 105–112).

ESCRIBIR
DELE

En las líneas 97 hasta 100 se mencionan medidas para reconducir el clima. ¿Qué podemos hacer cada uno de nosotros? Escribe un texto y expón algunas medidas concretas.

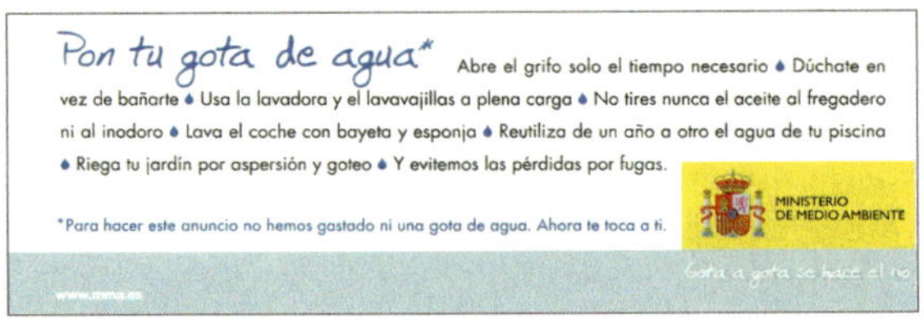

DISCUSIÓN
➔ La discusión, p. 230

Organizad una discusión sobre el uso responsable del agua. Participan:

- *Un representante del gobierno que cita una campaña de concienciación ciudadana de la Comunidad de Madrid que ha conseguido disminuir un 20% del consumo privado. Además señala que los regadíos en la agricultura y los hoteles utilizan mucha más agua de la necesaria.*
- *Un agricultor y un hotelero de la zona que insisten en la necesidad de regar diariamente.*
- *El alcalde que reclama ayuda financiera para modernizar la red de distribución de agua ya que en ella se pierde un 20%. Las campañas le parecen inútiles.*

LA TARJETA VERDE

EL TEMA

España es, con casi 56 millones de turistas (2005), una de las principales potencias turísticas del mundo. Discutid las consecuencias positivas y negativas del turismo.

EL ANUNCIO **A**

Analizar el argumento de un anuncio

1 *Indica los elementos de este anuncio y descríbelos.*
2 *Explica qué es la tarjeta verde, dónde se utiliza y cómo funciona.*
3 *¿A quién se dirige el anuncio?*
4 *Da tu opinión sobre este anuncio.*

B

→ Imágenes y cuadros, p. 250

Analizar los elementos de un anuncio

Analiza el anuncio.

BÚSQUEDA DE INFORMACIÓN

Sin duda, el turismo ha sido una bendición para el desarrollo socioeconómico de las Islas Baleares. Ha aportado riqueza, un tejido empresarial fuerte y ha posibilitado una calidad de vida que las islas nunca habían tenido a lo largo de toda su historia. Pero la actual coyuntura las sitúa ante el reto del desarrollo sostenible.

Fundación para el desarrollo sostenible de las Islas Baleares (2005)

1 *Discutid lo que quiere decir la última frase.*
2 *Busca más información sobre la fundación y sus actividades, por ejemplo en su página web:*

www.balears-sostenible.com

DISCUSIÓN

→ La discusión, p. 230

Hace algunos años hubo una idea para financiar proyectos del medio ambiente en Mallorca, la ecotasa: cada turista tenía que pagar 20 € al entrar en el país. Nombrad ventajas y desventajas de la ecotasa y de la tarjeta verde y discutid cuál de las dos os parece mejor.

PARA PROFUNDIZAR

Entradas de turistas según comunidad autónoma de destino principal, años 2004–2005

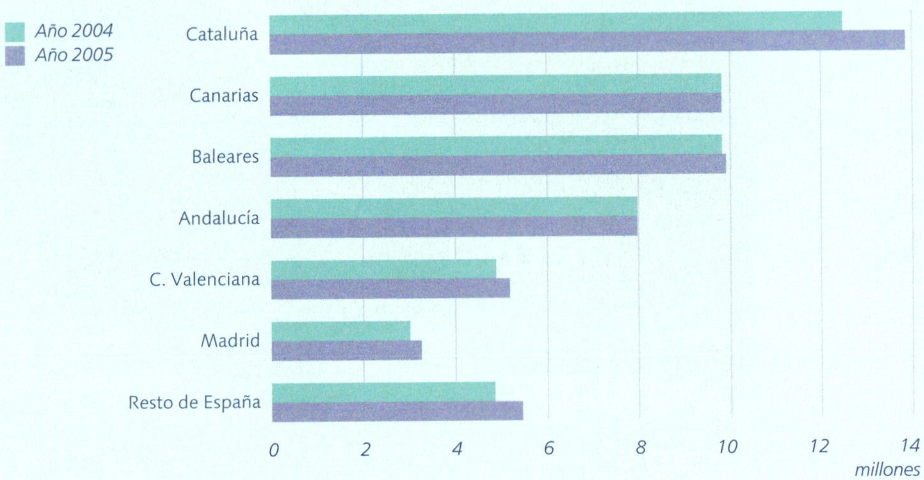

Procedencia de turistas que visitan España, 2005

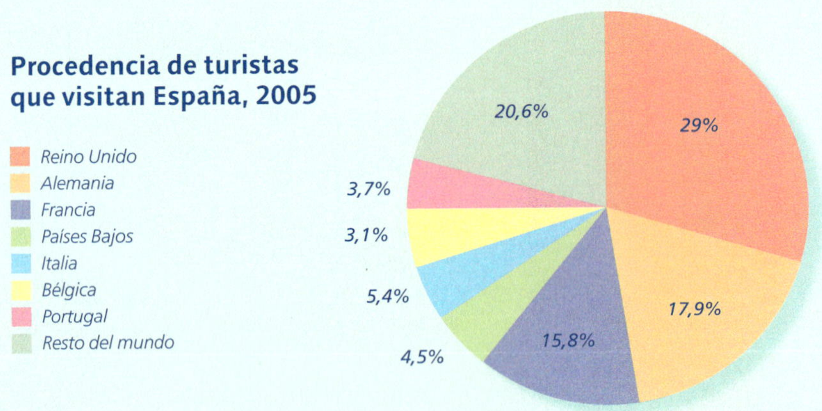

UN SIGLO DE MUJERES

EL TEMA *Imagina la formación escolar y profesional de la madre y de una de las ancianas en la foto.*

EL TEXTO **A**

Comprender un texto

1 *Recoge la información biográfica sobre las cuatro mujeres adultas.*
2 *Compara la situación de las cuatro mujeres en cuanto al trabajo, a su situación de pareja, la educación y la igualdad de derechos.*

B

Valorar la información de un texto

1 *Apunta las frases o expresiones en las que la autora expresa una opinión. ¿Qué postura tiene frente a la situación de las mujeres?*
2 *Da tu opinión personal sobre la vida de las cuatro mujeres y el posible futuro de la recién nacida.*

En ocasión al día de la Mujer (8 de marzo), el periódico español El Mundo *publicó el retrato de cinco mujeres de una familia, cada una representando una generación diferente:*

Para la tatarabuela Aurelia y la bisabuela Vita la visita diaria a la Iglesia era obligatoria. La mayoría de las mujeres de Santa María del Páramo iban diariamente al rosario y, por supuesto, no se saltaban la misa de los domingos. Ambas aseguran que entonces pensaban que si no asistían a la Eucaristía posiblemente el cura las mirase «por encima de la cabeza, en vez de por encima de los hombros».

Así era la vida en el medio rural. La existencia transcurría trabajando en el campo y cuidando del ganado, que además era el medio de subsistencia para la mayoría del pueblo. Según la Encuesta de Población Activa de 1969, de cada 100 mujeres que trabajaban en la agricultura,

9 **el rosario:** Rosenkranz(gebet) 13 **la Eucaristía:** recibir el Sagrado Sacramento (la hostia y el vino)
16 **el medio rural:** el campo

73 lo hacían en régimen de ayuda familiar; es decir, no cobraban salario y además hasta 1976 debían tener el consentimiento del marido para realizar cualquier trabajo.
Aurelia y Vita recuerdan que hasta avanzado el siglo XX también era necesario dicho consentimiento para llevar a cabo actos jurídicos o económicos. Los asuntos del banco o de la caja de ahorros eran sólo cosa de hombres. Las señoras no podían abrir una cartilla o sacar dinero sin el permiso marital. Así, la tatarabuela Aurelia cuenta que la primera vez que entró en un banco ya había cumplido 65 años.
En esta manera de entender la vida ha jugado un papel muy importante la extensión de la educación femenina. La bisabuela Vita aprendió a leer y escribir en una escuela sólo para niñas de Santa María. Su madre, Aurelia, tuvo peor suerte: sabe leer porque le enseñó su padre, pero no sabe escribir, como refleja su DNI. En la firma de su carné de identidad dicta un «no sabe». Rosana, la recién estrenada madre, es la primera que tiene estudios superiores. Hace cinco años que, tras finalizar Turismo, trabaja en una agencia de viajes de la capital leonesa. Su madre, Angelines, está satisfecha por haber terminado COU, pero lo que ya no le hace tanta gracia es recordar que abandonó sus estudios de secretariado para casarse y dedicarse a las tareas del campo. Le satisface pensar que, probablemente, la educación que recibirá la pequeña Candela no tendrá nada que ver con la que han recibido sus antecesoras. Sus abuelas conocieron la educación sexista: los niños debían mantener una educación diferente a las niñas y se les impartía, por supuesto, en distintos lugares.
Candela seguramente también conocerá un campo laboral diferente. Es probable que la discriminación femenina, en lo que a ocupación y sueldo se refiere, haya desaparecido, y en ello confía su madre, Rosana. Hay que tener en cuenta que en algunos casos una mujer puede llegar a cobrar hasta un 20% menos que un hombre desempeñando el mismo trabajo.
Sin embargo, estos datos negativos están acompañados de otros positivos: el crecimiento del número de trabajadores tiene como protagonista a la mujer.
[Otra cosa que ha cambiado: Hoy] nos parecería inimaginable que la mujer no pudiera votar. Aurelia ensalza el gran logro que se consiguió durante la Segunda República: por primera vez, las féminas mayores de 23 años tenían derecho al voto, de igual manera que los hombres, aunque eso sí, en urnas diferentes. La tatarabuela ha votado desde las primeras elecciones de 1933 hasta las últimas elecciones generales, celebradas en marzo de 2004.

34 **la cartilla** (de ahorro): Sparbuch 35 **marital:** del marido 47 **DNI:** **D**ocumento **N**acional de **I**dentidad, Personalausweis 48 **recién estrenado/-a:** por primera vez, que acaba de ser 52 **leonés/-esa:** de León (ciudad en el norte de España) 54 **COU:** Abiturjahrgang (altes Schulsystem) 75 **desempeñar:** realizar, hacer

LA LENGUA

Vocabulario

Explica con tus propias palabras: «no se saltaban la misa» (l. 10), «dicho consentimiento» (l. 30), «tras finalizar Turismo» (l. 51), «campo laboral» (l. 68), «las féminas» (l. 85).

TAREA CREATIVA

→ Redactar textos creativos, p. 240

1 *Imagina más aspectos –positivos y negativos– de la vida de la tatarabuela y la bisabuela teniendo en cuenta las épocas en que vivieron.*
2 *Escribe la posible biografía de la recién nacida Candela en el siglo XXI.*

EL DILEMA DE LAS MADRES

EL TEMA *Explica y comenta el gráfico.*

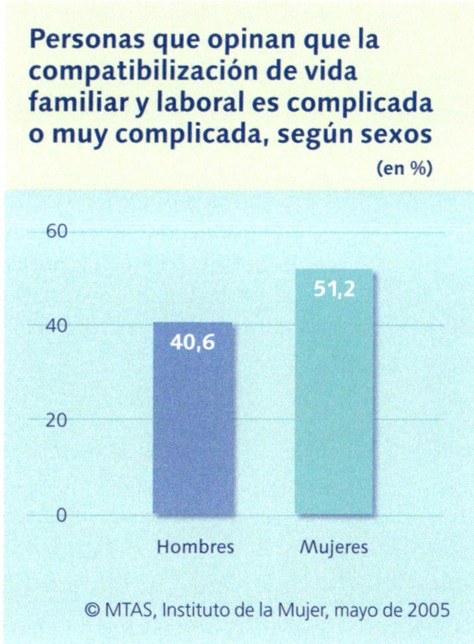

EL TEXTO **A**

Entender una temática específica

1 *Formula subtítulos para las diferentes partes y resume la carta al director.*
2 *Explica con tus propias palabras el problema de Carolina y la solución que propone.*
3 *Explica y comenta las frases: «...me pregunto si no estamos viviendo peor que nuestras madres...» (ll. 9/10) y «Somos muchos los que lo* vivimos *con pasión.» (ll. 61/62)*

B

Analizar una carta al director

1 *Según la información que da la carta, indica el contenido del reportaje.*
2 *Indica a quién se dirige la carta.*
3 *Explica a quién se refiere «muchos» en la última frase.*

Mis tres hijos y mi trabajo

Desde que aparecieron las cartas relacionadas con los reportajes de María y Mercedes, lo primero que hago con EPS es leer las cartas de los lectores. Saber cómo otras mujeres buscan conciliar su familia y trabajo o lo que piensan sobre ello, me gusta.

Últimamente me pregunto si no estamos viviendo peor que nuestras madres y si realmente sabemos lo que queremos para nosotros y nuestros hijos. Yo tengo tres; al mayor pude darle tiempo en cantidad y en calidad y ahora me siento orgullosa de él. En aquel momento, mi meta, profesionalmente hablando, era conseguir un puesto de trabajo que me permitiera tener una seguridad a la hora de afrontar la vida con mi hijo sin depender de mi pareja. Esto para mí era y es crucial.

Conseguí ese trabajo. Entonces tuve a mis otros dos hijos. Con ellos, la prioridad es no perder su infancia y dedicarles el tiempo que se merecen. Pero... pero lo que tanto trabajo me ha costado conseguir, ¿lo voy a perder?

Tengo muy claro que mis hijos están primero que mi trabajo, pero también tengo claro que los hijos crecen y volver al mercado laboral tras los años que lleva criarlos es casi imposible. Si exijo mis derechos en el trabajo, probablemente la historia no acabe bien, ¿quién en España da trabajo a una mujer de cuarenta y tantos? Los señores políticos deberían bajar a la tierra, ver la realidad y lo que nos ▶

4 **EPS:** El País Semanal, *suplemento dominical del periódico* El País
16 **la meta:** el objetivo, lo que se quiere lograr
20 **la pareja:** la persona con la que se tiene una relación amorosa
21 **crucial:** muy importante, indispensable

preocupa. Somos el país de la UE que menos gasta en apoyo familiar.
Algunas ideas que pueden mejorar la situación de madres y padres al cuidado de menores: flexibilización en los horarios, jornadas continuas en vez de partidas, mucho más tiempo de baja por maternidad, poder solicitar la reducción de jornada por un período más prolongado, más ayudas económicas, ayudas a empresas que posibiliten la conciliación a sus trabajadores, una forma rápida y eficaz de atajar situaciones de discriminación por embarazo o cuidado de menores en el trabajo sin que suponga la pérdida del mismo, sanciones ejemplares para las empresas que discriminen a sus trabajadores por este motivo, obligación de que parte de la baja por maternidad la disfrute el padre para acabar con la estigmatización de la mujer en el mundo laboral.
Finalmente, una petición a EPS: no dejéis morir el tema. Somos muchos los que lo *vivimos* con pasión.

Carolina Garrido, Madrid © El País Semanal, mayo de 2005

43 **la jornada continua / partida:** durchgehende / geteilte Arbeitszeit (bezieht sich auf die traditionell lange Mittagspause von 14–17 Uhr, wodurch sich die Arbeitszeit bis in die Abendstunden verlängert) 44 **el tiempo de baja por maternidad:** Mutterschutz 50 **atajar:** cortar, eliminar

DISCUSIÓN *Otra carta al director sobre el mismo tema contiene la frase: «Tenemos uno de los índices de natalidad más bajos del mundo (1,2)». ¿Cuál puede ser la causa, según vuestra opinión?*

TAREA CREATIVA *Inventa la conversación de una pareja. Esperan su primer hijo y buscan una solución para que ambos puedan seguir trabajando.*

BÚSQUEDA DE INFORMACIÓN *Busca en internet la página www.mtas.es/mujer para informarte sobre el Instituto de la Mujer y sus tareas. Infórmate también si hay algo parecido en tu país.*

LOS MEDIOS DE COMUNICACIÓN

COMO SER MUJER Y NO MORIR EN EL INTENTO

EL TEMA
DVD

Mira en el recorte de la película cómo comienza la primera conversación entre José Luis, el nuevo jefe del periódico, y la periodista Carmen. Comenta el comportamiento de ambos.

EL TEXTO A

Informarse sobre la situación descrita en un texto

1 *Describe a los personajes, la relación entre ellos e indica el lugar en que se encuentran.*
2 *Explica por qué José Luis quiere hablar con Carmen.*
3 *Describe el desarrollo del estado de ánimo de Carmen fundamentando tus afirmaciones con citas.*
4 *Explica las frases:*
«Ya empezamos.» (l. 20)
«Mira, más feminista que yo no lo hay, ¿sabes?» (l. 23)
«¡Oh, Dios mío, no lo entiendes!» (l. 89)
«Piénsatelo y háblalo con tu mujer.» (l. 97)

B

→ Textos narrativos, p. 241

Reconocer y analizar elementos de un texto literario

1 *Describe la perspectiva de la narradora, la acción, la relación de tiempo y espacio y a los personajes.*
2 *Analiza la actitud de José Luis hacia Carmen, es decir, tanto sus gestos como lo que dice.*
3 *Indica el clímax del texto y comenta el efecto que provoca en ti.*

Primera conversación entre la periodista Carmen y José Luis Garzón, el nuevo jefe del periódico. Él le dice:

–Voy a cambiar todo. Voy a sacudir este periódico de la apatía en la que había entrado. Voy a haceros trabajar el doble a todos para que los lectores se diviertan también el doble y nos compren el triple.

–Me parece bien siempre que nos pagues por lo menos la mitad del doble más.

–¿Tú también te quejas del sueldo?

–Yo siempre, y la primera.

–Pero si tú [...] eres de las que más ganan en tu categoría. [...]

–¿No se te habrá pasado por la cabeza bajarme el sueldo?

–No. Pero reconoce que...

–Que para ser una chica estoy muy bien pagada, eso es lo que quieres decir.

–Ya empezamos.

Sonrío y cruzo las piernas.

–¿Qué empezamos?

–Mira, más feminista que yo no lo hay, ¿sabes? – me lo dice mirándome las piernas.

[...]

Se levanta, va a la mesa y se sirve un vaso de agua mineral. No vuelve a sentarse. Se queda apoyado en el borde de la mesa. Me siento incómoda y desvalida en una punta del sofá.

–Sin embargo, he pensado que te voy a poner en el suplemento dominical.

–¡¿En el suplemento dominical?!

La sorpresa me invade. Soy incapaz de pensar.

–Coordinadora. Es un puesto nuevo creado para ti. Pienso que lo harás muy bien. Tienes garra, conocimientos, experiencia, buen gusto, escribes bien y conoces perfectamente los entresijos de la profesión, porque eres de las pocas que ha trabajado antes en una revista.

No sé qué pensar. Enciendo un cigarrillo que es lo que hago en estos casos. Cruzo

---

4 **sacudir:** (ab)schütteln 21 **cruzar las piernas:** die Beine übereinander schlagen 31 **el suplemento dominical:** Sonntagsbeilage (Zeitung) 39 **el entresijo:** la dificultad

las piernas en el otro sentido. [...] Por fin se hace la luz en mi mente. Yo soy lenta, pero llego.

–¿Qué quiere decir coordinadora exactamente? ¿Que soy responsable del suplemento, por debajo de ti que eres el director del periódico?

Le he pillado. Se da la vuelta y coge una abultada carpeta de la mesa. La abre y va pasando hojas hasta que encuentra la adecuada; la lee.

–El suplemento. Estoy yo, el editor por encima, claro, el redactor jefe y tú.

Lo sabía desde que entré en este despacho. [...]

–Quiero que me digas una cosa, aunque si no me la quieres decir, no me la digas. ¿Por qué soy idónea para ser coordinadora y no para ser redactor jefe?

–Bueno, es que el redactor jefe es ... A ver que lo mire...

–Lozano.

–Pues sí; eso es, Lozano.

–He comprendido la maniobra perfectamente. [...]

–¡¿Qué maniobra?! – exclama con inocencia.

Tengo fama de tener muy mal café en el trabajo, pero la verdad es que me lo ponen en bandeja siempre. [...]

–Escucha, pretendes que yo me vaya al suplemento a currar como una endemoniada mientras Lozano se pasa el día comiendo y cenando con gente de su otra profesión, que es relaciones públicas de no sé qué multinacional. Él cobra el doble que yo y se lleva todas las flores, porque si sale mal, la única culpable seré yo. [...]

–Piénsatelo – me dice sentándose a la mesa en su sillón de jefe.

–¿Pero qué me tengo que pensar, José Luis? Tú no eres tonto ni yo tampoco. Somos profesionales. Me gusta mi trabajo y me gusta este periódico, pero no me gusta que me cuenten cuentos chinos.

–Te pagaremos lo mismo que a Lozano.

–¡Oh, Dios mío, no lo entiendes!

–Piénsatelo y háblalo con tu marido.

–¡No tengo nada que hablar con mi marido!

–Tengo la impresión de que todo lo que digo te irrita.

–Quiero dirigir el suplemento yo sola, con categoría de redactor jefe y responder ante ti. Piénsatelo y háblalo con tu mujer.

Carmen Rico-Godoy, Como ser una mujer y no morir en el intento © Ediciones temas de hoy, Madrid 1991

60 **idóneo/-a:** adecuado/-a 66 **la maniobra:** *aquí* la estrategia 96 **responder:** *aquí* ser responsable

LA LENGUA
DELE

Vocabulario

Explica el sentido de las expresiones del lenguaje coloquial a partir del contexto: «pasar por la cabeza» (l. 15), «tener garra» (l. 37), «pillar a alguien» (l. 51), «tener mal café» (l. 70), «poner en bandeja» (l. 71), «currar» (l. 74), «como un/a endemoniado/-a» (l. 74), «llevarse las flores» (l. 79), «contar cuentos chinos» (l. 87).

TAREA CREATIVA

Después de hablar con Carmen, Garzón va a comer con Lozano. ¿Qué le cuenta sobre la conversación con Carmen?

JUEGO DE ROLES

Representad la escena entre José Luis y Carmen, pensando en la respectiva intención de los dos. No aprendáis el diálogo de memoria, sino improvisad.

DETRÁS DE LA NOTICIA

EL TEMA *¿Qué es para vosotros un/a periodista comprometido/-a? Discutid.*

comprometido/-a: engagiert

EL ANUNCIO **A**

Analizar un anuncio

1 *Describe la foto y sitúala en su contexto político.*
2 *Explica el texto debajo de la foto y su relación con la foto.*
3 *Analiza la intención del anuncio.*

B

Comentar un anuncio

1 *Haz primero los ejercicios de A.*
2 *Comenta la imagen profesional transmitida por el anuncio.*
3 *A tu entender, ¿es un anuncio bien hecho? Da razones.*

Estas dos personas no terminan de entender lo que está pasando.
Estas dos personas no quieren tener miedo.
Estas dos personas no piensan bajar los brazos.
Estas dos personas quieren ver un futuro en paz.

Detrás de cada noticia, hay un periodista.

SERVICIOS INFORMATIVOS DE TVE

tve

Más de 1.100 profesionales.
Enviados especiales en todo el mundo.
2 centros de producción.
15 centros territoriales.
17 corresponsalías internacionales.
Y 24 h. de información en Canal 24 h.

DEBATE *El periodismo: ¿plaga o bendición de nuestra época? Organizad un debate.*

← La libertad de expresión, p. 156

LAS FOTOS EN EL PERIÓDICO*

EL TEMA *¿En qué momentos sueles tomar fotos? ¿Y para qué?*

EL TEXTO **A** **Anticipar el contenido de un texto y resumirlo**

1 *Lee el primer párrafo del texto. Supón lo que se dirá en la parte siguiente que trata de las fotos en la prensa diaria.*
2 *Lee el resto del texto y compara con tus hipótesis.*
3 *Localiza las frases clave del texto entero y resúmelo basándote en ellas.*

B **Analizar un texto**

1 *Compara las características atribuidas a las fotos del álbum familiar con las de la prensa.*
2 *Analiza la función de los personajes y acontecimientos mencionados en las líneas 22–34.*
3 *Explica las siguientes frases:*
«Lo malo, en el álbum, sólo aparece como ausencia.» (ll. 8/9)
«Las fotografías de la prensa diaria forman parte del álbum de familia de una sociedad.» (ll. 17–19)
«Las fotografías que quedan en la memoria colectiva, se incorporan a ese álbum familiar intangible que cuenta la historia de un país o de una época.» (ll. 46–49)
«La fotografía se ocupa, en el periódico, de la comunicación no verbal…» (ll. 50/51)
«…con el tiempo […] se convierten en íconos de una época.» (ll. 62/63)

Cuando repasamos el álbum familiar vemos reflejados en él todos los grandes acontecimientos familiares (bautizos, comuniones, bodas, viajes, aniversarios...), excepto la muerte. Seguramente, nos chocaría ver en la sala de un tanatorio a un grupo familiar retratándose tristemente junto al cadáver. Lo malo, en el álbum, sólo aparece como ausencia. [...] La obsesión del álbum familiar por reflejar sólo lo bueno llega al extremo de que en ocasiones algunas fotografías aparecen rotas por la mitad, pues no es raro que expulsemos violentamente de la colección a quienes han salido de mala manera de nuestras vidas.

Las fotografías de la prensa diaria forman parte del álbum de familia de una sociedad. Al repasarlas, nos reconocemos en ellas y hacemos comentarios semejantes a los que se efectúan frente a las páginas del álbum familiar. Mira qué joven está aquí Alfonso Guerra o qué desmejorado está Fraga. Esta foto es de cuando el golpe del 23 F. Y este señor, comentas a los más jóvenes, era un general, Gutiérrez Mellado, que no se arrodilló cuando Tejero sacó la

← Una noche de febrero, p. 158

El golpe del 23 de febrero de 1981

pistola. Fue el único, con Suárez y Carrillo, que permaneció sentado en su escaño. Y estas otras imágenes son de cuando un avión de Iberia chocó en las pistas del aeropuerto de Barajas con uno de Aviaco. Fue un horror. Aquí aparece el Rey en la División Acorazada Brunete... La única diferencia entre el álbum colectivo y el familiar, es que en el colectivo sí aparecen los sucesos desgraciados. Es más, con frecuencia, se prefieren a los felices. Pero entre las semejanzas, quizá la más inquietante es la constatación de que tanto las fotografías privadas como las colectivas nos miran. Nos mira desde el álbum familiar el hermano de papá que se colgó de una viga, y nos mira desde la página del periódico el político que acaba de ganar o de perder las elecciones. Las fotografías que quedan en la memoria colectiva, se incorporan a ese álbum familiar intangible que cuenta la historia de un país o de una época.

La fotografía se ocupa, en el periódico, de la comunicación no verbal, que a estas alturas ya sabemos que es tan importante como la verbal. Del mismo modo que en la vida subrayamos, matizamos o desmentimos con el gesto lo que expresamos con la boca, en el periódico la foto buena (en el sentido de pertinente) puede transmitir una información que desmienta, matice o subraye lo que afirma la noticia escrita. La foto no es una mera mancha para descansar la vista; es información pura y dura y con el tiempo [...] se convierten en íconos de una época.

Juan José Millás, Todo son preguntas © Península, Barcelona 2005

6 **el tanatorio:** el edificio en el que son depositados los muertos antes del entierro 9 **la ausencia:** *lo contrario de* la presencia 23 **Alfonso Guerra:** Alfonso Guerra González (PSOE), vicepresidente en el Gobierno presidido por Felipe González (de 1982 a 1991) 23 **estar desmejorado/-a:** tener muy mal aspecto, estar enfermo/-a 24 **Fraga:** Manuel Fraga Iribarne (PP), político con altos cargos desde la época de Franco, jefe del Gobierno de Galicia de 1990 a 2005 24 **el golpe del 23 F:** el intento de Golpe militar del 23 de febrero de 1981 28 **Suárez:** Alfonso Suárez González (UCD), presidente del Gobierno de 1977 a 1981 28 **Carrillo:** Santiago Carrillo Suárez, Secretario General del Partido Comunista de España desde 1960 hasta 1982 29 **el escaño:** el asiento de los miembros del Parlamento 31 **el aeropuerto de Barajas:** el aeropuerto de Madrid 31/32 **Iberia, Aviaco:** líneas aéreas españolas 34 **la División Acorazada Brunete:** la tropa cuyos líderes participaron activamente en el golpe del 23-F 43 **la viga:** un madero largo y grueso que se emplea para construir techos 48 **intangible:** *culto* que no se puede tocar 51 **a estas alturas:** *aquí* hoy en día 54 **subrayar:** unterstreichen, betonen 54 **matizar:** *aquí* dar un determinado tono a lo que se dice 54 **desmentir:** *aquí* sostener o demostrar que lo que se dice no es cierto 57 **pertinente:** *aquí* que se refiere al texto 60 **mero/-a:** solo/-a 60 **la mancha:** Fleck

LA LENGUA
DELE

Los verbos y sus complementos

1 *Indica el significado alemán de los verbos subrayados:*
«...el político que <u>acaba de</u> ganar o de perder las elecciones.» (ll. 45/46)
... el político que <u>acaba por</u> aceptar que ha perdido las elecciones.

2 *Completa las frases con el verbo adecuado. Después forma frases con los verbos restantes.*
a) dejar de / dejar: Los periodistas son en general muy curiosos, no [¿] hacer preguntas.
b) estar por / para: Los periodistas [¿] la libertad de expresión.
c) distinguirse de / por: Un periodista serio [¿] su sentido de responsabilidad.
d) venir de / por: El fotógrafo [¿] las fotos.
e) deber de / deber: Mira a aquel señor, [¿] ser el rey.
f) entender / entender de: Para ser un buen periodista, hay que [¿] ordenadores.

OPINIÓN *¿Por qué solemos fotografiar sobre todo los momentos felices? Comenta.*

PROYECTO *¿Cuáles son las fotografías que pertenecen al álbum familiar de vuestra generación? Reunidlas.*

EXPOSICIÓN
→ Exponer un tema, p. 232

1 *Hojea un periódico o una revista española (o tu carpeta escolar con artículos de la prensa española) y busca ejemplos de fotografías que:*
– *den información suplementaria al texto del artículo al que pertenecen,*
– *sean sólo como una ilustración del texto,*
– *tengan otras funciones (¿cuáles?).*

2 *Explícales tu selección a tus compañeros.*

LA TELEVISIÓN EN LA VIDA DE LOS ESPAÑOLES

EL TEMA

etb 1

18.00 Iparraldearen orena. *Informativo.*
18.05 E-klipse@
18.35 Bidaide
19.30 Kamera ezkutua
19.55 Shin Chan
20.20 Eguraldia
20.28 Gaur egun
21.05 Bertatik bertara
21.45 Goenkale. *Serie.*
22.25 Dokugunea
23.30 Buruz buru. Hoy: Joxe Mari Sarasua.
24.00 Eguna iruditan
00.05 Postdata
00.10 Barne barnetik *Documental.* Hoy con el capítulo titulado: 'Dime'.

Galicia tv

14.25 Telexornal
15.30 Paixón de gabiáns
NOVELA (Caps. 149, 150 y 151) Sara informa a Gabriela sobre la infidelidad de Fernando pero ella no da crédito a sus palabras, con lo que Sara se compromete a llevarla la próxima vez para que lo vea con sus propios ojos. Armando responsabiliza a Memo de la presencia de Dínora en la casa y él, por su gran lealtad, asume los riesgos. Gabriela, amenazada por Fernando y Dínora, le dice a Sara que deben hablar en presencia de Fernando.
18.00 O diario de Daniela
20.25 Telexornal
21.25 Shin-Chan

La 2

17.30 Los Lunnis. *Infantil.* Con: Tommy y Óscar, Los Lunnis, la serie, Cyberchase y La vaca Connie.
19.30 Paisajismo del siglo XXI
20.00 Informativo territorial
20.30 Ellen y su mundo
SERIE Protagonizada por Ellen Degeneres y Jim Gaffigan.
21.00 Vivir con Mr. Cooper
SERIE Con Mark Curry y Raven-Gymore.
21.30 Miradas 2. *Cultural.*
21.55 Sorteo de la Bonoloto. *Sorteo.*
22.00 La 2 Noticias. *Informativo.*
22.40 El tiempo. *Informativo.*

22.45 Crónicas. *Reportajes.* Presentado por Elena Sánchez.

3 TELEVISIÓ DE CATALUNYA

15.45 El cor de la ciutat
NOVELA Roger consigue telefonear a Carme.
16.20 El club. *Magazine.*
18.20 Colombo
SERIE Una qüestió d'honor.
19.50 En directe
20.30 3 punts. *Deportivo.*
21.00 T/N vespre
21.55 El temps
22.00 Papà Eto'o. *Especial.* Programa monográfico dedicado a Eto'o. Contiene imágenes en las que queda reflejada toda la pasión que despierta en su país el 'pichichi' africano del Barça.
23.20 Diari d'una miss ★
CINE *Estrenes de TV3* (España, 2005). Con Kira Miró, Paulina Gálvez y Pau Durà.
01.10 Don's Plum ★

tve1

18.15 Obsesión
NOVELA El Inspector Aguilar lee el diario de Elisa y cree que Eva estará ya fuera del país.
19.30 Vamos a cocinar... con José Andrés. Recetas a cargo del famoso cocinero asturiano José Andrés.
20.00 Gente. *Magazine.* La crónica de sucesos está presentada por María José Molina. A su finalización, Sonia Ferrer comenta la última hora del corazón.
21.00 Telediario 2. *Informativo.* Con Lorenzo Milá. En los deportes, Jesús Álvarez.
21.55 El tiempo. Meteorología.

22.00 ¡Mira quién baila! Anne Igartiburu presenta este espacio.

1 *Compara el noticiario de todos los canales y comenta lo que te llama la atención.*
2 *Compara los programas con los de tu país.*

EL GRÁFICO

Personas que suelen ver la televisión, según el tipo de programas preferidos

Personas que suelen ver la televisión simultáneamente a realizar alguna actividad según tipo

(En porcentaje de la población que suele ver televisión)

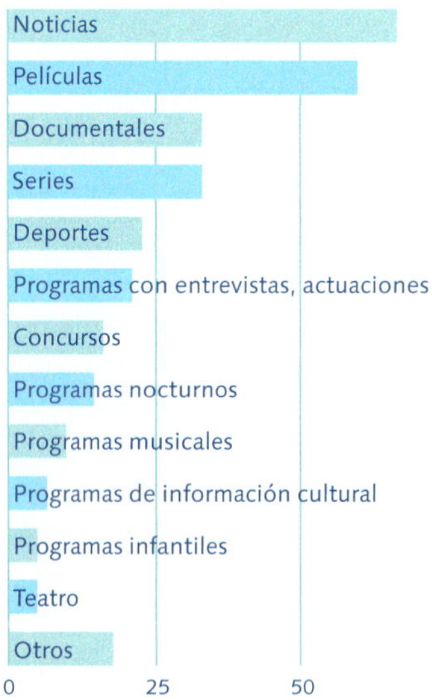

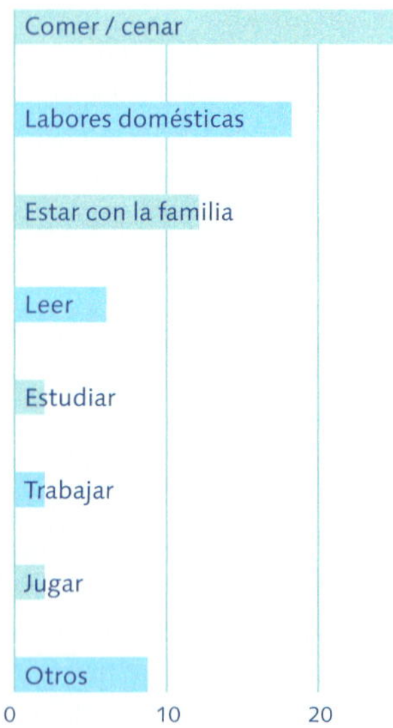

Las cifras de la cultura en España © Ministerio de Educación/Cultura y Deporte, 2002

→ Cifras y porcentajes, p. 251

Comentar un gráfico

1 *Comenta los gráficos.*
2 *Haced la misma encuesta a vuestros compañeros de clase.*
3 *Comparad las respuestas obtenidas por vuestra propia encuesta con las respuestas reflejadas en el gráfico.*
4 *Presentad vuestros resultados en clase.*

PROYECTO

Buscad, en la sección programas *de la página web de Radiotelevisión española (www.rtve.es) cuatro emisiones diferentes, p.e. un documental, música, deporte, una serie… . Después formad cuatro grupos y repartid las emisiones. Cada grupo busca más información sobre «su» programa y lo presenta a los demás compañeros del curso.*

PARA PROFUNDIZAR

La tele en España

Las cadenas estatales

El primer canal fue fundado en el año 1956 formando parte del grupo RTVE (Radiotelevisión Española). «La primera» es la cadena de los programas más populares y con más audiencia en España.

El segundo canal que también pertenece a RTVE apareció el año 1966. «La 2» emite contenidos culturales, deportivos y de servicio público de baja audiencia en comparación con su hermana mayor.

Las cadenas autonómicas (estatales)

TV3 (Cataluña)
El primer canal autonómico fundado en 1983 (siendo la primera televisión independiente de RTVE) con el objetivo de fomentar el uso del catalán. Transmite un programa generalista enteramente en catalán.

ETB (País Vasco)
Euskal Telebista está dividido en dos canales: ETB 1 que emite programas exclusivamente en vasco y ETB 2 que emite programas en español.

TVG (Galicia)
Puede ser recibido también en el norte de Portugal.
Emite casi toda la programación en gallego.

Canal Sur (Andalucía)
Tele Madrid (Madrid)
Canal 9 (Comunidad Valenciana)
TV Canaria

Las cadenas privadas (1990)

Antena 3
Fue el primero de los tres canales privados que aparecieron en el año 1989. Emite entre otros telenovelas y concursos. Es una de las cadenas televisivas con más audiencia en España.

Telecinco
Emite muchos concursos y programas informativos. Es el canal con la mayor cantidad de teleespectadores en toda España.

Canal +
Es un canal de televisión de pago, pero también emite seis horas al día en abierto. Su programación incluye películas de estreno y fútbol en vivo y en directo.

ENTRE REALIDAD Y FICCIÓN*

EL TEMA *¿Cuáles son los programas que sueles ver en la tele? Explica por qué te gustan.*

EL TEXTO **A**

→ Caracterizar a un personaje, p. 234

Acercarse al contenido y al mensaje implícito de un cuento

1 *¿Quién es la Yoko? Describe el papel que desempeña en la vida del niño.*
2 *Caracteriza al niño a partir de la información dada en el texto. Luego describe cómo te lo imaginas (edad, físico, carácter).*
3 *Explica el final del cuento.*
4 *Resume el tema del cuento en una frase.*

B

Analizar elementos estilísticos de un cuento

1 *Indica los elementos formales que comprueban que se trata de un cuento corto y no, por ejemplo, de un extracto de una novela.*
2 *Explica la función del episodio que tiene lugar en la escuela (ll. 18–27).*

El padre ha perdido su trabajo y la familia se traslada a otra ciudad para vivir. Viajan en coche:

En el asiento trasero, abrazado a Yoko, el niño miraba con angustia la evasión del día en la pantalla del automóvil, los rescoldos del sol en el vídeo indolente del horizonte. También él tenía un problema. Si no se daban prisa, si esa maldita ciudad no aparecía enseguida, perdería el capítulo de *Hell's Kingdom*.

El niño adoraba a Baby Devil, el pequeño Satán protagonista de la serie. Era capaz de dibujarlo idéntico y de memoria, con trazos muy rápidos. Lo hacía en cualquier papel que tuviera a mano, con tiza en el pavimento o con un palo en la arena de la playa. En la escuela que ahora dejaba atrás habían organizado para los niños un concurso de postales navideñas y él retrató a Baby Devil sobre el portal de Belén, sosteniendo una estrella con el tridente. No le dieron el premio, pero él ya sabía distinguir lo que era éxito de lo que no lo era. Todo el mundo habló de su postal.

–¿Serías capaz de dibujar algo que no fuese ese Baby Devil? –preguntó la profesora.

Gracias a Baby Devil, el niño había conseguido que dejasen de apodarlo Bola de Sebo. Dibujó un bebé dinosaurio de ojos grandes y tiernos.

–Me gusta. Es bonito –dijo la profesora–. ¿Me lo regalas?

Ella nunca lo supo, pero aquella criatura menuda que sonreía entre flores gigantes era también Baby Devil, porque entre los poderes del héroe se contaban, desde luego, los de ser invisible o transformarse en cualquier otro ser. Para ser exactos, Baby Devil comía almas [...]. No tenía que molestarse demasiado en deshacerse de sus enemigos. En el peor momento, cuando estaban a punto de estrangularlo con la trenza mortal de la Princesa Gélida o de desintegrarlo con el lanzador de rayos de la nada del Caballero Vacío, el pequeño Satán soltaba por los ojos sus proyectiles de lágrimas, del tamaño de una bala de la vieja Browning 22 que su padre llevaba debajo de la axila y neutralizaba los mandos sentimentales de los agresores, luego introducía una depresión en su *software* y finalmente les comía el alma. [...]

–Ha ganado –dijo el padre con alegría, palmeando en el volante–. Ha ganado el Tirnanorg. Allí es a donde nosotros vamos.

–¿Por qué saldríamos tan tarde? –dijo la madre–. Siempre salimos tarde.

–¿Seguro que se ven todas las cadenas ? –preguntó el niño con voz queda. Ya le habían dicho muchas veces que sí. [...]

La primera noche en la nueva casa, el niño se despierta.

Encendió la luz y vio que estaba en la cocina, desnuda de cosas y fría, como si el espíritu de la nevera, abierta y vacía, deambulara vagaroso por la casa, posando su aliento en el brillo pálido de los azulejos y del aluminio. Lo único vivo, de una vida ▶

tan radiante como perpleja, era la planta de azalea encima de la mesa.
[...] Después encontró el cuarto de ellos. Se quedó en la puerta, sin encender la luz, solamente mirando el bulto de sus padres en la cama, sinitiéndolos respirar a un tiempo, en creciente intensidad. Notó los pies fríos en la baldosa, y tuvo la impresión de que por el pasillo se acercaba, en forma de corriente violácea y con sucios dientes amarillos, el fantasma de la nevera. Estuvo a punto de echar a correr hacia aquella cama. Siempre que los veía así, abrazados, le entraba el deseo de deslizarse entre ellos. Pero abrió lentamente la puerta y se fue al lugar que faltaba.
El niño recorrió con la mirada las familiares bolsas del equipaje, tumbadas y de bruces en el suelo de la sala como gruesos y somnolientos animales de compañía envejecidos mudanza a mudanza. Allí, junto a ellas, protegida como un perrito, estaba la Yoko, con su lomo liso de gris metalizado. Buscó un enchufe y movió el mando para sintonizar las cadenas. ¿Qué hora sería? En la pantallita de la televisión portátil se sucedieron una persecución automovilística, un arrecife de coral poblado de peces de colores, una película en blanco y negro en la que un hombre amenazaba a otro: «Llévatela de aquí si no quieres que te la quite», y una carta de ajuste con música de gaita. Baby Devil, pensó el niño, estará con su padre, dormido en su regazo, mientras éste intenta inútilmente mantener los pies calientes y curar su nostalgia, como la polilla, mirando el corazón de las llamas. Estaban cara a cara. La pequeña Yoko lamía de luz el rostro del niño, chispeaba en sus ojos [...]. Sintió pasos. Enmarcada en la puerta, apareció la figura del padre, gigante esta vez, grande como nunca la había visto.
–¿Sabes qué hora es? –le gritó con enfado.
–No puedo dormir –tardó en responder el niño.
El padre se acercó despacio y acabó inclinado a su lado. El chaval seguía con los ojos clavados en la Yoko.
–¿No puedes dormir?
–No. Me desperté y no puedo dormir.
El padre posó su mano en la cabeza del niño y las llamaradas de la Yoko flamearon en la piel.
–¿Quieres venir a nuestra cama? –preguntó en voz baja.
–Sí –dijo el niño.
–¿Sabes cuántos años tienes? –dijo el padre ahora a la defensiva.
El niño no respondió. Parecía hechizado por algo que sucedía en la pantalla. El demonio canoso de rostro flaco mal afeitado acariciaba a Baby Devil con sus dedos huesudos y teñidos de nicotina. Después, apagaba la Yoko, cogía al niño en brazos y lo besaba con su hocico de púas.

Manuel Rivas, La luz de la Yoko, en: ¿Qué me quieres, amor?,
Traducción de Dolores Vilavedra © Alfaguara, Madrid 1998

6 **los rescoldos:** *aquí* los restos de sus rayos 7 **indolente:** que no se (con)mueve 17 **el pavimento:** Pflaster, Bodenbelag 21 **Belén:** Bethlehem 22 **el tridente:** un gran tenedor con tres dientes, insignia del diablo 29 **apodar a alg.:** ponerle un sobrenombre 30 **el sebo:** Talg, Schmiere 31 **tierno/-a:** delicado/-a, suave, dulce 35 **menudo/-a:** pequeño/-a 44 **la trenza:** Zopf 54 **palmear:** dar golpes con la palma de la mano 59 **la cadena:** *aquí* el canal 60 **con voz queda:** *culto* en voz baja 67 **vagaroso/-a:** *culto* que se mueve todo el tiempo 68 **el aliento:** Atem 74 **el bulto:** la elevación 77 **la baldosa:** Fliesenboden 79 **violáceo/-a:** de color lila 83 **deslizarse:** schlüpfen, gleiten 87 **de bruces:** boca abajo 89 **somnoliento/-a:** que tiene sueño 92 **el lomo:** la espalda de un animal 92 **liso/-a:** glatt 93 **el enchufe:** Steckdose 93 **el mando:** Fernbedienung 97 **el arrecife:** Riff 102 **la gaita:** Dudelsack 106 **la polilla:** Motte 107 **lamer:** *aquí* tocar, llenar 108 **chispear:** Funken sprühen 109 **enmarcado/-a:** *de* el marco: Rahmen 117 **el chaval:** *fam.* el niño 122 **la llamarada:** una llama grande que se levanta de repente y luego se apaga 129 **hechizado/-a:** verzaubert, verhext 131 **canoso/-a:** que tiene el pelo blanco 133 **teñir:** colorar 135 **el hocico:** la boca de un animal 135 **la púa:** Stachel

OPINIÓN

1 *Explica si te parece verosímil el cuento.*
2 *Si algún día tienes niños, ¿en qué medida les permitirás ver la tele? Da razones.*

TAREA CREATIVA

Poco después de la mudanza, un tío va a casa de la familia. El niño tiene mucha confianza con él y le cuenta cosas que nunca les diría a sus padres. Inventa un diálogo entre los dos.

EL PERIÓDICO DE MAÑANA

EL TEMA

¿A qué medios soléis recurrir en tu familia para informaros sobre las noticias actuales? Explica por qué.

EL TEXTO **A**

Explicar un gráfico

1 *Oriéntate en el gráfico e indica qué parte se refiere a la redacción, cuál a la difusión de la noticia.*

2 *Formad dos equipos: uno explica lo que hay que hacer para redactar una noticia digital, el otro lo que se tiene que hacer a la hora de difundirla.*

B

Combinar la información de un texto con la de un gráfico

→ Textos informativos, p. 245

1 *Recorre el texto con la vista y localiza los párrafos que ayudan a comprender el gráfico.*

2 *Compara dichos párrafos del texto con el gráfico e indica en qué ámbitos uno de los dos contiene más información.*

3 *Lee detenidamente el texto completo y haz una lista con las características de un periódico en internet. ¿Se te ocurren más?*

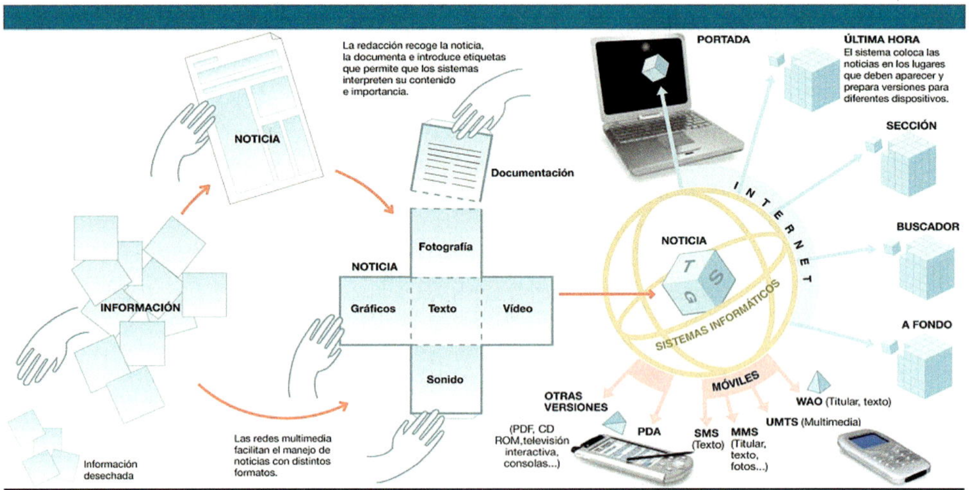

La principal diferencia en una parte importante de ELPAÍS.es con el periódico de papel radica en el tiempo. Hay muy poco tiempo para elaborar, distinguir y jerarquizar las noticias, como ocurre en la radio, la información de agencias o la televisión en directo. En el medio *on line* importa ser el primero, pero sin que la carrera propicie que lo que publiques sea incorrecto o falso.

La preparación digital de la información y su posterior difusión por las redes y aparatos separa notablemente la noticia digital de la que se ofrece por los otros medios. Las redes multimedia facilitan que manejemos noticias con formatos diferentes. Ahora, EL PAÍS puede contar una noticia a través de un texto, con un gráfico, con un audio, con un vídeo, con una hoja de cálculo, e incluso con una combinación de todos o varios de los anteriores. Por tanto, los periodistas apuestan por aquel formato más adecuado dentro de los que tienen a su alcance. Sigue predominando el texto porque es más fácil de producir y transmitir, pero cada vez crecen más los otros elementos.

Las redacciones digitales trabajan 24 horas y 365 días. En una edición *web* como la de EL PAÍS.es se actualizan continuamen- ▶

te cientos de miles de datos (piensen solamente en el chorro de cotizaciones bursátiles), y los archivos digitales del diario contienen millones de noticias, decenas de miles de fotos, millares de audios, vídeos y gráficos. Pero además, cuando usted la consulta, lo quiere ¡ya!

Para que todo el proceso sea todavía más difícil de manejar, los medios digitales poseen una característica que es la que más los diferencia de los demás: la interactividad. Los lectores deciden en muchas ocasiones cómo ver las noticias, desde algo tan simple como pulsar los botones que aumentan o disminuyen la letra de los textos hasta la ordenación de datos de la manera que ellos prefieren. Opinan, votan y se comunican con nosotros de una forma desconocida hasta ahora. En la actualidad, quienes consultan nuestros medios pueden escribir su opinión sobre cualquier tema, votar aquellas noticias que más les interesen, enviarlas por correo electrónico o guardarlas elaborando una carpeta a medida de recortes de prensa.

Mario Tascón, La continuación de la noticia por otros medios © El País 10.000, octubre de 2004

3 **radicar:** tener su origen 9 **propiciar:** *aquí* favorecer que se haga a/c 22 **apostar por a/c:** auf etw. setzen
24 **a su alcance:** a su disposición 32 **el chorro:** *aquí* la cantidad enorme

TAREA CREATIVA

¿Cómo crees que nos informaremos dentro de 50 años? Expón tus ideas con la forma que te parezca adecuada (p. e. un diálogo, una noticia, un gráfico, un cuento...).

PARA PROFUNDIZAR

Pequeña panorámica de la prensa española	
Diarios	**Difusión**
El País (www.elpais.es)	469.183
El Mundo (www.elmundo.es)	308.618
ABC (www.abc.es)	276.915
La Vanguardia (Barcelona) (www.lavanguardia.es)	203.703
El Periódico de Cataluña (www.elperiódico.es)	171.211
La Razón (www.larazon.es)	145.165
El Correo (Bilbao) (www.diario-elcorreo.es)	126.148
Revistas de información general	
Interviú (www.interviu.es)	121.100
Tiempo de Hoy (www.tiempodehoy.es)	59.314
Revistas femeninas	
Pronto	1.013.016
Hola (www.hola.com)	604.115
Diez Minutos	281.524
Lecturas	270.065
Glamour	258.682
¿Qué me dices?	252.981

© Información y Control de Publicaciones, 2004

CATALUÑA, UNA REGIÓN EN EUROPA

ESTUDIAR EN BARCELONA

EL TEMA

1 El castellano es la lengua española oficial del Estado. Todos los españoles tienen el deber de conocerla y el derecho a usarla.
2 Las demás lenguas españolas serán también oficiales en las respectivas Comunidades Autónomas de acuerdo con sus Estatutos.

Artículo 3 de la Constitución Española

El catalán, como lengua propia de Cataluña, lo es también de la enseñanza, en todos los niveles y modalidades educativas.

Artículo 20 de la Ley de Política Lingüística (Cataluña)

1 *Indica «las demás lenguas españolas» de las que habla la Constitución española y cuenta lo que sabes de ellas.*
2 *Imagina las consecuencias del artículo de la Ley de Política Lingüística para alumnos y estudiantes en Cataluña.*

EL TEXTO **A**

DVD

→ Películas, p. 247

Comprender y comentar escenas de una película

1 *Mira las primeras dos escenas y comenta espontáneamente el comportamiento del catedrático.*
2 *Lee y mira la tercera escena. Expón cómo los estudiantes catalanes defienden / explican este comportamiento.*

B

Imaginar una discusión

1 *Lee las primeras dos escenas y resume en algunas frases lo que pasa.*
2 *En la escena siguiente hay una discusión acerca de lo pasado. Participan cinco personas: dos estudiantes de Erasmus (Xavier e Isabelle), dos estudiantes catalanes y otro chico catalán de origen africano. Formad equipos de cinco e imaginad la discusión.*
3 *Leed la tercera escena y comparad los argumentos expuestos con los que habéis imaginado vosotros.*

Xavier, un estudiante de Erasmus francés, e Isabelle, una estudiante de Erasmus belga, acaban de llegar a Barcelona donde van a cursar un año de estudios superiores.

1 En el patio de la universidad

ESTUDIANTES FRANCESES Y BELGAS DE ERASMUS: *(discutiendo en voz baja)* Je ne comprends rien aux cours en catalan! Comprenez-vous? C'est impossible! Qui lui demande? Parler en castellin! Qui demande? ¿Qui? *(a Isabelle)* Toi!

2 En el aula

CATEDRÁTICO: Molt bé. Bon dia a tothom. Avui parlarem del futur del sistema capitalista global.

ISABELLE: Por favor, señor. Perdone. ¿Pero podría dar la clase en castellano?

OTROS ESTUDIANTES EXTRANJEROS: ¡Ah, sí! ¡Sí!

CATEDRÁTICO: Lo siento, señorita, pero no podrá ser. La mayoría de los estudiantes son catalanes, o sea, que no creo que tenga que cambiar de idioma.

ISABELLE: Somos más de 15 estudiantes de Erasmus que no hablamos catalán y para usted no es un problema hablar español.

CATEDRÁTICO: Mire, yo la entiendo perfectamente, señorita, de verdad, perfectamente. Pero usted me tendría que enten- ▶

der a mí también. Estamos en Cataluña y aquí el catalán es idioma oficial. Si usted quiere hablar español se va a Madrid o a Latinoamérica.

Unos estudiantes se ríen, otros protestan. El catedrático sigue hablando en catalán.

3 En una terraza de la universidad

CHICO CATALÁN: Jo parlo català sensillament perque sóc català i perque visc a Catalunya.

ISABELLE: A mí me parece contradictorio defender el catalán en un momento en el que estamos construyendo Europa.

CHICO CATALÁN DE ORIGEN AFRICANO: Yo no estoy de acuerdo. Primero porque creo que ... o sea ... estamos hablando de identidades y no hay una única identidad válida. Hay muchas identidades que son perfectamente compatibles. Se trata de respeto. Por ejemplo, yo tengo por lo menos dos identidades: la identidad gambiana que traigo conmigo mismo y la identidad catalana. Yo no creo que sea contradictorio combinar las dos identidades.

CHICO CATALÁN: ¿Tú no eres francés, tú eres marciano? ¡No! ¡Tú eres francés! Tú mantén tu identidad de francés ...¡L'identité! ¿Tu m'as compris? ¡L'identité! Astérix, Françoise Hardy, le fromage ... Y yo te doy mi pa amb tomàquet.

XAVIER: ¿Qué? ¿Pa ...?

CHICO CATALÁN: Pa, bread, bread and tomato ... Joan Manuel Serrat ... yo te doy mi Dalí ...

OTRO CHICO CATALÁN: España no sólo es «olé», es muchas más cosas, no sólo es flamenco, es flamenco y muchas más cosas ... y el catalán es parte de ello.

L'auberge espagnole / Una casa de locos © Filmax, 2002

---

60 **Françoise Hardy:** famosa cantante francesa 65 **Juan Manuel Serrat:** popular cantante catalán

LA LENGUA DELE

El uso del subjuntivo

1 *Explica el uso del subjuntivo en estas frases: «Yo no creo que sea contradictorio combinar las dos identidades.» (ll. 53–55) «No creo que tenga que cambiar de idioma.» (ll. 22/23)*

2 *¿Indicativo o subjuntivo?*

a) Reconozco que no (haber) una única identidad válida, pero no pienso que (ser) fácil combinar dos o más identidades.

b) No digo que España (ser) sólo «olé», ¡sé que (ser) es muchas cosas más!

c) Sé que salir al extranjero con una beca Erasmus (poder) ser una experiencia enriquecedora, pero me han explicado que (tener que/yo) tener un buen padrino que pague la aventura.

d) No entiendo que el catedrático (negarse) a dar la clase en castellano.

OPINIÓN *«A mí me parece contradictorio defender el catalán en un momento en el que estamos construyendo Europa.» (ll. 41–43) Comenta.*

DISCUSIÓN *¿Cuáles son las características que determinan la identidad de una persona / una colectividad?*

PARA PROFUNDIZAR *Si pudieras cursar algunos meses en una ciudad española, ¿adónde irías y por qué?*

identidad f – Conjunto de características que individualizan y diferencian a una persona o cosa o a una colectividad.

© Diccionario del español actual, Madrid: Santillana, 1999.

Las becas Erasmus de la Unión Europea son una de las becas más solicitadas entre los universitarios. Dan la posibilidad de entre tres meses y un año en otro país, pero la ayuda económica es escasa. En 2003, 3.493 españoles estudiaron en universidades italianas y 3.121 en Francia. 4.826 italianos estudiaron en España, seguidos de franceses y alemanes. Las universidades madrileñas, andaluzas y catalanas son las más solicitadas.

CATALUÑA, TIERRA DE CONTRASTES

EL TEMA *¿Qué sabéis de Cataluña? Entre todos, haced un mapa mental.*

→ Mapa mental, p. 257

Cataluña

- lenguas: catalán, castellano, prohibido bajo Franco, …
- ciudades: Barcelona, …
- economía: …
- …

EL TEXTO

A Convertir un texto en un mapa mental
Completa el mapa mental con la información más importante del texto.

B Extraer la información central de un texto

1. *Resume lo que llegas a saber sobre las costumbres y tradiciones catalanas.*
2. *Indica donde se habla el catalán.*
3. *Explica por qué el Fútbol Club Barcelona es «más que un club» para muchos catalanes. (l. 54)*
4. *Define el término «catalanismo» (l. 71).*
5. *El autor de este texto escribe como si, implícitamente, tomara parte en el debate lingüístico en España. Encuentra ejemplos en el texto y explica la actitud del autor. Imagina también los argumentos de la otra parte.*

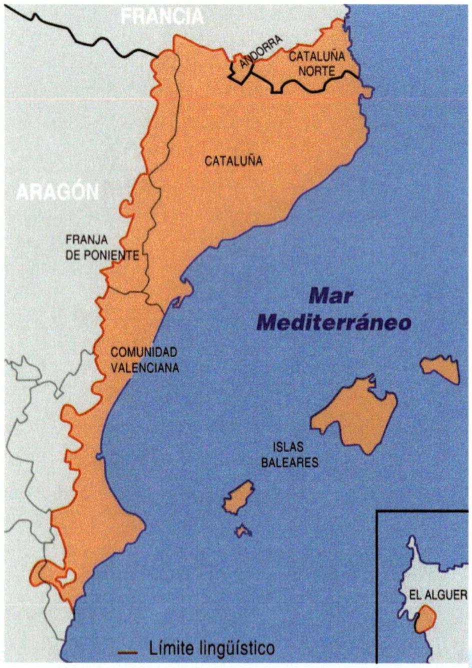

El catalán, lengua de Europa

El catalán es la lengua propia de Cataluña, y por eso es oficial en todo el país (junto con el castellano). Se enseña en las escuelas y es la lengua de la administración catalana. Proviene del latín y, por tanto, pertenece al grupo de lenguas románicas, como el castellano, el francés o el italiano. El dominio lingüístico del catalán abarca los siguientes territorios: Cataluña, excepto el Valle de Arán, que lingüísticamente pertenece a la familia occitana; parte de la Comunidad Valen-

Las Ramblas (Barcelona)

ciana; las Islas Baleares; la Franja de Poniente, que incluye territorios de cultura catalana que pertenecen a Aragón; Andorra, donde es la única lengua oficial; la Cataluña Norte, en Francia, y la ciudad del Alguer, en la isla de Cerdeña .
Unos 11 millones de personas conocen el catalán, y más de 9 millones lo saben hablar. Esto lo convierte en la séptima lengua más hablada de Europa, con más hablantes que el finés o el danés y con un número equiparable a los hablantes del griego, el portugués o el sueco. La tradición literaria catalana comienza en el s. XIII con la figura del filósofo y místico Ramon Llull. Las normas ortográficas, la gramática y el primer diccionario del catalán moderno fueron elaborados entre 1931 y 1932 por el lingüista y filólogo Pompeu Fabra. La institución encargada de fijar los criterios lingüísticos del catalán es el Instituto de Estudios Catalanes, y de su difusión mundial se ocupa el Instituto Ramon Llull.
El catalán está presente en la mayoría de las universidades de los estados europeos, Australia, EE.UU., Argentina o Camerún.

Casa Milà (1910) de Antoni Gaudí

Castillos humanos (Castellers)

Sant Jordi

El 23 de abril se celebra el día de San Jordi, patrón de Cataluña, que para los catalanes es el día de los enamorados según la leyenda del dragón, la princesa y San Jordi. Es tradición que las parejas se intercambien rosas y libros; por eso las calles se llenan de gente que pasea buscando en los numerosos puestos lo que regalará a la persona amada.

9 **el dominio lingüístico:** *hier* Sprachgebiet 14 **la Franja de Poniente:** región en el oeste de Cataluña 19 **Cerdeña:** Sardinien 50 **el puesto:** *hier* Stand

El Barça, más que un club

Los seguidores del Fútbol Club Barcelona resumen con la expresión „más que un club" su sentimiento hacia el equipo de su corazón. Efectivamente, el Barça es un club deportivo, pero su simbolismo sobrepasa este ámbito, y las victorias o derrotas de sus equipos (fútbol, baloncesto, balonmano, hockey sobre patines, atletismo etc.) son vividas por la gran mayoría de los catalanes como un fenómeno social y hasta político. Esto es así porque el club ha representado en muchos momentos de su historia el sentimiento de un país que tenía prohibida su lengua, sus instituciones y sus derechos como nación. En períodos oscuros, como la dictadura del general Franco, el FC Barcelona se convirtió en uno de los pocos espacios de expresión del catalanismo. Por eso, el gran rival ha sido siempre el Real Madrid, que fue durante años el equipo del régimen y que aún hoy es visto como símbolo del centralismo español.

Pero el sentimiento barcelonista va más allá de nuestras fronteras y hay peñas del Barça por todo el mundo. El club dispone de un museo que es el más visitado de la ciudad. El recorrido por el Museo del Fútbol Club Barcelona ofrece un repaso de los hechos más importantes de la historia del club y una visita al estadio, uno de los mayores y más modernos del mundo.

78 **la peña:** Fanclub

LA LENGUA

La comparación

1 *Traduce al alemán: «[El catalán es] la séptima lengua más hablada de Europa.» (ll. 22/23)*

2 *Traduce al español:*

a) Barcelona ist die zweitgrößte Stadt Spaniens.
b) Der Monte Perdido ist der dritthöchste Berg der Pyrenäen.
c) Extremadura ist das fünftgrößte Land Spaniens.
d) Santiago de Compostela gilt als die drittwichtigste Pilgerstadt der Christenheit.

MEDIACIÓN

→ Mediación, p. 233

Un 23 de abril estás con tus padres en Barcelona. Explícales por qué hay tanta gente en la calle. Explícales también lo que es el catalán y por qué el Barça es tan importante para los catalanes.

PARA PROFUNDIZAR

¿Con cuál de las siguientes frases puede indentificarse más?

Me siento ...	%	Creo que Cataluña ha conseguido ...	%
sólo español/a	7,7	demasiada autonomía	4,0
más español/a que catalán/-ana	6,2	un nivel suficiente de autonomía	34,9
tanto español/a como catalán/-ana	40,3	un nivel insuficiente de autonomía	52,3
más catalán/-ana que español/a	27,2	no sé / no contesta	8,8
sólo catalán/-ana	14,9		
no sé / no contesta	3,7		

Fuente: Generalitat de Catalunya, RPEO no. 293, junio de 2005

LA ESPAÑA DE LAS AUTONOMÍAS

EL TEXTO

→ Cifras y porcentajes, p. 251

Interpretar mapas y cifras

1 *Describe los contrastes entre las comunidades autónomas en cuanto a la distribución de la tasa de paro y del PIB per cápita.*

2 *Comparando los datos estadísticos, sitúa la Comunidad Autónoma de Cataluña dentro de las CCAA de España.*

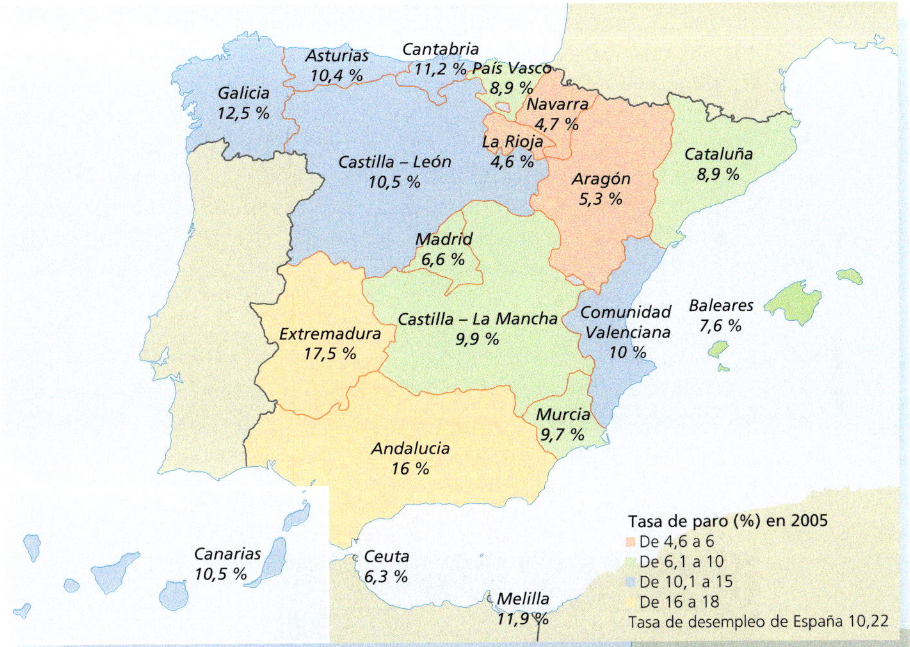

Fuente de los datos: INE, 2005

DISCUSIÓN *En el referendum celebrado el 20 de febrero de 2005, un 76,73% de los españoles dijo «sí» y un 17,24% votó «no» a la Constitución europea, mientras que en Francia y los Países Bajos los ciudadanos la rechazaron. ¿Cuál puede ser la causa del voto favorable de los españoles?*

PARA PROFUNDIZAR *Compara la organización del Estado español con la de tu país.*

Las Comunidades Autónomas

Desde el siglo XVIII había predominado la organización centralizada del Estado. El proceso autonómico se inició con la democracia en 1977, al restablecerse la Generalitat de Cataluña y un gobierno preautonómico en el País Vasco, y continuó con el establecimiento de la autonomía en Galicia, Andalucía y en el resto de las comunidades autónomas. En 1983, Castilla y León, Baleares y Madrid accedieron a la autonomía, con lo que quedaban instauradas las 17 comunidades autónomas. En 1995, Ceuta y Melilla se constituyeron como ciudades autónomas.

Cada comunidad autónoma cuenta con su estatuto de autonomía, la ley fundamental que regula el autogobierno de la comunidad. Con este modelo de organización se reconoce que el Estado español está integrado por territorios de diversas lenguas, tradiciones y culturas, así como las singularidades de las nacionalidades históricas: Cataluña, País Vasco y Galicia.

El nivel de autogobierno de las comunidades autónomas es muy alto: pueden elaborar ciertas leyes y asumen numerosas competencias, como la sanidad, la educación, las obras públicas, el medio ambiente, las carreteras, etc. El gobierno central se reserva competencias, como el control de la defensa nacional y del ejército, las relaciones con otros países, el comercio exterior, la emisión de moneda o la recaudación de la mayor parte de los impuestos.

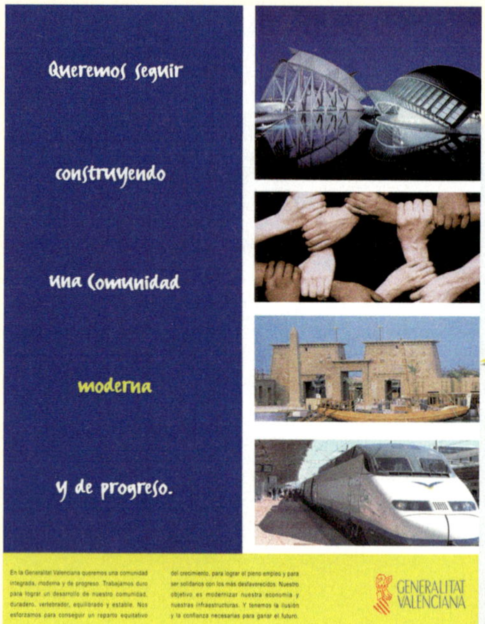

EL BILINGÜISMO EN CATALUÑA

EL TEMA
→ Cifras y porcentajes, p. 251

Describe e interpreta los siguientes datos sobre el bilingüismo en Cataluña.

Consideran como lengua propia el catalán	40,1%
Consideran como lengua propia el castellano	43,2%
Se consideran bilingües	14,2%
Hablan catalán con sus amigos	29,8%
Hablan castellano con sus amigos	41,6%
Hablan ambas lenguas	28%

	nacidos después de 1973	nacidos antes de 1973
Hablan y escriben con fluidez el catalán	85,9%	41%
Lo entienden pero no lo hablan	5,2%	21,2%
No entienden el catalán		2,4% en total
	nacidos después de 1973	nacidos antes de 1973
Hablan catalán en casa	33,8%	43%
Hablan castellano en casa	56,9%	47,9%
Hablan las dos lenguas en casa	7,7%	7,2%

© La sociedad red en Catalunya, 2002

EL TEXTO A
→ Textos informativos, p. 245

Comprender un texto informativo

1 *Explica la diferencia entre «lengua vehicular» y «lengua de uso» alegando ejemplos del mundo escolar.*
2 *Resume los resultados del estudio.*
3 *Discutid: ¿por qué será el castellano la «lengua ambiental predominante» entre los jóvenes en Cataluña?*

B

Comprender el trasfondo de un texto

1 *Resume los resultados más importantes del estudio.*
2 *Explica, a base de tus conocimientos adqueridos en clase y después de leer el texto «La reivindicación de la lengua» (ver «Para profundizar, p. 223»), por qué estos resultados «preocupan» (l. 16) en el Departament d'Ensenyament.*

Los escolares juegan en castellano

El 60% de los alumnos de primaria en Catalunya habla en castellano en el patio

Un amplio estudio de dos profesores de la UB sobre alumnos de 6.º de primaria de 52 escuelas revela que el catalán es la lengua vehicular pero no la lengua de uso.

Mientras el Ministerio de Educación presenta un decreto de desarrollo de la ley de Calidad que en Catalunya obligará a doblar el número de horas de castellano en primaria, porque considera que hay un déficit de conocimiento en esta lengua, en el Departament d'Ensenyament preocupan los resultados de un estudio que indican que el catalán retrocede fuera de las aulas.

El «modelo de conjunción en catalán» (que sitúa al catalán como lengua vehicular de la enseñanza) ha desarrollado la competencia oral y escrita en catalán y en castellano y ha evitado la segregación social en dos comunidades lingüísticas pero no ha sido capaz de promover el uso social del catalán entre los jóvenes. Ésta es en síntesis la conclusión de un estudio que se presentó en un simposio sobre lenguas, celebrado el año pasado en Barcelona, y ahora se publica parcialmente en el último número de «Escola Catalana». Carme Alcoverro, directora de esta revista que edita Òmnium Cultural, recuerda que aunque las escuelas de primaria utilizan el catalán como lengua de enseñanza, los datos sobre la lengua de relación de los alumnos con los profesores y de éstos entre sí en situaciones informales indican una realidad muy distinta. «Además –escribe–, son muchos los alumnos que en primaria usaban el catalán con naturalidad, y llegados a secundaria, dejan de hablarlo.»

El estudio detecta un transvase de lengua en el tiempo de ocio o de relación entre estos adolescentes. Los enunciados en castellano representan el 60% y en catalán se reducen al 34%. En las conversaciones aparecen un 5% de enunciados dudosos, del tipo de «Eh, tia, para no?» Lo más sorprendente es que la lengua ambiental predominante es el castellano incluso en alumnos catalanohablantes. En estos casos, el 48,8% de las conversaciones son en castellano, y ese porcentaje sube al 63,2% y al 68% en niños bilingües y castellanohablantes, respectivamente.

Pese a estos resultados, los autores no caen en el pesimismo de pensar en una «extinción inmediata» del catalán. Es más, aseguran que estos jóvenes no abandonan su lengua «más de lo que lo hacen sus hermanos mayores o sus padres». Otro dato optimista es que hay un segmento minoritario de castellanohablantes que se incorporan al uso activo del catalán, especialmente allí donde las condiciones escolares y sociales lo hacen posible.

6 **UB:** Universidad de Barcelona 15 **el Departament d'Ensenyament:** Ministerio de Educación de Cataluña 17 **retroceder:** disminuir, perder importancia 27 **en síntesis:** en resumen 44 **el transvase de lengua:** *etwa* das „Umschalten" zu einer anderen Sprache

LA LENGUA

→ Vocabulario, p. 254

Mira el cartel y lee el texto: intenta descifrarlo en base a tus conocimientos del español y de otras lenguas.

COMPRENSIÓN AUDIOVISUAL

Dóna corda al català

1 *Este cartel y el texto forman parte de una campaña. Discutid a quién se dirige la campaña y cuáles son sus objetivos.*

DVD

2 *Mira el spot televisivo y explica por qué puede ser considerado como una reacción ante los resultados del estudio.*

PARA PROFUNDIZAR

La reivindicación de la lengua

Durante la dictadura de Franco, la persecución del catalán fue intensa y sistemática. El uso del catalán quedó totalmente prohibido, tanto en público como en la vida privada. A pesar de todo, el catalán siempre se hablaba en las familias.

Una vez recuperadas las libertades democráticas, se emprendió la reivindicación de la lengua con el objetivo de «restablecer el catalán en el puesto que le corresponde como lengua propia de Cataluña.» El Parlamento Catalán aprobó en 1983 la «Ley de Normalización lingüística» para apoyar el uso de la lengua catalana. Desde entonces se utiliza en la escuela, la administración y los medios de comunicación institucionales.

En 1998, se aprobó una nueva ley con el objetivo de promover el uso del catalán también en el mundo económico, las industrias culturales y los medios de comunicación privados. Se introdujo también el modelo de «conjunción en catalán» que define que el catalán es la lengua vehicular y de aprendizaje en la enseñanza no universitaria.

La política lingüística en Cataluña ha levantado una fuerte controversia. Para unos, las normas legales son necesarias para salvar las señas de identidad de un pueblo o de una nación que el franquismo quiso suprimir. Para otros, este hecho se produce con un celo reivindicativo excesivo y apoyado en el continuo victimismo, que sólo conducerá a la independencia o al sentido provinciano del nacionalismo.

RINCÓN DE HISTORIA

Para contestar las trece preguntas siguientes hay que buscar información en enciclopedias o en internet. Los textos dan sólo algunas pistas que os facilitarán la búsqueda. Podéis elegir vosotros mismos cómo proceder: por ejemplo, repartir las preguntas y trabajar en parejas o elegir sólo algunas de las preguntas y no todas.

Emerita Augusta es una de las ciudades donde mejor se puede estudiar la vida y cultura romana en España. El nombre se debe a los soldados romanos licenciados (los «eméritos») que conquistaron este territorio y fundaron una colonia (25–24 a. C.) que se convirtió en una de las ciudades más importantes del Imperio Romano. La capital de Lusitania tenía todo lo que caracterizaba también otras ciudades romanas: un teatro para 5.000 y un anfiteatro para 15.000 personas, puentes (entre ellos uno de casi 800 metros), acueductos, baños, un circo, arcos de triunfo, murallas, templos y caminos que unían la ciudad con Andalucía y Castilla.

1 ¿Cómo se llama Emerita Augusta hoy y dónde se encuentra?
2 ¿Cómo se llaman hoy Cartagonova, Híspalis, Malaka y Gades?

El poema «Cantar del Mío Cid» se basa en un personaje histórico, Rodrigo Díaz de Vivar «El Cid» (1043–1099), un caballero castellano que luchó unas veces del lado cristiano y otras del lado musulmán durante la Reconquista. Logró conquistar el Reino de Valencia que estaba en manos de los árabes. El sobrenombre el Cid viene del árabe al-sidi = mi señor. Juglares difundían la leyenda del Cid cantando en la calle sus aventuras; la primera versión escrita del poema data de 1307.

3 ¿Qué tiene que ver la ciudad de Burgos con el Cid?
4 ¿Qué lugar y qué fecha simbolizan el comienzo de la Reconquista?

De los 700 años de la presencia musulmana en España destacan los cien años del califato de Córdoba (929-1031). Los califas supieron favorecer la convivencia pacífica entre bereberes, árabes, hispanos y judíos. Pactaron con los cristianos, construyeron y ampliaron numerosos edificios –como la Mezquita de Córdoba– y se rodearon de la inteligencia de su época. Mantuvieron contactos comerciales con Bagdad, Francia, Túnez, Marruecos, Bizancio, Italia y hasta Alemania. En la capital del reino más poderoso de Occidente florecieron la ciencia y la filosofía. Se creó la mayor biblioteca de Occidente con 400.000 libros, se estudiaron las obras de Aristóteles y se introdujo el sistema numeral actual, llegado de la India.

5 Al lugar por donde los árabes entraron en España en 711 se le llamaba entonces «Djebel al Tarik». ¿Qué significa este nombre, cómo se llama este lugar hoy y dónde está?
6 Los árabes llamaban al sur de España Al Andalus que significa «Tierra de los vándalos». ¿A qué se debe ese nombre?

Carlos V de Alemania o Carlos I de España nació en Gante en 1500. Era el nieto de los Reyes Católicos y a los 19 años se convirtió en el hombre más poderoso de su época. Pero cuando llegó por primera vez a España para heredar la corona, no sabía ni una palabra de español y no conocía las costumbres y las leyes del país. De los cuarenta años que duró su reinado Carlos V sólo pasó dieciséis en la Península Ibérica. La obsesión de Carlos fue la unidad política de la cristiandad bajo una monarquía por él gobernada. A él se le atribuye la frase: «En mi reino nunca se pone el sol.»

7 ¿A qué se refiere esta frase?
8 ¿Por qué Carlos se llama Carlos V de Alemania y Carlos I de España?

Un hidalgo aficionado a leer libros de caballería se vuelve loco, comienza a creer que es un caballero andante y sale de su aldea en tres ocasiones para buscar aventuras. Obligado, regresará a su casa, enfermará, recobrará el juicio y morirá. Esta trama la conoce todo el mundo ya que el Quijote es probablemente el carácter literario más famoso y la novela, junto con la Biblia, el libro más leído del mundo. Sin embargo se sabe poco de la vida de su autor, Miguel de Cervantes Saavedra (1547–1616): nació en Alcalá de Henares, a los veinte años se fue a Italia, pasó unos años en Argelia, tuvo problemas con la justicia y varias veces fue encarcelado. Cuando el Quijote fue publicado en Valencia, en 1605, Cervantes ya tenía 58 años.

9 ¿Cuál es el título completo de la novela?
10 ¿Cómo se llaman el compañero del Quijote, su caballo y la dama a la que tanto amaba?
11 ¿Por qué se le puso a Miguel de Cervantes el sobrenombre «El manco de Lepanto»?

La primera Constitución española, aprobada en 1812, fue una de las más liberales de Europa: estableció la igualdad de todos los ciudadanos, incluidos los de América, acabó con privilegios de la nobleza y abrió el camino a una reforma agraria. Pero dos años después, al ser restablecido el absolutismo por Fernando VII, esta constitución quedó prohibida hasta la sola mención de su nombre. Como ésta había sido promulgada un 19 de marzo –el día de San José–, los liberales la bautizaron «La Pepa» (Pepe = José) y así fue como surgió el grito de ¡Viva la Pepa! para reemplazar el de ¡Viva la Constitución!, considerado entonces subversivo.

12 ¿En qué ciudad española fue aprobada dicha Constitución?
13 ¿Qué significado tiene hoy en día la expresión ¡Viva la Pepa!?

PUNTO FINAL

REVISIÓN

1 *Revisad los textos que habéis leído en este capítulo y reunid en un mapa mental la información que habéis obtenido.*
2 *Buscad en los demás textos temas que no habéis tratado y añadidlos al mapa.*
3 *Señalad el tema o el texto que más / menos os haya gustado e indicad también por qué.*

DIARIO DE LECTURA

Anota lo que
– *te ha llamado la atención en el capítulo y explica también por qué,*
– *te ha aportado algo nuevo (ideas, conocimientos) que no quieres perder de vista.*

PORTAFOLIO

1 *Escoge tu tema favorito y sigue buscando información por tu cuenta. Escribe, a base de los resultados, una carta, un artículo o prepara una exposición.*
2 *Dentro de las tareas que has preparado para este capítulo, elige la que mejor te haya salido.*

DISCUSIÓN

1 *Leed el texto sobre los glaciares en el capítulo Cono Sur (pp. 187/188) y discutid lo que tienen que ver los fenómenos descritos con el desarrollo climático en Europa.*
2 *Volved a discutir el comportamiento del catedrático en «Una casa de locos» (ver pp. 214/215), teniendo en cuenta todos vuestros conocimientos adqueridos en clase sobre Cataluña, los catalanes y el catalanismo.*
3 *Hay quienes critican el uso exclusivo del catalán en la enseñanza como discriminación lingüística. ¿Cómo solucionar este conflicto?*

PROYECTO

Para saber más sobre Cataluña

1 *Formad equipos. Informaos sobre*
– *la ciudad de Barcelona (las Ramblas, el Barrio Gótico, la Sagrada Familia, ...),*
– *otras ciudades importantes,*
– *la geografía y el clima,*
– *grandes artistas (Salvador Dalí, Joan Miró, Antonio Gaudí, ...),*
– *fiestas y costumbres (la sardana, los castellers, ...).*
2 *Organizad una exposición en clase.*

BÚSQUEDA DE INFORMACIÓN

Erasmus: una educación a puertas abiertas

Sócrates es el programa europeo en materia de educación. Consiste en varios programas, entre ellos Erasmus, destinado a intercambios de estudiantes universitarios. Ofrece, entre otro, becas para estudiar, realizar un periodo de prácticas o seguir cursos de formación en el extranjero.
Busca información sobre el programa de becas Erasmus.

PARA LEER MÁS

Julio Llamazares, *Escenas del cine mudo,* Seix Barral, Barcelona 1994.
Juan Marsé, *El amante bilingüe,* Planeta, Barcelona 1990.
Rosa Montero, *Crónicas del desamor,* Debate, Barcelona 1979.

DIRECCIONES DE INTERNET

Cataluña: www.gencat.net
Barcelona: www.bcn.es
Agencia Europea del Medio Ambiente: www.eea.eu.int
Europa: www.europa.eu.int

DESTREZAS

COMPRENSIÓN DE LECTURA

PREPARAR LA LECTURA

Antes de empezar a leer un texto, ten claro el objetivo de la lectura: ¿quieres leer para pasar un rato agradable o necesitas alguna información concreta? En este último caso, el diseño de un texto (párrafos, sub/títulos, fotos) te puede ayudar a formular una hipótesis sobre el contenido y a estructurar la lectura. Además, acuérdate de lo que ya sabes sobre el tema y, quizás, apúntalo.

LECTURA GLOBAL

La lectura global –echar una ojeada a un texto para saber más o menos de qué habla– es el primer paso para acercarse a un texto. Lo haces, por ejemplo, cuando abres el periódico y quieres informarte rápidamente de lo que está pasando en el mundo. Si quieres entrar más en detalle, pasas automáticamente a una lectura selectiva o detallada.

1) Intenta anticipar el tema del texto leyendo el título y las palabras en negrilla* o en cursiva (si las hay).
2) Mira las fotos y las leyendas (si las hay).
3) Lee la primera y la última frase de cada párrafo porque resumen a menudo la información dada en el párrafo.
4) ¡No leas ningún párrafo en detalle! Basta con buscar palabras o expresiones clave. Puede ser útil subrayarlas.

en negrilla: fett gedruckt

PARA PRACTICAR

1 *Di en una frase de qué habla el texto en las páginas* **25/26**.
2 *Resume en una frase de qué trata el texto* **Licenciado en chabolas** → **pp. 123/124**.

LECTURA SELECTIVA

Para saber si un texto contiene una información determinada, pasas a la lectura selectiva. Imagínate que tu cantante favorito está de gira en tu país y quieres saber si dará también un concierto en tu ciudad. Entonces buscarás en la cartelera sólo su nombre y pasarás por alto los demás nombres y fechas.

1) Determina una palabra o expresión clave.
2) Mira el texto rápidamente e intenta encontrar frases que contengan la palabra o la expresión clave.
   Es útil pasar un dedo sobre el texto de arriba para abajo.
3) Después de localizar un fragmento relevante, míralo de cerca para saber si contiene la información requerida.

PARA PRACTICAR

1 *Indica qué hacen los tres chicos del texto* **Jóvenes camino del éxito** → **pp. 37/38** *en su tiempo libre.*
2 *Busca lo que dice el texto en las páginas* **134/135** *sobre las reformas de la Segunda República.*

LECTURA DETALLADA

→ Vocabulario, p. 254

→ Utilizar un diccionario, p. 255

En algunos textos, por ejemplo, en una receta de cocina o en un poema, es importante entender cada una de las palabras. Antes que nada, procura descifrar todas las palabras desconocidas para poder hacer la diferencia entre la información necesaria y los detalles que, quizás, puedes dejar de lado.
Consulta un diccionario sólo en el caso de que no consigas entender la palabra según los métodos descritos en las páginas **255/256**.

PARA PRACTICAR

Lee el poema **El crimen fue en Granada** → **p. 143**.

COMPRENSIÓN AUDITIVA

PREPARAR LA AUDICIÓN

Si vas a escuchar un texto, por ejemplo, una conversación, una descripción o una canción, ten claro el objetivo: ¿quieres pasar un rato agradable o saber algo concreto? Según tu objetivo, elegirás una audición global, selectiva o detallada o empezarás por una audición global para continuar con una audición selectiva o detallada. En todo caso ten en cuenta:

- El tono del texto o la manera de hablar de alguien (con enfado, con alegría, etc.) y los ruidos (tráfico, olas del mar, etc.) pueden orientarte sobre el contenido.
- Concéntrate en las palabras que comprendes, aunque sean pocas. Si puedes escuchar el texto más de una vez, estas palabras te servirán de base para entender otras.
- Fíjate en expresiones de enlace *(cuando, porque, en segundo lugar ...)* porque te ayudan a comprender si se trata de una explicación, una descripción, un detalle, etc. Además, te ayudarán a reconocer las partes importantes de la audición.

Puede ser útil para cualquier audición

- formular hipótesis sobre el contenido (p. ej., a partir del título, del contexto, etc.) o, si ya sabes quiénes van a hablar, imaginar lo que probablemente van a decir,
- acordarte de lo que ya sabes sobre el tema y apuntarlo, por ejemplo, haciendo un mapa mental,
- preparar un esquema (¿quién?, ¿qué?, ¿cuándo?, ¿dónde?, ¿por qué? ¿cómo?) para tomar apuntes durante la audición.

AUDICIÓN GLOBAL

Audición global es, por ejemplo, cuando pones la radio y vas pasando por las emisoras, escuchando sólo un poco de cada una para saber si están dando publicidad, las noticias o una entrevista: no quieres entenderlo todo, sino que quieres hacerte una idea general sobre lo que escuchas. No te pierdas en detalles. Lo importante es entender la información básica del texto.

PARA PRACTICAR

Caracteriza el tono de la proclama y el efecto que quiere producir Franco con su discurso → p. 136.

AUDICIÓN SELECTIVA

Cuando escuchas algo para localizar una información concreta, haces una audición selectiva. Una situación típica: cuando en la estación de trenes anuncian por el altavoz el cambio de andén para ciertos trenes, sólo te fijas en la información que se refiere al tren que tú quieres tomar.

1) Fíjate en las palabras o frases clave. Pasa por alto el resto.
2) Si puedes escuchar el texto más de una vez, concéntrate en el contexto de las palabras o frases clave con el fin de entender más detalladamente la información requerida.

PARA PRACTICAR

Escucha a Isidro y apunta lo que dice sobre su familia y la vida en la calle → p. 122.

AUDICIÓN DETALLADA

Si preguntas por una dirección, escucharás atentamente la respuesta, fijándote también en los detalles:

1) Si puedes escuchar el texto más de una vez, empieza por una audición global.
2) Después aprovecha la comprensión del mensaje central para deducir la información suplementaria del contexto.
3) Concéntrate en los detalles importantes, tomando notas para no olvidar ningún detalle relevante.

PARA PRACTICAR

Escucha lo que cuenta la inmigrante Marilú Amelia Rojas sobre su vida en España → p. 94.

EXPRESIÓN ORAL

EL DIÁLOGO

Cuando hablamos con alguien, somos hablantes y oyentes a la vez, por ejemplo, en una conversación casual, una entrevista, una negociación, una discusión (véase también allí) o un debate (véase también allí).

ESTRATEGIAS

Conviene adaptar nuestra manera de hablar según la situación y el / la interlocutor/a, (p. ej. decidir si se tutea a la persona o no, utilizar un lenguaje más coloquial o más formal, aplicar fórmulas de cortesía). Además, tenemos que saber cómo

- tomar la palabra y cederla,
- resumir lo dicho,
- pedir aclaración o aclarar en caso de dudas o malentendidos,
- restablecer la comunicación cuando sea necesario,
- parafrasear una idea, si no conocemos las palabras exactas.

→ Vocabulario, p. 254

FRASES ÚTILES

Manifestar interés y sorpresa
¡Anda! / ¡Vaya! / ¡No me digas!
¡Fíjate! / ¡Venga!
¡A ver, cuéntame!
¿De verdad? / ¿De veras?

Añadir un aspecto
Además / Encima / …
Antes que nada / Finalmente / …

Pedir aclaraciones o repeticiones
¿Cómo dices? / ¿A qué te refieres?
Perdona, ¿puedes repetir lo que has dicho?
¿Puedes hablar más alto/despacio, por favor?
O sea, que…
A ver si lo entiendo bien: …

Expresar su acuerdo
¡Por supuesto! / ¡Desde luego!
Estoy de acuerdo con que…
Es exactamente mi punto de vista.

Resumir
Al fin y al cabo / Por fin …
Sólo queda por decir que…

Expresar su desacuerdo
¡De ninguna manera!
No veo las cosas como tú.
Yo pienso justo lo contrario.

Expresar indiferencia
Me da lo mismo.
Me da igual.
Me es indiferente.

LA DISCUSIÓN

DISCUTIR – ¿PARA QUÉ?

Discutir significa escuchar y reaccionar con argumentos modificando, a veces, su propio punto de vista a lo largo de la discusión. Una discusión puede tener como objetivo

- convencer al otro de su punto de vista,
- buscar un acuerdo,
- solucionar un problema,
- informar al público o informarse mutuamente sobre las diferentes posturas frente a una cuestión.

DISCUTIR – ¿CÓMO?

Para que una discusión sea enriquecedora para todos, hay que respetar algunas reglas básicas:

- alegar con argumentos sólidos y razones objetivas
- ilustrar sus argumentos con ejemplos concretos
- no apartarse del tema
- escuchar atentamente lo que dicen los otros participantes; preguntar en caso de dudas

– estar dispuesto a reconocer si los argumentos de los demás son mejores
– si es necesario interrumpir a otra persona, hacerlo con cortesía
– ser respetuoso con los demás, no ofenderlos aunque tengan otra opinión
– hablar con claridad y en buen tono

FRASES ÚTILES

Opinar
Yo pienso / creo / opino / diría que…
Me parece que …
Desde mi punto de vista / Para mí …
Estoy convencido/-a de que …

Subrayar algo
Lo más importante es (que) …
Un aspecto esencial es (que) …
Ante todo quiero destacar (que) …
Sobre todo hay que ver (que) …

Contradecir a alguien
Perdona, pero esto no lo veo así.
Me parece que estás equivocado/-a.
No estoy de acuerdo con (que)…
No creo que + *subjuntivo pres.*
Me extrañaría que + *subjuntivo imperf.*

Interrumpir a alguien
Perdona que te interrumpa, pero…
Espera un momento…

Pedir precisión
¿Qué quieres decir con…?
¿Qué significa para ti…?

Proponer algo
Quisiera proponer lo siguiente: …
Una solución podría ser … (que + *subjuntivo imperf.*)

PARA PRACTICAR

¿Por qué es tan importante la libertad de expresión en una democracia? → **p. 157**.

EL DEBATE

¿QUÉ ES UN DEBATE?

El debate es una discusión con una estructura y reglas fijas. Cumple un rol importante desde la Antigüedad, por ejemplo, como forma de comunicación en el Parlamento. El objetivo de cada participante es defender su punto de vista convenciendo a los demás.
Un debate «clásico» consta de tres fases cuya duración debe ser regulada previamente:
Exposición: Los portavoces de cada grupo exponen su posición. Después de cada exposición, el equipo contrario puede inquirir brevemente lo expuesto mediante preguntas.
Refutación: Los demás oradores (a menudo dos) de cada equipo exponen –por turnos– más argumentos para defender su postura y para desmontar la postura contraria. Durante cada refutación, los miembros del equipo contrario tienen la posibilidad de levantar la mano para interpelar brevemente al orador con el fin de realizar observaciones, preguntas o comentarios. El orador puede rechazar o aceptar una interpelación.
Conclusión: Un portavoz de cada grupo presenta la conclusión a la que ha llegado su equipo, subrayando otra vez los argumentos esenciales a favor de su posición.

PREPARAR UN DEBATE

1) Formular el tema (una declaración controvertida o provocadora o una pregunta interesante).
2) Formar dos equipos (*a favor* y *en contra*), elegir a un/a moderador/a imparcial y formar el jurado.
3) Buscar información sobre el tema: datos y ejemplos. Definir los argumentos principales.
4) Preparar el vocabulario y las expresiones que necesitáis para exponer vuestras ideas.
5) Repartir los roles en el equipo: ¿Qué argumentos se alegarán al principio, cuáles al final? Anticipar los argumentos del equipo contrario para poder encontrar puntos débiles en su defensa.

REALIZAR UN DEBATE

El / la moderador/a abre el debate anunciando el tema y presentando a los participantes. Lo cierra con un breve resumen y eventualmente con un comentario personal.
El jurado observa el debate tomando apuntes para evaluar a los dos equipos según los siguientes criterios:

- **contenido**: correspondencia de los argumentos con el tema del debate; peso y variedad de los argumentos; su apoyo con ejemplos, ideas relacionadas y datos suplementarios
- **estrategia:** exposición contundente y orden lógico de la línea argumental; flexibilidad y capacidad para adaptar las intervenciones en el transcurso del debate y para reaccionar frente a los argumentos expuestos por el equipo contrario; colaboración dentro del equipo
- **presentación / estilo:** corrección lingüística; riqueza de vocabulario; fluidez; utilización apropiada de la voz y del lenguaje no verbal; actitud de respeto

PARA PRACTICAR

Organizad un debate sobre
1 *la postura de Raquel* → **p. 14**,
2 *la posible aplicación de la medicina de los kallawayas en tu país* → **pp. 114/115**.

EXPONER UN TEMA

Una exposición puede tener varios objetivos, por ejemplo, informar sobre un tema, exponer los resultados de un trabajo en equipo o convencer a los demás de un cierto punto de vista.

PREPARAR UNA EXPOSICIÓN

1) Analiza el tema y busca la información correspondiente sin perderte en detalles: ¿Qué es lo interesante para todos? ¿Qué es lo más importante?
2) Estructura la información según los aspectos relevantes y toma apuntes en español (frases clave, citas, etc.) sin escribir el texto entero.
3) Aviva la exposición utilizando, por ejemplo,
   - elementos visuales (la pizarra, transparencias, gráficos, esquemas, imágenes, etc.) o PowerPoint. Ten en cuenta que la técnica y los efectos especiales siempre tienen que estar al servicio de la información a transmitir,
   - elementos auditivos (canciones, otras grabaciones, etc.).
4) Ensaya la exposición: recita el texto en voz alta y resúmelo si te parece muy largo. ¿Funcionan los medios técnicos? Prepárate para responder preguntas complementarias.
5) Repártele al público una hoja resumen de tu exposición.

HABLAR ANTE EL PÚBLICO

- Comienza con unas frases introductorias que despierten el interés del público (quizás una anécdota, una pregunta, una cita, una broma, etc.).
- Mira a los oyentes, habla en voz alta y lo suficientemente despacio. Haz pequeñas pausas que correspondan a la estructura de la presentación. Resume la información principal al final de cada segmento.
- Formula frases cortas; utiliza un vocabulario fácil de entender. Si es necesario introducir palabras nuevas, escríbelas en la pizarra o en la hoja resumen.
- Sé breve: no hay que aburrir a los oyentes.
- Prepara una pequeña conclusión.

PARA PRACTICAR

1 *Expón los resultados de tu lectura del texto* **Como nos ven** → **p. 8**.
2 *Expón resultados de tu búsqueda de información sobre el papel histórico de España en el norte de África* → **p. 93**.
3 *Expón, como portavoz de tu equipo, la decisión del jurado en el debate sobre el texto* **Madre e hija** → **p. 14**.

MEDIACIÓN

La reproducción exacta de un texto puede ser importantísima cuando se trata, por ejemplo, de la traducción de un contrato o de un texto científico o literario. También es imprescindible que la interpretación de un discurso importante sea precisa. Pero en la vida cotidiana tenemos que traducir raras veces un texto literalmente, sino que más bien tenemos que *mediar* entre la lengua española y la alemana. Si, por ejemplo, se encuentran tu amigo español y tu amiga alemana que no hablan la lengua del otro, serás tú el/la que tendrá que ayudarlos a comprenderse mutuamente. O si tu amiga venezolana se interesa por un reportaje en alemán sobre su país, te pedirá que se lo resumas en español. Si haces un viaje a España con amigos que no hablan español, tendrás que hacer de mediador/a.

MEDIACIÓN ORAL Y ESCRITA

→ Hacer un resumen, p. 238

→ Vocabulario, p. 254

Después de haber oído, visto o leído un texto (p. ej. un reportaje radiofónico, televisivo o periodístico) puede ser que se te pida un resumen (oral o escrito) en la otra lengua.

- Determina las partes relevantes del texto. Si es complicado y largo, toma apuntes o estructura las ideas en un mapa mental.
- Concéntrate en lo que has comprendido, ya que en general no tendrás tiempo de usar el diccionario. El contexto y tus conocimientos de otras lenguas y de palabras de la misma familia te ayudarán. Si te falta la palabra exacta, parafrasea lo que quieres decir.
- Utiliza la tercera persona *(Quiere saber si …)* o el estilo indirecto *(Dice que …)*.
- Procura transmitir el mismo tono para evitar malentendidos. Para eso es importante conocer los matices de ciertas palabras en las dos lenguas, por ejemplo, la diferencia entre *me gustaría que…* y *quiero que….;* entre *möglichst* y *auf jeden Fall,* etc.

PARA PRACTICAR

Resume en alemán el texto sobre los kallawayas → p. 116.

INTERPRETACIÓN

Cuando intervienes como intérprete, transmites oralmente lo que dice alguien a otros. El objetivo es reproducir el discurso con exactitud. Las técnicas de interpretación más conocidas son la interpretación simultánea que consiste en transmitir directamente lo que dice alguien y la interpretación consecutiva en la cual el intérprete toma notas del discurso y, después de un cierto tiempo, reproduce lo dicho.

TRADUCCIÓN

Al traducir un texto con exactitud tienes que mantener elementos más allá del contenido: el estilo, el tono, el vocabulario específico, etc. El diccionario bilingüe y monolingüe serán tus herramientas preferidas ya que no podrás pedir aclaraciones al autor. En general se traduce de la lengua extranjera a la lengua materna a no ser que – en la clase de español – se opte por el camino inverso, por ejemplo, para estudiar en detalle diferencias específicas entre dos lenguas.

CONSEJOS

→ Utilizar un diccionario, p. 255

- ¡Ojo con frases hechas o expresiones! A menudo no se pueden traducir al pie de la letra.
- ¡Cuidado con los falsos amigos: palabras que se parecen en las dos lenguas pero que tienen un significado distinto. Ejemplo: *el mantel – die Tischdecke; der Mantel – el abrigo*
- Si usas un diccionario, fíjate siempre en todos los significados y contextos del término que quieres usar.

EXPRESIÓN ESCRITA

CARACTERIZAR A UN PERSONAJE

Describir el aspecto físico y el carácter de un personaje es uno de los procedimientos más importantes en el análisis de un texto literario, de una obra de teatro o de una película, porque te ayuda a entender mejor el comportamiento del personaje.

PREPARAR LA DESCRIPCIÓN

→ Comprensión de lectura, p. 228

1) Lee el texto en detalle o mira varias veces la/s escena/s de la obra de teatro o de la película.
2) Subraya o copia todas las frases que contengan información sobre el personaje, por ejemplo, sobre su aspecto físico, su familia, sus gustos y su comportamiento. En caso de que se trate del personaje de una obra de teatro o una película, toma apuntes.

ESCRIBIR LA DESCRIPCIÓN

→ Hacer citas, p. 258

1) Empieza con la información básica sobre el personaje, por ejemplo, con su nombre, su nacionalidad, su edad.
2) Describe su aspecto físico.
3) Expón la situación personal / familiar y la biografía.
4) Describe el carácter y el comportamiento del personaje, citando ejemplos del texto. Cuidado con caracterizaciones hechas por otros personajes en el texto: ¡hay que valorizarlas como tal! Después analiza el comportamiento. ¡Éste es el paso más importante!
5) Saca una conclusión, es decir, resume los resultados más importantes de tu análisis.

FRASES ÚTILES

Descripción	Interpretación / análisis
Al principio uno se entera de que …	Por eso hay que decir que …
Después / Luego / Finalmente la persona …	Por lo tanto se puede suponer que …
… se comporta de una manera …	Así que es obvio que …
A … le gusta / encanta / interesa …	Esto significa / muestra que …
Para él / ella …	De ello se puede deducir que …

CARACTERIZACIÓN MODELO

Millie (pp. 84/85)

[1] Millie es una joven estadounidense de origen hispano. Acaba de graduarse de un *college* y por eso se puede suponer que tiene entre 22 y 25 años. [2] No se sabe nada acerca de su aspecto físico. [3] Millie nació en el gueto hispano de una ciudad estadounidense. Su familia proviene de Puerto Rico. Es bilingüe; su lengua materna es el castellano, pero también habla perfectamente el inglés.

[4] Cuando Millie llegó al *college* le gustaba la música latina, llevaba ropa de Puerto Rico y tenía acento al hablar inglés (ver ll. 82–85), por eso, hay que suponer que por aquel entonces tenía un arraigo fuerte en la cultura hispana. Pero como las otras alumnas se burlaban de ella, se cambió el nombre de Milagros a Millie e intentó «ser como las demás» (l. 88). Probablemente se avergonzaba de sus raíces hispanas. Sufrió mucho debido a las «pequeñas crueldades» (l. 83) de las otras alumnas, pero siguió estudiando y se graduó con la mejor nota. Esto muestra que Millie es una persona fuerte que lucha por conseguir lo que quiere. Millie tiene la intención de salir del gueto, porque quiere «algo diferente» (l. 3), quiere olvidarse «del olor a plátano frito y a Agua de Florida» (l. 5). Cree que las tradiciones latinas no forman parte de ella, sino que pertenecen a las generaciones anteriores (ver ll. 34–36). Esto demuestra que rechaza sus raíces.

[5] En resumen, se puede decir que Millie es una persona fuerte, pero desarraigada que sufre de un conflicto de identidad. Quiere ser una «típica» chica norteamericana, pero no puede negar su arraigo en la cultura hispana. Por eso, no consigue definirse a sí misma (ver l. 99).

PARA PRACTICAR

1 *Caracteriza a Millie* → **p. 84** *y luego compara tu texto con la caracterización modelo (ver arriba).*
2 *Caracteriza a Doña Elena* → **p. 60**.
3 *Caracteriza a Geraldo* → **p. 81**.

ESCRIBIR UNA CARTA / UN E-MAIL

Una carta sigue algunas reglas fijas de presentación y, por lo tanto, debe contener los siguientes elementos: la fecha, el saludo inicial, el cuerpo, la despedida, el saludo final y la firma.
En caso de que se trate de un e-mail, puede omitirse la fecha (ya que se genera automáticamente) y la firma.

Ten en cuenta a quién le escribes la carta: ¿Debo dirigirme con respeto a esta persona o puedo hacerlo en un tono más informal? Además, ten claro cuál es tu objetivo: informar, saludar, expresar sentimientos, persuadir, pedir, protestar, etc.

Después de escribir la carta, revisa la claridad del texto, la ortografía, la gramática, el estilo y comprueba que la carta incluya todos los elementos indispensables.

FRASES ÚTILES

	una carta / un e-mail formal	**una carta / un e-mail informal**
el saludo inicial	Estimados señores y señoras: Estimada Sra. Sánchez / Estimado Sr. Muñoz: Señor/a director/a:	Querido Fernando / Querida Carmen: Hola Marcela:
empezar la carta	Por / Con la presente* quisiera … Me dirijo a usted/es con motivo de … Le/s escribo para solicitar información sobre … Le/s escribo en respuesta a su carta del 28 de marzo …	¿Qué tal? / ¿Cómo te va? ¿Qué tal te va la vida? Te mando esta carta / este e-mail para …
mencionar un anexo	Adjunto le/s envío …	
la despedida	Dándole/s las gracias por anticipado, … En espera de sus noticias, …	Esto es todo por ahora. Escríbeme pronto. No se te olvide contestarme.
el saludo final	Le/s saluda atentamente, … (Muy) atentamente, … Reciba/n un cordial saludo, …	Un beso, / abrazo, … Un saludo, / Saludos, …

por / con la presente: hiermit

CARTAS
MODELO

Tim Wieser
Hildastr. 23
D-04103 Leipzig

El Corte Inglés
Av. Salvador Allende, 8
E-29080 Málaga

Leipzig, 10 de julio de 2006

Estimados señores y señoras:

Con la presente quisiera postular a unas prácticas en su centro de llamadas en la sección responsable del mercado alemán. Soy alemán, tengo diecinueve años y estoy terminando el último año del instituto. La *Casa de la Juventud* tuvo la gentileza de proporcionarme su dirección. En el folleto de su empresa, me he enterado que ustedes también trabajan para el mercado alemán y por eso he decidido escribirles para ofrecerles mis servicios.

Hablo muy bien el español, ya que este es el sexto y último año que llevo estudiándolo en el instituto. También hablo bastante bien el inglés y, desde luego, el alemán que es mi lengua materna. Además tengo buenos conocimientos de informática. Soy una persona comunicativa y dispuesta a trabajar en equipo. Adjunto les envío mi currículum vitae.

En espera de recibir una respuesta favorable de parte de Uds. y agradeciéndoles con anticipación la acogida de esta solicitud, me despido.

Muy atentamente,

Tim Wieser

Lena Jakobs
Eisenbahnstr. 12
D-10346 Berlín

Instituto de la Juventud (Injuve)
c/ José Ortega y Gasset, 71
E-28006 Madrid

Berlín, 25 de junio de 2006

Estimados señores y señoras:

Les escribo para solicitar direcciones de empresas donde sea posible hacer unas prácticas. Soy alemana, tengo dieciocho años y estoy cursando la última clase del instituto. Antes de ir a la universidad, me gustaría tener la oportunidad de vivir un año (desde septiembre de 2006 hasta septiembre de 2007) en Madrid para mejorar mis conocimientos de español y obtener un poco de experiencia laboral. ¿Podrían proporcionarme direcciones de empresas para postular a unas prácticas de medio tiempo? También me sería de gran utilidad conocer los nombres de instituciones culturales que realicen proyectos para jóvenes.

En espera de sus noticias, les agradezco de antemano la acogida de esta carta.

Les saluda atentamente,

Lena Jakobs

PARA PRACTICAR *Escribe una carta a tu escuela hermana en España y presenta al diputado / a la diputada más joven del Bundestag* → **p. 34**.

ESCRIBIR UN CURRÍCULUM VITAE

¿PARA QUÉ SIRVE UN CV?

Un CV informa de manera estructurada y breve sobre una persona, su formación, su experiencia profesional y sus aficiones. Sirve para presentarse por escrito a una organización o a una empresa, por ejemplo, si quieres solicitar una beca para pasar un año en el extranjero o –más tarde– si solicitas un empleo. El objetivo de un CV es llamar la atención de quien lo lee sobre tu persona.

LA ESTRUCTURA DE UN CV

Un CV sigue una estructura preestablecida y clara que se divide normalmente en cinco partes:

- Datos personales
- Experiencia profesional o, para los que no la tienen, otras actividades (p. ej. en el instituto)
- Formación educacional
- Otros conocimientos (p. ej. idiomas)
- Información adicional (aficiones, deportes, etc.)

UN CV MODELO

DATOS PERSONALES

NOMBRE	Verena Richert
FECHA DE NACIMIENTO	10 de agosto de 1988
DIRECCIÓN	Cronenberger Straße 223 D-42349 Wuppertal
Teléfono	49-(0)202-46 84 88 65
E-mail	VRichert@hotmail.com
NACIONALIDAD	Alemana
ESTADO CIVIL	Soltera

ACTIVIDADES Y EXPERIENCIAS

Desde 2001	Miembro del equipo de natación del Carl-Fuhlrott-Gymnasium
Julio 2003	Participación en un taller de teatro Prácticas en una guardería

FORMACIÓN EDUCACIONAL

Desde 1998	Alumna del Carl-Fuhlrott-Gymnasium, Wuppertal

IDIOMAS	Alemán (lengua materna), inglés, español (DELE inicial)
AFICIONES	Lectura, natación, música clásica

PARA PRACTICAR

1 *Escribe tu propio CV.*
2 *Escribe el CV de Vanesa* → p. 24 *o de Deborah* → p. 35. *Puedes inventar libremente los detalles que falten.*

HACER UN RESUMEN

¿QUÉ ES UN RESUMEN?

Un resumen recoge de forma clara y breve lo esencial de un texto. Por ejemplo, en la primera página de un periódico suelen incluirse resúmenes de los principales artículos para que el lector pueda orientarse rápidamente. Según el género, un resumen responde a las siguientes preguntas básicas:

texto narrativo	texto informativo
¿Quién? ¿Qué? ¿Por qué? ¿Cómo? ¿Dónde? ¿Cuándo?	¿Cuál es el tema del texto? ¿Cuáles son las informaciones principales / los argumentos? Si el texto incluye una conclusión, ¿cuál es?

CUATRO REGLAS DE ORO

1) Un resumen es **corto,** ya que sólo transmite la información más importante del texto.
2) **Una frase introductora** que expone el título, al autor, la fuente y –lo más importante– el tema del texto, es imprescindible.
3) Se escribe en la **3ª persona del presente.**
4) Un resumen se redacta en un **estilo neutro y distanciado.** No adopta el punto de vista del narrador / autor y no comprende ni comentarios personales ni el estilo directo ni citas.

REDACTAR UN RESUMEN

→ Comprensión de lectura, p. 228

1) Ten en cuenta para qué o para quién escribes el resumen: ¿para revisar los contenidos del texto antes de un examen? ¿Para comunicarle a otra persona lo que pasa en una novela? ¿Para orientar a alguien? ¿Para comprobar que has entendido bien el texto?
2) Lee el texto globalmente para captar el tema y el argumento principal.
3) Vuelve a leer el texto, esta vez en detalle, para comprenderlo del todo.
4) Subraya o copia la información más importante respondiendo las preguntas básicas.
5) Ahora escribe el resumen. Utiliza tus propias palabras y enlaza bien tus frases.
6) Revisa el resumen comprobando que hayas cumplido con las «reglas de oro».

RESUMEN MODELO

Geraldo sin apellido (p. 80)

El siguiente resumen sirve para presentarle el fragmento de la novela a alguien o para comprobar que lo has entendido.

El texto «Geraldo sin apellido» (título) es un fragmento de la novela «La casa en Mango Street» (fuente) de Sandra Cisneros (autora) y trata de la muerte anónima de un inmigrante hispano ilegal (tema) en los Estados Unidos.

Una noche (¿cuándo?), la protagonista, Marín (¿quién?), conoce (¿qué?) a un inmigrante ilegal en un baile (¿dónde?). La misma noche (¿cuándo?) éste (¿quién?) resulta herido (¿qué?) en un accidente de tráfico (¿cómo?). Algunas horas más tarde (¿cuándo?) muere (¿qué?) en la sala de emergencia de un hospital (¿dónde?), porque ha perdido mucha sangre y no hay ningún médico que lo atienda (¿por qué?). Como Marín es la última persona que lo ha visto vivo (¿por qué?), la policía (¿quién?) la interroga (¿qué?), pero ella no sabe nada acerca de su identidad excepto que se llama Geraldo (¿qué?).

PARA PRACTICAR

Textos narrativos

1 *Resume el texto* **Geraldo sin apellido** → **p. 80**. *Luego compara tu resumen con el modelo (ver arriba).*
2 *Resume* **El partido de Reyes** → **pp. 39/40**.
3 *Resume* **La Bella Durmiente** → **pp. 49–51**.

Textos informativos

4 *Resume el texto* **En el Parlamento falta debate** → **p. 33**.
5 *Resume el texto* **La cara que veía en todas partes** → **pp. 149/150**.

DAR UNA OPINIÓN

En las conversaciones de la vida cotidiana a menudo das tu opinión acerca de una idea que alguien ha formulado, ante un problema, ante el comportamiento de un amigo, etc.
Ten en cuenta que si opinas por escrito, tienes que cumplir con ciertas reglas de redacción.

PREPARAR EL TEXTO

1) En una tabla, apunta los argumentos a favor y en contra de la idea, la afirmación o el comportamiento en cuestión.
2) Fórmate tu propia opinión y elige los argumentos que la justifiquen.

REDACTAR EL TEXTO

1) Utiliza el presente.
2) Empieza con una pequeña introducción –basta con una frase– en la que se mencione el tema.
3) Compara y evalúa los diferentes argumentos. Si es posible, da ejemplos.
4) Expón tu propia opinión y justifícala.

EXPRESIONES ÚTILES

Evaluar argumentos
Por un lado … por otro lado …
Es verdad / cierto que … pero …
… mientras que* … / … en cambio* …

mientras que: wohingegen **en cambio:** dagegen

Exponer la opinión
A mi modo de ver / A mi juicio / …
En mi opinión / Para mí …
(No) estoy de acuerdo con (la idea de … / este argumento / lo que dice [X])… porque …
Estoy a favor de … puesto que …
Estoy en contra de … ya que …
Es verdad que … pero …

Dar ejemplos
Por ejemplo, …
Para nombrar un ejemplo …
Tomemos el ejemplo de …

OPINIÓN MODELO

Hay gente que no merece estar viva (p. 181)
La idea de que hay gente que no merece estar viva es asunto de una discusión muy latente en la sociedad contemporánea. Esta idea es una realidad en el mundo de nuestros días, incluso en países democráticos como los Estados Unidos. Es verdad que hay personas que cometen o han cometido crímenes muy graves o incluso inimaginables. Tomemos el ejemplo de los militares en Chile o Argentina que maltrataron, torturaron y asesinaron a miles de sus oponentes durante la dictadura militar. Sólo unos pocos han sido juzgados. Hay quienes creen que el único castigo justo para estos delincuentes sería la muerte. Pero nunca se puede descartar la posibilidad de que un juez se equivoque, es decir, hay riesgo de condenar a un inocente. Hay muchos ejemplos de personas que pasaron años en la cárcel hasta que se comprobó que eran inocentes.
Además, por un lado, hay quienes creen que la pena de muerte cumple una función de prevención e intimidación. Pero, por otro lado, esta función no ha sido demostrada, porque de hecho en países que aplican la pena de muerte no han disminuido los asesinatos.
A mi juicio, nadie tiene el derecho de decidir sobre la vida o la muerte de un ser humano. Hay criminales que se merecen un castigo durísimo, pero estoy en contra de matarlos, por muy graves que sean sus crímenes, porque siempre existe el riesgo de sentenciar a un inocente.

PARA PRACTICAR

1 *Comenta la afirmación* **Hay gente que no merece estar viva** → **p. 181** *y luego compara con la opinión modelo (ver arriba).*
2 *Comenta la opinión de Maua acerca del racismo* → **p. 96**.

REDACTAR TEXTOS CREATIVOS

Cuando te pones a redactar un texto, «creas» un texto. Eso sí, fíjate que en las tareas de escritura creativa no se trata de escribir simplemente «algo» o «lo que sea», sino de darle forma a tu propia imaginación siguiendo ciertas reglas. En general, tendrás que reaccionar ante un texto o una imagen, por ejemplo,
- variando el tipo de texto (p. ej. convirtiendo un texto narrativo en un texto dramático),
- modificando partes del texto (cambiando el final, inventando un personaje más, etc.),
- poniéndote en el lugar de un personaje, etc.

Esto quiere decir que tu propio texto puede ser una respuesta, una variación o una continuación del texto original, refiriéndose a sus elementos e interpretándolos desde un punto de vista personal.

PREPARAR UN TEXTO CREATIVO

Si se trata de imaginar o ponerte en el lugar de un personaje, fíjate en la información que contiene el texto, cualquier detalle te puede servir como punto de partida. Reflexiona también sobre la información que falta en el texto.
- Escribe todas las ideas que se te ocurran relacionando los datos relevantes del texto con los elementos de tu propia imaginación.
- Esboza un plano del texto a redactar utilizando una gran cantidad de los aspectos y ordénalos. ¿Cómo quieres empezar, cómo quieres terminar tu texto?

ESCRIBIR UN TEXTO CREATIVO

- Respeta las reglas del género: una carta, un diálogo, un artículo periodístico, etc. tienen sus propias características (forma, lenguaje, estilo).
- Fíjate en la coherencia de tu texto utilizando palabras de enlace.
- Antes de entregar tu texto, reléelo revisando la gramática y el vocabulario.

PARA PRACTICAR

1 *Escribe una página del diario de la madre de Raquel* → p. 14.
2 *Imagina lo que pasa después de la despedida del Lazarillo de Tormes* → p. 16.
3 *Imagina que eres la hija de Fermina y quieres saber más acerca de su vida. Formula preguntas* → p. 18.
4 *Escribe unos versos usando la estructura «Si no fuera porque ... yo no viviría»* → p. 19.
5 *Redacta el artículo que el periodista va a escribir después de haber descubierto a la Bella Durmiente* → p. 51.

ANÁLISIS Y COMENTARIO DE TEXTOS

TEXTOS NARRATIVOS

En un texto literario narrativo un autor presenta un mundo imaginario en el cual un narrador cuenta una historia en que se desarrollan acciones, personajes, tiempo y espacio. Los géneros más corrientes son la novela, la novela corta, el cuento y el cuento corto.

El narrador y la perspectiva

Durante la narración, la perspectiva puede cambiar y los mismos hechos se pueden contar desde perspectivas diferentes. El narrador puede hablar en primera persona siendo uno de los personajes y creando así un ambiente más íntimo. También puede estar presente en tercera persona y ser un *narrador omnisciente* que sabe todo sobre la acción y los personajes. Además también existe la posibilidad de que el narrador en tercera persona adopte el punto de vista a través de uno de sus personajes. Para reflejar los sentimientos de un personaje de forma realista y directa se utiliza a menudo el estilo indirecto libre o el monólogo interior.

La acción

El texto narrativo puede presentar una o más historias entrelazadas que pueden tener lugar en diferentes niveles de tiempo y espacio. Estas historias forman el argumento. Es importante que éste sea verosímil, es decir, creíble.
El orden de la acción suele corresponder a la siguiente estructura:
Exposición: se presenta a los personajes y se da a conocer la situación. Si el texto narrativo empieza en pleno desarrollo de la acción, se dice que comienza *en medias res.* Además, se expone el marco temporal y espacial en que se sitúa la historia.
Desarrollo y conflicto: la situación expuesta empieza a evolucionar, es decir, se desarrolla el conflicto en el cual se encontrarán los personajes. Al punto culminante de la acción se le denomina clímax.
Desenlace: generalmente se resuelve el conflicto (desenlace positivo o negativo), si no, se habla de un final abierto. Si el texto narrativo tiene un final difícilmente previsible, entonces se dice que tiene un desenlace inesperado.

→ Caracterizar a un personaje, p. 234

Los personajes

Los personajes principales son denominados protagonistas, mientras que los demás son personajes secundarios. Generalmente se describe a los personajes según sus características físicas, sicológicas y sociales. Ellos pueden ser complejos (caracteres) o presentados solamente por sus rasgos típicos (estereotipos).

El tiempo y el espacio

La relación de tiempo y espacio dedicados a los acontecimientos puede presentar proporciones invertidas: a un espacio temporal de varios años se dedican unos pocos párrafos, mientras que lo que pasa en poco tiempo se cuenta en varias páginas. El tiempo en un texto narrativo puede ser presentado de una forma lineal contando cronológicamente desde el inicio o de una manera no lineal intercalando retrospectivas (de corta duración = *flashbacks*, de larga duración = *racontos*) o anticipando acontecimientos (*flashforwards*). La acción puede desarrollarse en un solo lugar o en varios lugares saltando de un sitio a otro. Además, la acción puede tener lugar en un lugar determinado, por ejemplo, en las Islas Galápagos o en Ecuador o en un lugar indeterminado, por ejemplo, en un bosque o en un desierto.

ANALIZAR UN TEXTO LITERARIO

Primer paso: preparar el texto

- Divide el texto en partes, es decir, en unidades en las cuales aparezcan nuevos aspectos estructurales (otro capítulo o un cambio de tiempo, de lugar, de los personajes o de los acontecimientos).
- Dale un subtítulo a cada parte. Toma nota, durante la lectura, de los aspectos mencionados arriba.
- Formula una frase introductoria que contenga el título, el autor, la fuente y el tema del texto.

Segundo paso: analizar la forma

Se deben mencionar la estructura del texto (las capitulos, el prólogo. etc.) la perspectiva del narrador y los recursos estilísticos únicamente en función del contenido y en relación con el efecto que producen en el lector.

Tercer paso: analizar el contenido

Al presentar los acontecimientos y a los personajes, hay que justificar las afirmaciones en base al texto literario.

Cuarto paso: resumir el resultado

Después de haber terminado el análisis, se debe resumir los resultados más importantes.

ANÁLISIS MODELO

Fermina y Florentino (p. 18)

El texto es un extracto de la novela «El amor en los tiempos del cólera» de Gabriel García Márquez y cuenta como un joven, Florentino, se enamora de una chica que se llama Fermina.

Al comienzo nos enteramos del primer encuentro entre los dos protagonistas: Florentino ve por la ventana de una casa a dos mujeres leyendo juntas un libro y cree que son madre e hija. Poco después se sabe que se trata de tía y sobrina. Además, se añade que este momento es el inicio de un gran amor que durará hasta medio siglo después. Se indica que la chica mira a Florentino, pero uno no se entera de sus sentimientos.

Aunque el párrafo siguiente entrega más información sobre Fermina (es una chica muy vigilada que no tiene permiso para salir sola de casa), la historia se concentra en Florentino como personaje central. Se califica el primer contacto entre los dos como «inocente» (l. 73) ya que sólo intercambian una mirada. En la misma frase se indica que Florentino se convierte a partir de este momento en un «cazador solitario» (ll. 74/75) y el resto del extracto se concentra en lo que hace el joven: se sienta desde la mañana hasta la noche en un parque para ver pasar cuatro veces al día a Fermina.

A continuación se describe en detalle un momento decisivo en la vida de Florentino: decide escribirle una carta a su adorada. Pero como no se la puede entregar, continúa escribiendo más páginas. El producto final es calificado como «diccionario de requiebros» (l. 98), porque el protagonista ha anotado muchas palabras y frases aprendidas en los libros que había leído durante la espera en el parque. De esta manera, se comenta lo que le pasa a una persona – o sea, a Florentino – cuando se enamora: se construye una imagen ideal del otro que no tiene nada que ver con la realidad.

PARA PRACTICAR

1 *Analiza el extracto de la novela* **Amor, curiosidad, prozac y dudas** *de Lucía Etxebarría* → p. 25.

2 *Analiza el extracto de la novela* **Como ser mujer y no morir en el intento** *de Carmen Rico-Godoy* → p. 203.

POEMAS

Un poema es un texto que consta de versos y estrofas que tienen un determinado ritmo. Tradicionalmente los versos riman, pero los poemas modernos se definen, en su mayoría, por el verso libre. También hay que destacar el lenguaje especial que se utiliza en las obras líricas. La interpretación de un poema requiere el análisis no sólo del contenido, sino que también de los elementos formales. Además, es imprescindible indicar en qué medida estos elementos contribuyen a transmitirle el contenido o el mensaje al lector.

ANALIZAR UN POEMA

Primer paso: leer / escuchar una vez
Lee el poema en voz alta o escúchalo. Después
- toma nota de la primera impresión y del efecto que ha producido en ti,
- apunta las palabras y expresiones que recuerdas,
- formula una hipótesis sobre el contenido.

Segundo paso: leer / escuchar más veces
Lee o escucha el poema varias veces para averiguar
- si el poema describe una situación o emoción o cuenta una historia *(poesía épica)*.
- cuál es el tema,
- quién es el narrador *(yo lírico)*,
- si el poema se dirige explícitamente a una persona (al lector u otra persona mencionada en el texto),
- cuál es la intención del poema,
- cuál es la relación entre título y contenido.

Tercer paso: la composición
Examina la composición del poema para saber
- cuántas estrofas tiene y cuántos versos tiene cada estrofa (y si se trata p.ej. de un soneto),
- cómo es el ritmo y qué efecto produce en ti,
- si se puede constatar un cambio inesperado del ritmo.

➔ Recursos estilísticos, p. 249

Cuarto paso: el lenguaje en relación al contenido
Analiza especialmente el nivel del lenguaje (lenguaje sencillo, elevado o específico), los recursos estilísticos, como las repeticiones y las metáforas y su relación con el mensaje del poema y finalmente verifica, si hay campos semánticos y examina su relación con el mensaje del texto.

Quinto paso: la interpretación
Ordena los resultados del paso anterior para elaborar la interpretación del poema.
Ésta debe tener:
- una introducción que ha de contener el nombre del poeta, el título y el tema del poema.
- la parte central que explica el mensaje así como la manera de transportarlo analizando la forma y el lenguaje del poema. Sin embargo, no basta con nombrar y enumerar los aspectos formales sino que es necesario relacionarlos con el contenido y mostrar su razón de ser en función del mensaje.
- la conclusión que hace énfasis en tu opinión: ¿te parece lograda la combinación de forma y contenido? Comenta también el efecto que el poema ha producido en ti.

ANÁLISIS MODELO

Pablo Neruda, Soneto VIII (p. 19)

Introducción: El tema de este poema de Pablo Neruda es el amor: es el elogio de una querida a la que el yo lírico se dirige directamente en forma de «tú». Sin embargo, el título del poema –Soneto VIII– sólo se refiere a la forma del poema.

Parte central: El poema sigue la forma clásica del soneto: al principio dos cuartetos, al final dos tercetos. En los dos cuartetos, el yo lírico describe a la amada dando razones por qué la ama tanto, por ejemplo, le atribuye fuerzas sobrenaturales (es capaz de captar el viento, v. 3). Compara el color de sus ojos con el de la luna probablemente gris azulado.
La amada es a la vez una semana de ámbar (v. 4), el momento amarillo (v. 5) y el pan (v. 7). Es decir, el yo lírico usa metáforas y, además, campos semánticos de la vida cotidiana (el trabajo, el fuego, el pan, la harina), de tiempo (… eres una semana, … un momento) y de la naturaleza (la luna, el otoño, el cielo). Además, crea imágenes poco comunes como «luna fragante». El yo lírico evoca en estos ocho versos a una persona que – para él – equivale a la naturaleza y a las cosas esenciales de la vida (p. ej. al pan).

En los dos tercetos, el yo lírico expresa más concretamente lo que significa su amada para él: cuando la abraza, abraza al mismo tiempo todo lo que existe. Finalmente, el último verso contiene el clímax del poema: la amada representa toda la naturaleza, o sea, la vida para el yo lírico. Además, salta a la vista la aliteración con que termina el poema. Por consiguiente, el yo lírico deja claro que su amor por ella es profundo.

El poema entero consiste solamente en dos frases y los dos cuartetos son la primera parte de una oración condicional irreal: «Si no fuera porque …» que aparece tres veces (vv. 1, 4 y 5) y termina al comienzo del primer terceto (v. 9). Este verso es la respuesta a toda la descripción anterior: «…yo no te amaría».

Conclusión: El poema sigue la forma clásica del soneto, es decir, los cuartetos presentan el tema y los tercetos contienen la conclusión que culmina en la última frase.

PARA PRACTICAR

1 *Analiza el poema* **Soneto VIII** *de Pablo Neruda* → **p. 19**.
Luego compara tu texto con el análisis modelo (ver arriba).
2 *Analiza el poema* **Canción primaveral** *de Federico García Lorca* → **p. 142**.
3 *Analiza el poema* **El crimen fue en Granada** *de Antonio Machado* → **p. 143**.
4 *Analiza la* **Canción 5** *de Rafael Alberti* → **p. 148**.

TEXTOS INFORMATIVOS

→ Comprensión de lectura, p. 228

La mayoría de los textos que tratamos en la vida cotidiana o durante los estudios no son literarios, sino textos periodísticos, entrevistas, ensayos, discursos, cartas y anuncios. Para extraer información de estos textos es útil fijarse también en elementos más allá del mero texto como la composición, las fotos, la relación texto / imagen, el diseño y otros.

El título indica el tema principal (es una síntesis de lo más importante o de algún aspecto llamativo).

Muchas veces arriba o debajo del título se da un breve resumen o se añaden algunos aspectos sobre la temática.

MÁS DESPACIO → Las agencias inmobiliarias perciben una ralentización en las ventas, que podría traducirse en un ajuste de los precios

LA VENTA DE PISOS SE EMPIEZA A RESENTIR

MELISA TUYA

Hace pocos días, el Banco de España advirtió en su informe anual que la vivienda se encuentra sobrevalorada entre un 24% y un 35% por encima de su precio real. Un incremento ficticio que, según creen, se irá ajustando paulatinamente.

Ese ajuste parecen estar percibiéndolo ya las empresas dedicadas a vender inmuebles. La inmobiliaria Don Piso, por ejemplo, sostiene que actualmente se tardan, de media, 86 días en colocar un piso, frente a los 61 días de 2003. Las casas de obra nueva son las que más les cuesta vender, unos 105 días.

Depende de los precios

En Tecnocasa han notado también una demora en la venta de las casas más caras.

Las promociones y la obra nueva es lo que más cuesta vender. ARCHIVO

«aquellas que valen menos de 300.000 euros se siguen colocando aproximadamente en 50 ó 60 días».

cibiendo que «el precio en zonas punta es menor y el tiempo que la gente busca con nosotros se está alargando».

Los primeros párrafos del mismo artículo contienen la información más importante respondiendo a las preguntas ¿quién? ¿qué? ¿cuándo? ¿dónde? ¿cómo? ¿por qué?

La foto da información complementaria.

Los subtítulos que pueden preceder algunos párrafos adelantan aspectos de la información.

ANALIZAR UN TEXTO INFORMATIVO

Primer paso: introducción

Empieza dando información sobre el género, el autor, el título y el tema. Expón la temática o problemática mediante argumentos que plantea el texto o relacionándola con la actualidad.

→ Hacer un resumen, p. 238

Segundo paso: resumen

Resume el contenido.

Tercer paso: análisis

Analiza el efecto que quiere provocar el texto: ¿quiere transmitir información, explicar hechos o quiere convencer a alguien para que adopte un punto de vista en particular? En este último caso valora el punto de vista del autor y cómo lo transmite.
Explica si te parece convincente la argumentación.

EXPRESIONES ÚTILES

El texto trata el problema de …
El autor presenta / explica / enumera …
En este contexto habla de …

PARA PRACTICAR

Analiza el texto **Tierra de emigrantes, destino para inmigrantes** → **p. 87** *y explica la actitud del autor.*

TEXTOS DRAMÁTICOS

Los géneros clásicos de las obras teatrales son la tragedia, la comedia y la tragicomedia. Ya que una obra de teatro es escrita para ser representada, es importante, al leer un texto dramático, imaginarse también el escenario y la actuación de los personajes.

ACTOS Y ESCENAS

Una obra de teatro está dividida en actos y escenas que pueden corresponder a cambios de acción, de tiempo o de lugar. La acción dramática corresponde a los elementos que caracterizan también la prosa literaria: la exposición, el desarrollo y el desenlace. El modelo clásico es la obra de teatro en 5 actos:

- El primer acto es la exposición en la cual se introducen a los personajes y la acción.
- El segundo acto desarrolla la acción y presenta el conflicto.
- El tercer acto es el punto culminante (el clímax) donde se debe producir la decisión en una u otra dirección.
- El cuarto acto contiene a veces un retardamiento con el propósito de retener la decisión manteniendo de esta manera la tensión dramática.
- El quinto acto presenta el desenlace feliz o trágico.

Las obras teatrales modernas difieren de este modelo y juegan con los diferentes conceptos hasta prescindir completamente de esta estructura (p. ej. el teatro épico).

AUSENCIA DE NARRADOR

Ya que al texto dramático le falta un narrador que comente los sucesos, son los personajes los que mediante sus palabras, gestos y acciones tienen que entregar informaciones y descripciones (pensamientos, angustias, proyectos, etc.) que, de otro modo, el público no llegaría a conocer.

ACOTACIONES PARA LA PUESTA EN ESCENA

Entregan información sobre cómo el autor se imagina el escenario, los personajes, la vestimenta, etc. Pueden incluir instrucciones para efectos especiales como luz y sonido para intensificar el efecto dramático o influir sobre el ambiente.

ANALIZAR UN TEXTO DRAMÁTICO

→ Textos narrativos, p. 241

Primer paso
Durante la lectura del texto dramático, toma apuntes de los diferentes aspectos mencionados arriba. También debes tener presente las observaciones hechas para el análisis de un texto literario narrativo.

Segundo paso
Resume el argumento de la obra de teatro y sitúalo en su contexto histórico y social. Piensa también sobre la intención del autor.

→ Caracterizar a un personaje, p. 234

Tercer paso
Al describir a los personajes, presta atención no sólo a lo que dicen ellos mismos, sino también a su comportamiento y cómo están presentados en los instrucciones para la puesta en escena.

PARA PRACTICAR

1 *Analiza el extracto de* **Botánica** *de Dolores Prida* → **pp. 84/85**.
2 *Analiza el extracto de* **El sol bajo las patas de los caballos** *de Jorge Enrique Adoum* → **pp. 105/106**.

PELÍCULAS

→ Textos narrativos, p. 241

→ Textos dramáticos, p. 246

Existen distintas clases de películas como películas románticas, películas de acción, documentales, etc. Para analizar una película tenemos que tener presente las categorías de los textos narrativos, como también las de los textos dramáticos.

LA CÁMARA

Los planos

El plano se refiere al enfoque de la cámara, o sea, a lo que vemos en la pantalla. Un conjunto de planos con el mismo espacio y tiempo es una secuencia.

Los movimientos de cámara

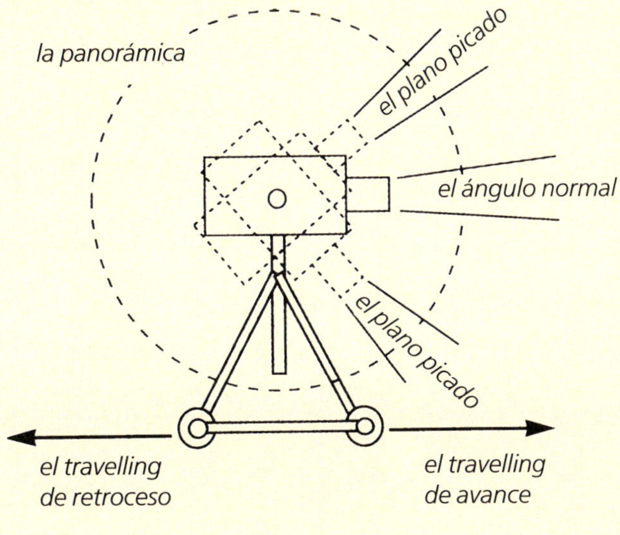

EL GUIÓN

Al igual que un texto dramático, un guión consiste en la presentación de un argumento estructurado en secuencias – y no en actos – y dispuesto a ser transformado en una película. Además suele indicar los movimientos de cámara.

RECURSOS FÍLMICOS

Al igual que en un texto literario, los acontecimientos de una película no son necesariamente presentados en un orden cronológico. La película puede contener, entre otros:

- un *flashback:* el retroceso a un punto anterior de la historia para aclarar el presente del relato.
- un *flashforward:* un salto hacia adelante en el tiempo para, después, retornar al presente de la narración.
- una elipsis: ya que no es necesario ni posible contar cada uno de los hechos o acciones, se realiza una selección dejando el resto de lado. La elipsis puede abarcar desde la porción de tiempo mínima apreciable hasta un salto de siglos.
- fundidos a negro: consisten en montar un plano con otro completamente negro para transmitir una sensación de 'cambio de capítulo', es decir, de transcurso de tiempo o espacio.

EL SONIDO

El sonido está al servicio del desarrollo narrativo de la historia. Aparte de los diálogos de los personajes, existen los efectos sonoros y la música que es recogida en la banda sonora de la película. Sobre todo a la música le corresponde un papel importante, ya que puede

- cumplir una función de ambiente,
- identificar determinados espacios, permitiendo al director una economía visual,
- dar unidad a la película,
- ser como un elemento más de la narración,
- definir los gustos musicales de un personaje identificando su edad, carácter o estado de ánimo.

ANALIZAR UNA PELÍCULA

Primer paso
La comprensión global: al ver un recorte de película, ten en cuenta que un medio audiovisual presenta más elementos que un texto: no sólo lo que se dice es importante, sino también todo lo que se oye (sonidos y música) y, también, lo que se ve. Si en un primer paso no llegas a entender todo lo que dicen los personajes, los demás elementos pueden ayudarte a comprender mejor lo que se te cuenta desde la pantalla.

Segundo paso
Concéntrate en el aspecto que quieres analizar: o en lo que se dice o en el sonido o en los recursos fílmicos. Toma apuntes de lo que juzgas como relevante, pero ten en cuenta que no basta con identificar p. ej. un cierto plano; lo importante es relacionarlo siempre con su función en el contexto.

Tercer paso
Formula tu análisis basándote en tus notas. Tu redacción debe ser comprensible también para alguien que no haya visto el recorte. Si tienes la posibilidad, vuelve a ver el recorte para compararlo con tu interpretación.

PARA PRACTICAR

Como agua para chocolate: *la imagen* → **p. 58**
Como agua para chocolate: *el sonido* → **p. 60**

RECURSOS ESTILÍSTICOS

La retórica es un arte muy antiguo. Consiste en escribir o hablar de forma eficaz y elegante para convencer, conmover, agradar o entretener. A continuación van algunas de las figuras retóricas –o sea, recursos estilísticos– más usadas.

LA ALITERACIÓN Consiste en la repetición de una consonante en una frase con el fin de producir un efecto de musicalidad.
Ejemplo: *Pablo Neruda, Soneto VIII, p. 19, v. 14: veo en tu vida todo lo viviente*

EL CLÍMAX Es el punto cumbre de la acción, donde ésta alcanza su tensión máxima.
Ejemplo: *Manuel Rivas, El partido de Reyes, pp. 39/40, ll. 135–143*

LA ENUMERACIÓN Es la aglomeración de palabras que sirve para nombrar varios aspectos de una idea. Si estas palabras tienen el mismo o casi el mismo sentido, hacen enfásis en un asunto o crean un clímax (ordenando las palabras desde la menos hasta la más significativa).
Ejemplo: *Ernesto Sábato, Sobre héroes y tumbas, p. 173, ll. 56–58, 62–65*

EL CONTRASTE O LA ANTÍTESIS Juega con puntos de vista contrarios, por ejemplo, para resaltar mejor la importancia de una idea. Pueden ser palabras sueltas o descripciones más completas.
Ejemplo: *Jorge Enrique Adoum, El sol bajo las patas de los caballos, p. 106, ll. 85–92*

LA HIPÉRBOLE Consiste en la exageración, o sea, en aumentar aquello de que se habla. Se utiliza, por ejemplo, para destacar alguna característica.
Ejemplo: *El discurso de Francisco Franco, p. 137, ll. 41–46*

LA COMPARACIÓN Se compara a una persona o un objeto con un concepto de otro campo semántico usando «como», «parecido a» o equivalentes. Su objetivo es relacionar elementos que tienen algo en común.
Ejemplo: *Jorge Enrique Adoum, El sol bajo las patas de los caballos, p. 106, l. 19; Ciro Alegría, La ofrenda de piedra, p. 127, ll. 4/5*

LA METÁFORA Se parece a la comparación, pero prescinde de la palabra comparativa «como». También relaciona dos elementos pero con mayor intensidad.
Ejemplo: *Pablo Neruda Soneto VIII, p. 19, vv. 4 y 5: eres una semana de ámbar, eres el momento amarillo*

LA PERSONIFICACIÓN Consiste en dar rasgos humanos a animales u objetos. Es utilizada, por ejemplo, en las fábulas donde los animales se parecen a seres humanos.
Ejemplo: *Pablo Neruda, Soneto VIII, p. 19, vv. 7 y 8: la luna fragante elabora paseando su harina por el cielo*

EL SÍMBOLO Es un elemento concreto que representa algo abstracto por analogía o por convención. Por ejemplo, la paloma blanca con un ramo de olivo en el pico es el símbolo de la paz.
Ejemplo: *Cartel p. 139: la cruz gamada es el símbolo del nacionalsocialismo*

LA ONOMATOPEYA Es el intento de imitar algún ruido o sonido. Se emplea para enfatizar una función o característica de algo (p. ej. el tic-tac del reloj). También hay palabras que han sido formadas por onomatopeya (p. ej. gruñir, crujir y chillar).
Ejemplo: *¡Ay, Carmela!, p. 145, l. 24: rumba la rumba la rumba ba*

LA PREGUNTA RETÓRICA

A diferencia de una pregunta común y corriente, no está dirigida al público, sino a la misma persona que la formula. Este tipo de pregunta se usa mucho en discursos políticos para llevar al público a una determinada conclusión.
Ejemplo: *Ernesto Sábato, Sobre héroes y tumbas, p. 173, ll. 58–61*

LA REPETICIÓN

Consiste en repetir palabras, frases o conceptos deliberadamente para dar énfasis o llamar la atención hacia una idea determinada. En poemas se utiliza de preferencia al comienzo (anáfora) o al final (epífora) de un verso.
Ejemplo: *Pablo Neruda, Soneto VIII, p. 19, vv. 4 y 5: Si no fueras porque eres una semana de ámbar, / si no fueras porque eres …*

IMÁGENES Y CUADROS

Para analizar una imagen, hay que distinguir entre la descripción y la interpretación.

LA DESCRIPCIÓN

1) Clasifica la imagen. ¿Se trata de un dibujo, una fotografía, una caricatura, un anuncio o un cuadro?
2) Localiza a las personas y los objetos que se pueden ver.

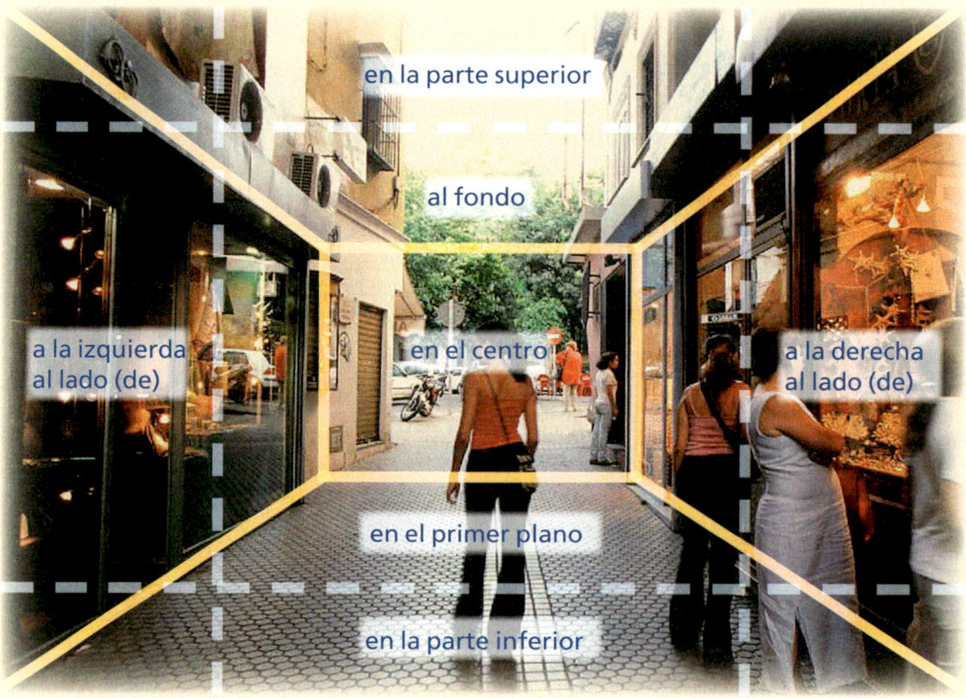

3) Empieza la descripción con el elemento dominante de la imagen, es decir, con el elemento que resalta a primera vista. Normalmente este elemento se encuentra en el primer plano y en el centro de la imagen.
4) Describe el fondo y los lados de la imagen. Si en una imagen no se puede distinguir bien entre el primer plano y el fondo, o sea, si no hay elemento dominante, empieza la descripción a la izquierda siguiendo hacia la derecha.

LA INTERPRETACIÓN

1) Expón lo que expresa o simboliza la imagen:

Esta imagen	expresa … muestra (que) … representa / simboliza …

2) Interpreta también lo que quiere decir el artista o el fotógrafo:

El artista / el fotógrafo quiere La meta del artista es Lo que quiere el fotógrafo es	criticar … señalar (que) … demostrar (que) … llamar la atención sobre (el hecho de que) … provocar compasión / miedo / …

PARA PRACTICAR

Describe e interpreta el cuadro de Goya → **p. 44.**

CIFRAS Y PORCENTAJES

Las cifras y los porcentajes pueden ser presentados de varias maneras, por ejemplo, en forma de:

un cuadro:
presenta números y datos tal cual

1990	2000	2001
13.000	15.000	14.000

un gráfico de barras:
permite ver la evaluación de algo durante un período

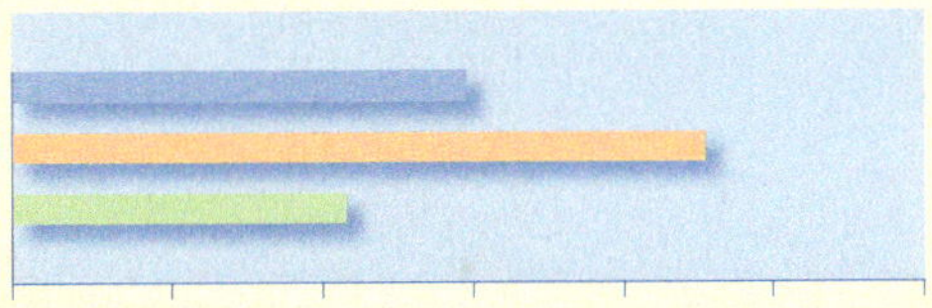

un gráfico de curvas:
permite comparar y evaluar datos de un período

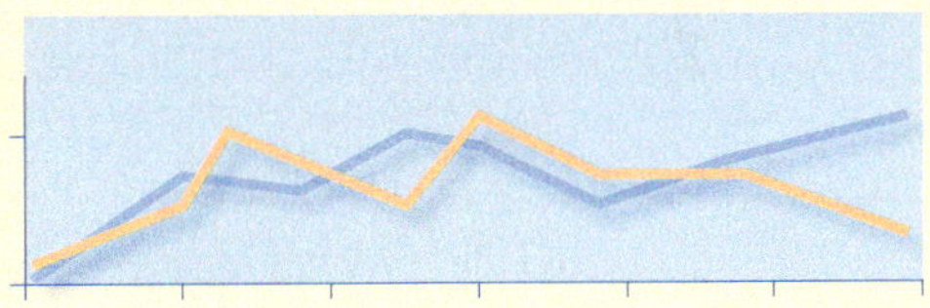

un diagrama circular:
hace visible la distribución de una cantidad, en general, en forma de porcentajes

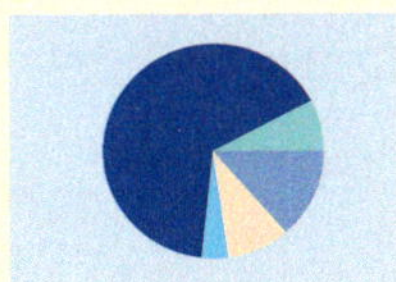

Población hispana e hispanohablantes en los EEUU

Cifras de 2000

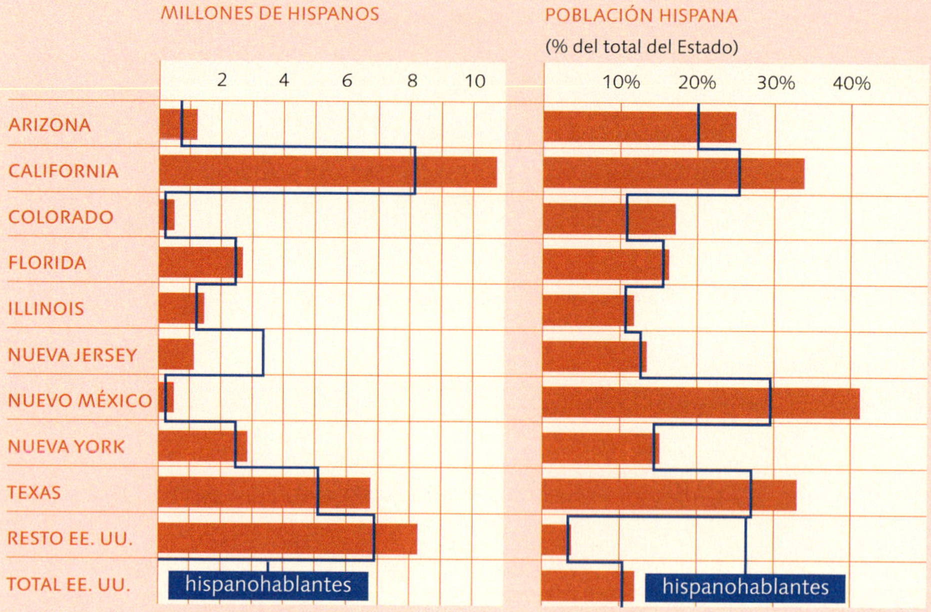

© Oficina del Censo de los EE UU, Censo 2000

En Arizona vive un millón de hispanohablantes. El 20 por ciento de la población habla el español, lo que equivale a uno de cada cinco habitantes.
En California hay 8,2 millones (ocho coma dos millones) de hispanohablantes, más de ocho veces más que en Arizona. Aunque casi un tercio de la población –es decir, casi uno de cada tres habitantes– es de origen hispano, sólo un cuarto domina el español.
En Texas, más del 30 por ciento de la población es de origen hispano. Un 27 por ciento habla español, lo que corresponde aproximadamente a dos de cada siete habitantes.

En torno al Mientras que el Cerca del	6%	(de los encuestados)	declara … afirma … niega … rechaza … considera …
Una parte considerable Un porcentaje elevado Más de la mitad Una amplia / La gran / Una — mayoría / minoría La mayor parte			

Esto afecta Esto concierne	en	menor mayor	medida …

Estos datos muestran	una tendencia algunas diferencias	favorable negativa	con respecto a …

Es un factor que parece (estar) asociado a …

Este	descenso aumento	se ha producido (especialmente) en …

El número de … que …	se ha reducido a … ha aumentado a …

PARA PRACTICAR

Describe las estadísticas → **p. 71** *y* **p. 88**.

HERRAMIENTAS

VOCABULARIO

Existen técnicas que facilitan tanto comprender como hablar en la lengua extranjera. Al saber manejarlas, ni es necesario buscar cada palabra en el diccionario ni aprenderla por separado.

COMPRENDER VOCABULARIO DESCONOCIDO

Internacionalismos

Aprovecha el hecho de que muchos términos son parecidos en muchas lenguas, pero ¡ten en cuenta las posibles diferencias en la ortografía, la gramática y también en el uso de estas palabras!

español	inglés	francés	latín
música latina	*latin music*	*musique latine*	*musica latina*

El contexto

Ten en cuenta el contexto de la palabra desconocida y también otros elementos (dibujos, fotos, estructura del texto con títulos y subtítulos) para descifrar el significado adecuado.

Familias de palabras

Reflexiona si ya conoces una palabra de la misma familia.
Ejemplo: *la posibilidad – posible*

Formación de palabras

Muchas veces los prefijos y los sufijos ya entregan alguna información sobre el significado o te dejan claro si se trata de un sustantivo, un verbo, un adjetivo. Puedes comparar estas sílabas con sus correspondencias en tu lengua materna y en otras lenguas.

<u>prefijos</u>

ante- . . . . indica antes, delante (de) *(antecedente, anteayer)*
a- / anti- . . . . expresa oposición *(apolítico, antifascista)*
bi- . . . . significa dos o dos veces *(bilingüe, la bicicleta)*
co- / con- . . . . denota unión y participación con otro *(colaborar, el contexto)*
in- / im- o de- / des-, di- / dis- . . sentido negativo o contrario *(imposible, desesperado, disminuir)*
pre- . . . . indica delante (de) *(prevenir, el prefijo)*
sobre- . . . . aumenta el significado de la palabra *(sobresaliente)*
sub- / su- / so- . . . . equivale a debajo *(submarino)* o expresa inferioridad o disminución *(el subdesarrollo)*

<u>sufijos</u>

-dad / -tad / -tud . . . . sustantivos femeninos *(la ciudad, la facultad, la actitud)*
-ción / -sión . . . . sustantivos femeninos *(la función, la decisión)*
-ista / -ema . . . . sustantivos masculinos procedentes del griego *(el problema)*; la forma femenina (si la hay) es la misma *(el / la especialista)*
-able / -ible o -ente / -ante . . . . adjetivos *(manejable, comprensible, elocuente, semejante)*
-dor / -tor . . . . adjetivos o sustantivos que se refieren o a una profesión o a la característica derivada de una actividad *(el traductor, el comedor)*
-ito / -illo . . . . se utiliza en la formación de diminutivos *(el chiquito)*
-azo . . . . se emplea en la formación de aumentativos *(el golazo)*

¿CÓMO PROCEDER?

Al leer o escuchar una nueva palabra, trata de descifrarla descomponiéndola y buscando la palabra base:

El prefijo *-im* indica el sentido negativo. ←	im-perdon-able	→ El sufijo *-able* señala que se trata de un adjetivo.
	↓ Conoces la palabra *perdón* del español y de otras lenguas.	

PARA PRACTICAR

Lee el texto **¿Una nueva cultura?** *en la* **p. 82** *en detalle y nombra para cada una de las siguientes palabras la estrategia que te ha ayudado a comprenderla.*
tener precedentes (l. 2), la masa (l. 3), arraigado/-a (l. 16), desarraigarse (l. 16), el vínculo (l. 22), establecerse (l. 27), contrastar (l. 31), en regla (l. 33), el entretenimiento (l. 46), vestir de limpio (l. 49), el cura (l. 50), rodear a alguien (l. 53), apreciar (l. 60), acceder a (l. 64), valorar (l. 65), absorber (l. 66), la mexicanidad (l. 72)

PARAFRASEAR

Al hablar puede suceder que no se te ocurra la palabra exacta. En este caso, intenta expresar la misma idea con diferentes palabras. Para ganar tiempo, puedes utilizar:
Bueno, / Bien, / …
Vamos a ver, …
Pues … / Entonces …
Digamos que … / (A ver si) me explico: …

¿CÓMO PROCEDER?

– Describe el objeto o el hecho para el cual te falta la palabra exacta:

Un/a … es	una persona una cosa / un objeto un sentimiento un lugar …	que … con el / la cual … …

– Explica lo que quieres expresar con un término parecido (sinónimo) o un término contrario (antónimo).
– Usa gestos y la mímica para transportar el mensaje.

PARA PRACTICAR

Explica en español los términos Haartrockner, Hausmeister *y* Heimweh.

UTILIZAR UN DICCIONARIO

EL DICCIONARIO MONOLINGÜE

El diccionario monolingüe te ayuda a utilizar, a escribir y a pronunciar las palabras correctamente.
– Familiarízate con todas las secciones que ofrece tu diccionario. Al principio o en el anexo suele haber listas con los símbolos y las abreviaciones que se usan, esquemas gramaticales, explicaciones de la pronunciación, etc.
– Un diccionario está ordenado alfabéticamente, pero muchos suelen agrupar las palabras con la misma raíz. Eso te ayuda a aprender la familia de palabras correspondiente.
– Estudia las explicaciones completas que se dan, en qué contexto se usa el término y, especialmente, los ejemplos de oraciones y de expresiones idiomáticas.

– Asegúrate si la palabra lleva una preposición determinada y, para los verbos, si también tiene formas irregulares.
– Algunos diccionarios ofrecen también sinónimos y antónimos.

la pronunciación — la categoría gramatical (s = sustantivo, f = femenino)

el término → **tie·rra** [tjérra] *s/f* **1.** (Con *may*) Planeta en que habitamos. **2.** Superficie del planeta Tierra, no cubierta por el mar. **3.** Conjunto de partículas minerales y orgánicas que forman el suelo: *Le tiró un puñado de tierra.* **4.** Suelo, piso: *Tropezó y cayó en tierra.* **5.** Región, país: *Pasaré unos días en mi tierra.* **6.** Terreno cultivable: *Tiene tierras en Asturias.* ← los diferentes significados con ejemplos

expresiones idiomáticas → LOC **A ras de tierra,** al nivel del suelo. **Besar la tierra,** caerse de bruces. **Caer por tierra,** caerse, hundirse en sentido real o figurado. **Echar a/por tierra algo,** destruir, difamar, malograr. **Quedarse en tierra,** no lograr subir en un medio de transporte en que se pretendía viajar, o frustrarse un viaje por algún motivo. **Tomar tierra,** arribar una nave o aterrizar un avión. **¡Trágame, tierra!,** expresión que se utiliza para manifestar que se siente mucha vergüenza por algo.

PARA PRACTICAR

1 *Encontrar una palabra: busca en el diccionario un sustantivo, un adjetivo y un verbo. Presenta los elementos explicando también los símbolos y las abreviaciones utilizados.*
2 *Comprender el significado de una palabra: explica la diferencia entre escuela e instituto.*
3 *Busca*
   – *un sinónimo:* bonito,
   – *un antónimo:* rápido,
   – *una palabra de la misma familia:* jugar,
   – *la pronunciación de una palabra:* bilingüe, vaca, hábil,
   – *el género de los sustantivos:* agua, águila, ama de casa, mar,
   – *el plural de los sustantivos:* raíz, marroquí,
   – *las formas del presente del verbo:* satisfacer, *del pretérito indefinido del verbo:* conducir, *del subjuntivo presente del verbo:* saber y *el participio del verbo:* escribir,
   – *la preposición adecuada para el verbo:* preocuparse,
   – *el significado de una expresión:* el qué dirán.
4 *Verifica la ortografía:* comic / cómic, através / a través, habano / havano

EL DICCIONARIO BILINGÜE

En un diccionario bilingüe encuentras la traducción de una palabra española al alemán y viceversa.
Se suelen dar varias posibilidades para traducir la palabra. Por eso hay que tener en cuenta el contexto en el que quieres usarla. Para estar seguro/-a verifica siempre el significado.
Si buscas la traducción alemana, verás tú mismo si la frase en alemán tiene sentido en el contexto requerido. Para saber si la palabra española es adecuada, verifica la entrada en la parte español-alemán o comprueba la entrada en un diccionario monolingüe.

PARA PRACTICAR

1 *Explica cómo has encontrado la traducción:* hacer de tripas corazón, tomar la sartén por el mango, no hay mal que por bien no venga
2 *Traduce al alemán:* Esta vez tienes que ponerte las pilas para aprobar el examen.
3 *Busca las expresiones equivalentes en español:* mit Haut und Haaren, arbeiten wie ein Pferd
4 *Traduce al español:* Ich suche ein reißfestes Tau.

MAPA MENTAL

¿QUÉ ES UN MAPA MENTAL?

Un mapa mental hace visible la relación entre ideas. Relacionar y estructurar palabras sueltas entorno a una palabra o frase clave ayuda a retenerlas y aprenderlas. Un primer paso puede ser elaborar un asociograma, es decir, apuntar todo lo que se te ocurra acerca de una palabra (lluvia de ideas).

¿CÓMO PROCEDER?

1) Escribe la palabra a o frase clave en el centro de una hoja.
2) Añade otras palabras relacionándolas con la palabra o frase clave mediante rayas. Puedes añadir otras más en cada fase de tu trabajo.
3) Puedes utilizar lápices de color y añadir íconos para destacar los aspectos importantes.
4) Para darles un orden lógico a tus ideas, puedes enumerar cada una de las rayas. Esto te permite empezar con el aspecto sobre el que mejor estás informado/-a.

el asociograma

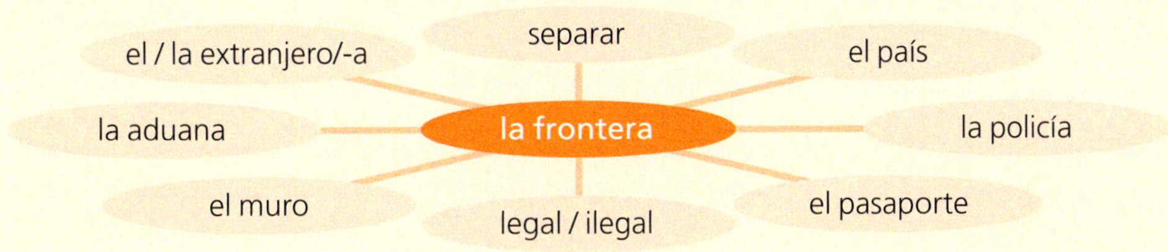

el mapa mental

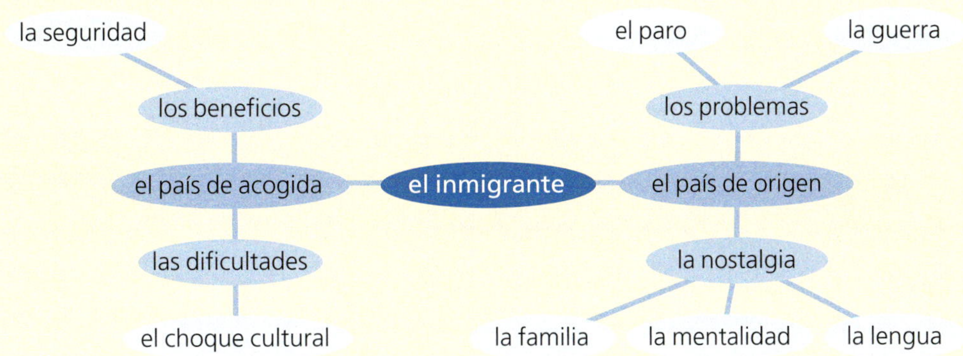

PARA PRACTICAR

1 *Haz un mapa mental del campo léxico* fútbol → p. 38.
2 *Reúne el vocabulario para caracterizar a una persona en un mapa mental. Describir a una persona* → p. 81.
3 *Estructura la información del texto* Demografía, cultura, dólares *en un mapa mental* → p. 72.
4 *Haz un mapa mental de la palabra* oro *como preparación a la tarea creativa* → p. 111.
5 *Prepara un mapa mental para el tema* Vivir en un mundo global → p. 90.

TOMAR APUNTES

Esta técnica es útil para recordar cualquier información, así como para organizar la información necesaria para escribir un texto o preparar una exposición.

TÉCNICAS PARA TOMAR APUNTES

- En general sólo tú tendrás que descifrar tus apuntes, así que puedes desarrollar tu propio sistema. Diseña tus propios símbolos o abreviaturas siempre que sean claros y no demasiados.
- Dales un título a tus apuntes e indica la fuente para acordarte mejor aún tiempo después.
- Apunta únicamente palabras clave y no frases enteras.
- Escribe legible para poder utilizar los apuntes más tarde. Si no lo consigues – por ejemplo, durante una audición o una exposición – revisa y reescribe los apuntes cuanto antes para acordarte mejor.
- Al leer o escuchar, presta especial atención a señales que indiquen la estructura del texto o de la exposición. Los apuntes deberían reflejar dicha estructura. En el margen de tu hoja de apuntes puedes señalar la introducción, la información más importante y dónde empieza la conclusión.
- Señala con un signo de interrogación (¿?) lo que no has entendido. Intenta rellenar el espacio al final formulando una hipótesis revisando tus apuntes.

PARA PRACTICAR

Apunta las fechas, las personas y los acontecimientos importantes del texto sobre la II República → p. 134.

HACER CITAS

Al escribir un texto o al preparar una exposición necesitas a menudo referirte al texto original o a la crítica literaria para comprobar los argumentos o hacer patente tu propia interpretación. Haz siempre un uso moderado de citas para no sobrecargar tus afirmaciones.

INTRODUCIR UNA CITA ESCRIBIENDO

Una cita reproduce el texto original palabra por palabra y siempre tiene que ser reconocible como tal utilizando

- comillas para dejar claro el principio y el final de la cita: « »,
- puntos suspensivos entre corchetes [...] en caso de añadir u omitir palabras:
  «Si [Franco] no hubiera tenido el apoyo de los militares [...], no habría podido ...».

Cita al final
La protagonista se cambió el nombre de Milagros a Millie e intentó «ser como las demás» (l. 88).
No consigue definirse a sí misma: «¿Y quiénes somos, abuela? ¿Quiénes somos?» (ll. 98/99).

Cita al principio
«Estas imágenes, estas creencias, han sido parte del equipaje de otras generaciones» (ll. 33–36), lo que hace suponer que Millie rechaza sus raíces.

Citas indirectas (sin comillas)
Cuando Millie llegó al *college* le gustaba la música latina y tenía acento al hablar inglés (ver ll. 82–85).

EXPRESIONES ÚTILES

El / la autor/a El / la narrador/a El / la protagonista El yo lírico	dice que … describe (a) … piensa que … opina que … destaca (que) …	A …le parece … Lo que le importa es que … A su modo de ver … Según su opinión/Según la opinión de … Para …

INTRODUCIR UNA CITA HABLANDO

En una charla o al exponer un tema debes hacer patente cuando citas a una persona, ya sea de forma directa («Voy a citar literalmente lo que el autor dice al respecto: …»), o ya sea de forma indirecta (haciendo una breve pausa antes de leer la cita).

CITAR LA FUENTE

Siempre hay que indicar la fuente de una cita, ya sea entre paréntesis en el texto o como pie de página.
un libro: Vargas Llosa, Mario (1962). *La ciudad y los perros.* Barcelona: Seix Barral.
un artículo de prensa: Muñoz Molina, Antonio (26. 06. 2000). La cara que veía en todas partes. *El País,* p. 18.
una fuente de internet: *Clarín.com* (2005). Piqueteros, la cara oculta del fenómeno. Online im Internet: *www.clarin.com/diario/especiales/index.html.*

PALABRAS DE ENLACE

Tanto para escribir un texto como para exponer un tema, se utilizan palabras de enlace para relacionar las afirmaciones entre sí.

PALABRAS FRECUENTES

Enumerar
- primero / al comienzo / para empezar …
- después / a continuación …
- además / también …
- para terminar / concluir …
- al final / finalmente …

Dar razones
- como / ya que / porque …
- por eso …
- debido a / a causa de …
- dado el caso de (que) …

Expresar consecuencias
- como resultado de / a consecuencia de …
- así que …

Expresar finalidades
- para + *infinitivo*
- para que / a fin de que + *subjuntivo*

Expresar las condiciones de algo
- si …
- en caso de que + *subjuntivo*
- bajo la condición de que + *subjuntivo*

Expresar contrastes y comparaciones
- aunque …
- sin embargo …
- a pesar de …
- no obstante …
- por un lado … por otro lado …
- pero / mientras (que) …
- tanto … como …
- (al) igual que …
- a diferencia de …
- en comparación con …
- lo mismo que …
- como si + *subjuntivo imperf.*

Expresar relaciones temporales
- antes de + *inf.* / antes de que + *subjuntivo*
- cuando …
- mientras …
- al + *infinitivo*
- en el momento de …
- al mismo tiempo / paralelamente …
- después (de que) …

PARA PRACTICAR

→ Mapa mental, p. 257

1 a) *Recoge todas las ideas sobre un tema – por ejemplo, en un mapa mental – y dales un número según la importancia o según el orden en que van a ser presentadas.*
b) *Elige de la lista de las palabras de enlace aquéllas que sean convenientes.*

EVITAR ERRORES

Es normal que cometas errores al aprender una lengua extranjera. Lo importante es que sepas analizarlos y sistematizarlos, porque si sabes qué tipo de errores sueles cometer, podrás evitar muchos de ellos. Es decir: ¡tus errores te ofrecen la posibilidad de perfeccionarte!

1) Antes de entregar un texto, léelo varias veces concentrándote cada vez en un solo aspecto.
2) Al final comprueba en qué categorías cometes la mayoría de los errores.
3) Haz una lista con tus errores más frecuentes e intenta perfeccionarte en estas categorías.

Léxico	
la ortografía	intere**s**ante, Teneri**f**e, el tema
la palabra adecuada	No voy **tampoco** a la fiesta. En la sala **hay** una mesa.
Gramática	
el género	**el** problema, **la** mano, **la** ciudad
el uso del artículo	Voy a dar **otro** ejemplo. **El** fútbol me gusta mucho.
el artículo contracto	Dale el libro **al** chico.
el adjetivo contracto	un **buen** ejemplo, un **gran** presidente
los tiempos del pasado	**Nació** en Málaga, antes de saltar a la fama **había estudiado** en Galicia, **fue** un gran pintor, **se llamaba** Picasso.
el uso del subjuntivo	Es importante que lo aprend**as**. Creo que **es** una buena idea. Ojalá **tengas** tiempo.
la concordancia entre sustantivo y determinante	Tus ide**as** son buen**as**, est**a** vez, l**os** pintor**es,** un**as** zapatill**as** blanc**as** y nuev**as**
la concordancia entre sujeto y verbo	Poco**s** hablaba**n** alemán, **nadie** sab**e, hubo** much**a gente,** dice**n** que va**n** a ganar
la concordancia en la oración condicional	Si **os interesa** el arte, **os recomiendo** el Prado. ¿Cómo **sería** Latinoamérica, si Colón **no hubiera** llegado? Si **van** por la costa, **llegarán** a Salango.
la concordancia en el estilo indirecto	Me **contó** que **viajaría** a Perú.
el uso de las preposiciones	He soñado **contigo.** Estamos detrás **de** la casa.
el uso de los pronombres	**Le** he dado 10 euros. A Ana **la** encontré ayer.

PARA PRACTICAR *Analiza y sistematiza los errores de tu último examen. ¿En qué categorías los has cometido más frecuentemente?*

ANEXO

PEQUEÑA HISTORIA DE ESPAÑA EN EL SIGLO XX

1898 España pierde sus últimas colonias en ultramar (Cuba, Filipinas y Puerto Rico). Este acontecimiento se manifestó en la literatura a través de los escritores de la Generación del 98 (Miguel de Unamuno, Antonio Machado, Ramón del Valle Inclán, etc.).
1902 Alfonso XIII es coronado rey de España.
1914 España permanece neutral en la I Guerra Mundial.

(1923–1929) LA DICTADURA DE MIGUEL PRIMO DE RIVERA

1923 Comienzo de la dictadura del general Primo de Rivera: la sucesión de las crisis gubernamentales, la marcha desfavorable en la guerra con Marruecos, la agitación social y el descontento del Ejército provocan el golpe de Estado fomentado por Alfonso XIII.
1926 Fin de la guerra de Marruecos.
1928 Federico García Lorca publica el *Romancero gitano*. Luis Buñuel dirige la película *Le chien andalou*.
1929 Fin de la dictadura de Primo de Rivera.

(1931–1936) LA II REPÚBLICA

1931 Elecciones: victoria de los republicanos. Proclamación de la República. Alfonso XIII huye a París. Nueva Constitución que reconoce el Estado laico. Cataluña, Galicia y el País Vasco se convierten en autonomías regionales. Se reanuda la Reforma Agraria. Derecho a voto para las mujeres.
1933 Elecciones: victoria de la derecha («bienio negro»). Fundación de la Falange Española.
1936 Elecciones: victoria del Frente Popular, la coalición de izquierda.

(1936–1939) LA GUERRA CIVIL

1936 Alzamiento del general Francisco Franco: comienza la Guerra Civil. Hitler y Mussolini apoyan a los nacionales, voluntarios de muchos países (las Brigadas Internacionales) apoyan a los republicanos. Federico García Lorca es asesinado por la Guardia Civil.
1937 Bombardeo de Guernica por la aviación alemana. Pablo Picasso: *Guernica*.
1939 La caída de Madrid significa el fin de la Guerra Civil con la victoria de los franquistas. Exilio de numerosos republicanos, entre ellos muchos artistas (Pío Baroja, Jorge Guillén, Rafael Alberti, etc.). Antonio Machado muere pocos días después de haber cruzado la frontera con Francia.

(1939–1975) EL FRANQUISMO

1939 Represión de las culturas y lenguas regionales. España permanece al margen de la II Guerra Mundial.
1946 La ONU rechaza al régimen franquista.
1947 Ley de Sucesión a la Jefatura del Estado: Franco anuncia la restauración de la monarquía cuando él muera o se retire.
1953 España y Estados Unidos firman un acuerdo de cooperación estableciendo bases de uso conjunto.
1955 La España franquista es admitida en la ONU.
1956 Juan Ramón Jiménez recibe el Premio Nobel de Literatura. Inauguración de TVE (Televisión Española).
1962 El príncipe Juan Carlos de Borbón, nieto de Alfonso XIII, contrae matrimonio con la princesa Sofía de Grecia.

1963 Comienzan los Planes de Desarrollo que organizarán el despliegue económico.
1968 España otorga a Guinea Ecuatorial su independencia.
1969 Franco nombra al príncipe Juan Carlos de Borbón su sucesor a título de rey.
1973 El almirante Luis Carrero Blanco, presidente del Gobierno, muere en atentado de ETA. Carlos Arias Navarro es nombrado presidente del Gobierno.
1975 Último fusilamiento de la dictadura.
Muere el dictador Francisco Franco.

(1975–1982) LA TRANSICIÓN

1975 Juan Carlos de Borbón es nombrado rey de España. Se establece una monarquía constitucional.
1976 Carlos Arias Navarro es sustituido por Adolfo Suárez como presidente del Gobierno.
Vicente Aleixandre recibe el Premio Nobel de Literatura.
Aparece el diario *El País.*
1977 Legalización de diez partidos entre los cuales se encuentra el PSOE (Partido Socialista Obrero Español), el PP (Partido Popular), el PDC (Partido Demócrata Cristiano), el PCE (Partido Comunista de España) y la UCD (Unión de Centro Democrático).
Primeras elecciones democráticas desde 1936: triunfo de la UCD. Adolfo Suárez sigue siendo el presidente del Gobierno.
Abolición de la censura.
1978 Los españoles aprueban por una mayoría del 88 % la nueva Constitución que define a España como una monarquía parlamentaria.
1979 Elecciones: triunfo de la UCD. Suárez inicia su tercer mandato como presidente del Gobierno. Cataluña y el País Vasco se convierten en regiones autónomas.
1981 Suárez dimite como presidente del Gobierno y es reemplazado por Leopoldo Calvo Sotelo.
23-F (23 de febrero): golpe fallido del coronel Tejero contra el Congreso.
La intervención del rey abortó el intento de golpe de Estado.
Galicia, entre otras, se convierte en región autónoma.
Promulgación de la ley de divorcio.

(1982–1996) GOBIERNO DE FELIPE GONZÁLEZ MÁRQUEZ

1982 Triunfo del PSOE. Felipe González es nombrado presidente del Gobierno.
González mantendrá el poder durante las siguientes tres legislaturas.
1985 Ingreso a la OTAN.
1986 España ingresa a la Comunidad Económica Europea.
1989 Camilo José Cela recibe el Premio Nobel de Literatura.
1992 Juegos Olímpicos en Barcelona. Declaración de Madrid como Ciudad Cultural Europea.
1992 Exposición Universal en Sevilla.

(1996–2004) GOBIERNO DE JOSÉ MARÍA AZNAR LÓPEZ

1996 Triunfo del PP. José María Aznar es nombrado presidente del Gobierno.
Aznar mantendrá el poder durante dos legislaturas.

(2004) GOBIERNO DE JOSÉ LUIS RODRÍGUEZ ZAPATERO

2004 Triunfo del PSOE. José Luis Rodríguez Zapatero es nombrado presidente del Gobierno. Las elecciones tienen lugar tres días después del atentado de Al Qaida del 11-M (11 de marzo) en Atocha, Madrid, en el cual mueren alrededor de 200 personas. Por el hecho de atribuir falsamente el atentado a ETA, el PP pierde las elecciones.

VOCABULARIO TEMÁTICO

LAS RELACIONES PERSONALES

EN GENERAL

entenderse bien / mal llevarse bien / mal tener buenas / malas relaciones	con		la familia / los parientes los amigos / los conocidos los compañeros de trabajo los suegros la nuera / el yerno los primos los sobrinos los cuñados
querer a			
discutir tener problemas pelearse	con		
estar harto/-a de			
no aguantar odiar elogiar criticar reprochar	a		
estar preocupado/-a por			
tratar	bien / mal con cariño / con desprecio	a	

hacerse amigo/-a de alg.
tener una amistad con alg.

gustarle a alg. enamorarse de		un chico / una chica
querer amar	a	

LOS ESTADOS CIVILES

estar / ser	soltero/-a
estar	de novio/-a
estar	comprometido/-a
ser / estar	casado/-a
ser / estar	separado/-a
ser / estar	divorciado/-a
ser / quedar	viudo/-a

LA CONVIVENCIA

la pareja (de hecho)
el matrimonio *Ehepaar*

Los hogares de soltero/-a Las parejas sin hijos Los padres solteros Las familias reconstituidas *Patchworkfamilien*	van en aumento. juegan cada vez un rol más importante.

LOS ESTUDIOS Y EL TRABAJO

LOS ESTUDIOS

matricularse en	la universidad una carrera (universitaria)	
estudiar	Medicina / Derecho / Economía / Filología …	
aprender el oficio de	panadero / carpintero / peluquero / electricista …	
hacer	unas prácticas (ser practicante) una licenciatura / un diplomado un posgrado / un máster / una especialización un doctorado	
sacar un título	universitario de doctorado	
la Formación Profesional de Grado Superior		*etwa: höhere Berufsausbildung*
un título de Técnico Superior en	Dietética Imagen y Sonido	*etwa: Fachhochschulabschluss*
la Formación Profesional de Grado Medio		*etwa: mittlere Berufsausbildung*
un título de Técnico en	Jardinería Joyería	*etwa: Berufsfachschulabschluss, Gesellenbrief*
tener una buena formación profesional		

EL TRABAJO

mandar	una (carta de) solicitud *Bewerbung(-sschreiben)* un currículum (vitae)		
tener ser invitado/-a a	una entrevista de trabajo		
entrar a la vida laboral			
estar sobrecalificado/-a			
ser ejercer la profesión de	médico/-a abogado/-a periodista arquitecto/-a ingeniero/-a funcionario/-a público/-a profesor/a redactor/a	en	un hospital un bufete un periódico una oficina una empresa un ayuntamiento un colegio una editorial
ser ejercer el oficio de	carnicero/-a albañil joyero/-a	en	una carnicería una construcción un taller de joyería
estar	buscando trabajo contratado/-a / empleado/-a despedido/-a en paro / parado/-a jubilado/-a		

ser	empleado/-a jubilado/-a (jubilarse)
trabajar	independiente *selbständig* como colaborador/a *freiberuflich* clandestinamente *schwarzarbeiten* en el sector público / privado
tener	empleo / contrato – indefinido / estable, limitado
trabajar	media jornada tiempo completo por turnos 37 horas a la semana
ganar €1000	bruto neto / líquido
ganar un sueldo / salario	alto / bajo mínimo
cobrar	una remuneración subsidio de paro *Arbeitslosengeld*

pedir un aumento de sueldo

tomar vacaciones
hacer horas extra *Überstunden machen*

darse de baja por	enfermedad *krankgeschrieben sein* maternidad *in Mutterschutz sein*

Los trabajadores / obreros Los empleados Los sindicatos	se quejan de protestan por entran en huelga por	las condiciones de trabajo. los salarios bajos. el exceso de trabajo. la reducción de personal. el aumento del tiempo de trabajo. los impuestos altos. *Steuern*

La tasa de desempleo	aumenta. disminuye. se dobla.

el INEM (Instituto Nacional de Empleo) *span. Arbeitsamt*

La situación en el mercado laboral está difícil / precaria / buena.

La crisis económica causa	huelgas. despidos. paro. trabajo ilegal.

Los empleadores Los empresarios	crean suprimen	puestos de trabajo.

la quiebra / la bancarrota	de las multinacionales de varias PYME (pequeñas y medianas empresas)

LA LITERATURA Y EL ARTE

LA LITERATURA

El texto literario / El texto informativo — presenta — una ficción / un mundo imaginario. / un hecho real.

El escritor
El novelista
El cuentista
El ensayista
— describe … / presenta … / muestra …

El poeta / la poetisa — expresa …

El autor del texto informativo
- da su opinión sobre …
- expresa sus ideas sobre …
- afirma que …
- empieza / termina por …
- llega a la conclusión de que …

La intención del autor es
- llamar la atención sobre …
- hacer una crítica a …
- narrar la historia de …
- contar la vida de …
- provocar una polémica en torno a …
- educar / chocar / divertir.

La novela tiene un narrador
- en primera persona.
- en tercera persona / omnisciente.

El título / El primer capítulo / El prólogo / El epílogo
- hace alusión a …
- se refiere a …
- muestra …
- trata de …

La acción
- se desarrolla …
- se desenvuelve …
- tiene lugar …
- transcurre …

El argumento del cuento es convincente.

El tema / El motivo — de la novela es …

el protagonista
el personaje secundario

Los caracteres
- están bien dibujados.
- tienen una sicología convincente.

Los estereotipos
- están bien logrados.
- poseen todos los rasgos típicos.

El tiempo (de la acción)
- es — cronológico / acrónico. / lineal / circular.
- se remonta a …

El lugar (de la acción) es …

El lenguaje	es se caracteriza por ser	sencillo / complejo. claro / hermético. neutral / irónico. coloquial. *Umgangssprache*

Los versos riman.

Los versos	tienen	una rima	consonante. asonante.
		encabalgamientos. *Enjambements*	
		cesuras.	

Las estrofas son	tercetos. cuartetos.

El yo lírico tiene un tono	alegre. melancólico.

LA PINTURA Y LA ESCULTURA

El pintor El dibujante	pinta dibuja	con colores con trazos	una imagen. un cuadro (abstracto). un retrato. un autorretrato. una naturaleza muerta. un paisaje. un mural. una caricatura. un cómic.

la pintura	al óleo a la acuarela al pastel

el pincel / el lápiz
la paleta
el marco *Bilderrahmen*

El escultor hace / esculpe	una escultura un busto una figura un retablo	de	piedra. mármol. madera. yeso.

el cincel *Meißel*

El cuadro La escultura	es	triste / pesimista. alegre / optimista / esperanzador/a. bonito/-a / bien logrado/-a. feo/-a / de poco gusto.

LA MÚSICA

escuchar	música	pop
		rock
		clásica
		jazz
		rap
		tecno

poner	una canción
	un (una) casete
	un CD

El compositor	compone	la música	de una canción.
	escribe	la letra	
		el estribillo / el refrán	

El cantante	interpreta	una canción.
El músico	graba	

fundar	un grupo de música
tocar en	una banda

El cantante	sabe cantar bien.
El coro	desafina. *singt falsch*

tener la voz	fuerte
	suave
	expresiva
	aguda
	grave
	nasal

La música	es	agradable.
La melodía		alegre.
		melancólica.
		monótona.
		movida.
		rítmica.

saber tocar	un instrumento
aprender a tocar	la guitarra
	el piano / el teclado
	la batería
	el bajo
	el violín
	la flauta

EL TEATRO Y EL CINE

En	el teatro el cine	están dando	una obra de teatro. una comedia. un drama. una tragicomedia.	
			un documental. cortometrajes. *Kurzfilme* sinopsis de películas. *Film-Trailer*	
			una película	romántica. de acción. de ciencia ficción. de suspense. *Thriller* de dibujos animados. *Zeichentrickfilm*

La escena es	romántica. violenta. cursi. poética.

En la exposición se da a conocer a los personajes principales.
El nudo se presenta en el segundo acto.
El desenlace es inesperado.

La puesta en escena de la obra de teatro La escenografía	es	espectacular. poco creativa.

El actor / la actriz	hace bien su rol / papel de actúa bien de	protagonista / antagonista. personaje secundario.

El guionista elabora el guión.

El director	reparte los papeles. decide sobre el lugar del rodaje.

El productor financia la película.

El equipo técnico	se preocupa	del montaje de las escenas.	
		del doblaje.	*Synchronisierung*
		de los subtítulos.	
		de los créditos.	*Nachspann*
		de la banda sonora.	*Soundtrack*

El camarógrafo	se preocupa de hacer buenas tomas.		
	hace un enfoque	de gran plano general.	*Weiteinstellung*
		de plano general.	*Totaleinstellung*
		de plano medio.	*Halbnaheinstellung*
		de plano americano.	*amerikanische Einstellung*
		de plano corto.	*Nahaufnahme*
		de plano detalle.	*Detailaufnahme*

LOS MEDIOS DE COMUNICACIÓN

LA PRENSA

El diario El periódico	nacional regional	tiene un tiraje	alto. de 200.000 ejemplares.
suscribirse a estar suscrito/-a a leer	un diario una revista un periódico digital	de mujeres especializada en informática (una revista)	
publicar	un artículo un reportaje un comentario una encuesta una entrevista	sobre …	
Los titulares Los subtítulos	deben llamar la atención del lector. están en negrilla / negrita.		
El periodista escribe siempre en la	sección columna	Internacionales. Sociedad.	
El fotógrafo de prensa toma fotos	del acontecimiento. del accidente.		

LA RADIO Y LA TELEVISIÓN

la emisora de radio

el canal de televisión

el canal | estatal / privado

la tele cable / digital

el programa de radio / de televisión

escuchar / ver programas	deportivos musicales culturales	en vivo y en directo
ver	películas telenovelas shows noticiarios publicidad	
Van a	dar un reportaje pasar las noticias	en la Radio Romántica. a las nueve de la noche.
cambiar de canal zapear	con el mando a distancia	

el locutor de un programa de música clásica
el animador de un show

los oyentes de la emisora Rock and Pop
los espectadores del canal once

ver alquilar grabar	un vídeo un DVD

LA INFORMÁTICA Y EL INTERNET

encender apagar	el ordenador (portátil) *(Laptop)* el monitor

escribir en el teclado
apretar una tecla

abrir cerrar seleccionar	una ventana	con el ratón con una tecla

abrir guardar borrar	un archivo un documento	del disco duro del CD-ROM

instalar utilizar	un programa de tratamiento	de textos *Texverarbeitungsprogramm* de cálculo *Tabellenkalkulationsprogramm*

imprimir un documento

la impresora	de inyección de tinta láser

grabar	una canción una película	con la grabadora *Brenner*

escanear	una foto un documento	con el escáner

tener acceso estar conectado/-a	a internet / a la red al servidor *Server*

navegar chatear	en internet

bajar una canción de internet *herunterladen*

el enlace con	la página web de inicio la página web del buscador *Suchmaschine*

tener una dirección de escribir / mandar / recibir un revisar la cuenta de tener una clave para entrar a la cuenta de	e-mail correo electrónico

LA ECONOMÍA Y LA ECOLOGÍA

LA ECONOMÍA

la oferta
la demanda

el poder adquisitivo

los bienes (de producción)

el crecimiento económico

El sector primario se dedica a explotar los recursos naturales.
El sector secundario se preocupa de la industria.
El sector terciario agrupa las actividades que ofrecen servicios.

el sector estatal
el sector privado

la privatización
el monopolio

Alemania tiene La mayoría de los países latinoamericanos tienen	una economía social de mercado. una economía neoliberal.

Los tratados de libre comercio más conocidos son el NAFTA y el Mercosur.

el país	subdesarrollado / del tercer mundo en vías de desarrollo *Schwellenland* desarrollado / del primer mundo

Los pobres viven en	una villa miseria / un barrio popular. *Armenviertel* una chabola. *Hütte*

Las consecuencias de la pobreza pueden ser La falta de perspectivas provoca	la violencia en forma de robos o asaltos. la prostitución. la drogadicción. el alcoholismo.

la ONG (**o**rganización **n**o **g**ubernamental)

LA ECOLOGÍA

el medio ambiente

el ecosistema

tomar medidas contra la contaminación comprometerse en la protección	del medio ambiente de la naturaleza del aire / del agua

Muchos políticos Muchas multinacionales	son responsables	de los problemas ecológicos. de la reducción de la capa de ozono. del efecto invernadero. *Treibhauseffekt* de los residuos radioactivos. *Atommüll* de catástrofes como la marea negra. *Ölpest*

El efecto invernadero provoca
- un cambio climático.
- el calentamiento global.
- olas de calor.
- sequías.
- inundaciones.
- tormentas.

La falta de precipitación / El periodo de sequía – desencadena
- una escasez de agua.
- que el suministro de agua no sea garantizado.
- que se tenga que reducir el consumo de agua.
- que los ríos pierdan su caudal.
- que no haya suficiente agua para regar las plantas.

Utilizar
- energía solar
- energía hidráulica
- energía eólica *Windenergie*

es un buen aporte para proteger el medio ambiente.

Los científicos / Los ecólogos
- están buscando energías renovables.
- están luchando por reducir / eliminar los gases tóxicos.

LA EMIGRACIÓN

Los emigrantes – dejan / huyen de – su país de origen por
- razones
  - económicas.
  - políticas.
  - religiosas.
  - étnicas.
  - románticas.
  - culturales.
- la pobreza / el hambre.
- la persecución / la represión.
- la guerra (civil).
- la dictadura (militar).
- las malas condiciones de vida.

Los inmigrantes llegan al país de acogida en búsqueda de
- bienestar.
- seguridad.

el inmigrante
- proveniente de
  - Túnez
  - Ecuador
- de nacionalidad
  - marroquí
  - peruana
- de doble nacionalidad
- hispano *proveniente de un país hispanohablante*
- magrebí *proveniente de Túnez, Argelia o Marruecos*

el extranjero
el forastero
el refugiado (político)
el exiliado

perder sus	raíces lazos personales

echar de menos / extrañar su país

acostumbrarse	al país de acogida a la cultura ajena

el choque cultural
el desarraigamiento / la desintegración

el aislamiento
la aculturación / la asimilación
la adaptación
la integración

la sociedad multicultural

La cifra de inmigración El crecimiento demográfico	aumenta. disminuye.

pertenecer a la segunda generación de inmigrantes
ser bilingüe / plurilingüe
hablar spanglish

llenar una solicitud para conseguir	el visado / la visa el permiso de residencia el permiso de trabajo asilo político

tener los papeles en regla / en orden

La ley de extranjería legaliza / regulariza la situación del	inmigrante (ilegal / clandestino). sin papeles.

La oficina de extranjería	concede prolonga	el visado.
	expulsa al inmigrante.	

cruzar la frontera	en patera con un coyote	de manera ilegal / clandestinamente

LA HISTORIA Y LA POLÍTICA

POBLACIÓN Y CULTURA INDÍGENA

La población de América Latina está compuesta por
- indígenas.
- blancos.
- mestizos. *la mezcla entre indígena y blanco*
- mulatos. *la mezcla entre negro y blanco*

Los incas vivían en la zona andina de Perú y hablaban quechua.
Los aztecas vivían en México y fueron conquistados por Hernán Cortés.
Los mayas vivían en México, Guatemala y Honduras y formaban ciudades-estado independientes.

El Inca era el jefe del imperio inca.
El curaca estaba subordinado al Inca.

el quipu *el sistema de comunicación de los incas*

Los incas
- tenían una religión panteísta.
- hacían sacrificios a los dioses.

Los dioses principales de los incas eran
- Viracocha. *el dios creador del mundo*
- Inti. *el dios sol*
- Pacha Mama. *la diosa de la tierra*

La alimentación de los incas estaba basada en
- la papa. *amer. la patata*
- el choclo. *amer. el maíz*
- la coca.
- el palmito. *Palmherz*

Los lugares más importantes de la cultura inca son
- el Cuzco. = *el ombligo del mundo*
- Machu Picchu. = *la montaña vieja*
- el Camino del Inca.
- el lago Titicaca.

LA CONQUISTA Y LA COLONIA

En el siglo XVI | los conquistadores / los españoles | llegaban | al Nuevo Mundo / a América | para conquistar terreno. / para buscar oro.

Los conquistadores
- explotaban a los indígenas.
- transformaban a los indígenas en encomendados.

la encomienda *el sistema de esclavitud implementado por los españoles*

el criollo *el español nacido en América*

A los criollos les molestaba la dependencia | política / económica / cultural | de España. / de la Corona.

Los criollos
- armaron revueltas para independizarse de los españoles.
- lucharon por la independencia.

En el año 1816 se firmó / La dependencia de la Corona se terminó con | la proclama de independencia en Argentina.

LA GUERRA CIVIL Y LAS DICTADURAS MILITARES

El régimen dictatorial / El franquismo / La dictadura militar — se caracteriza por — falta de libertad. / violación de los derechos humanos. / represión / opresión. / encarcelamientos. / tortura. / desapariciones (desaparecidos). / asesinatos.

Están prohibidos — los sindicatos. / los partidos políticos. / los movimientos de izquierda.

Se persigue a — los comunistas y socialistas. / los estudiantes y obreros.

La censura — constituye una parte fundamental de la represión. / hace que — no se tenga acceso a determinada información. / se prohíban muchos libros y piezas de teatro.

La Guerra Civil — comenzó con un alzamiento militar. / fue liderada por Francisco Franco.

En la Guerra Civil se enfrentaban — dos bandos / frentes. / los republicanos y los nacionales.

Los aliados extranjeros de los — republicanos / nacionalistas — eran — las Brigadas Internacionales. / Alemania, Italia y Portugal.

El bombardeo de Guernica fue uno de los acontecimientos más — trágicos / horribles / traumáticos — de la Guerra.

El golpe de Estado en los países del Cono Sur fue preparado por — una Junta militar. / el Ejército.

LA DEMOCRACIA

la separación de poderes
el poder — legislativo / ejecutivo / judicial

el derecho a voto
las elecciones

el jefe del Estado
el presidente del Gobierno
el canciller

el ministro — del Exterior / del Interior / de Hacienda / de Economía *Finanz-/Wirtschaftsminister* / de Justicia

El alcalde / la alcaldesa trabaja en el ayuntamiento.

Los diputados debaten Los senadores promulgan	las leyes los acuerdos los tratados	en el Congreso. en el Senado.

la designación la dimisión	del ministro de Hacienda *Ernennung* del alcalde *Rücktritt*

el partido (político)	de izquierda / de centro / de derecha liberal / conservador

el Estado	federalista centralizado

En la transición	se volvió a instalar un régimen democrático. se elaboró una amnistía. se creó una nueva Constitución.

el regionalismo

La lengua que se habla en	toda España Cataluña el País Vasco Galicia	es	el español. el catalán. el vasco. el gallego.

Las comunidades autónomas cultivan sus tradiciones y lenguas regionales.

Muchos españoles	no hablan el español como lengua materna. son bilingües. se sienten pertenecientes a su cultura regional.

La Constitución española reconoce las lenguas regionales como	oficiales en sus respectivas Comunidades Autónomas. patrimonio cultural.

El fundamentalismo El terrorismo	es	un problema de la sociedad contemporánea. un fenómeno actual.

La ETA	lucha por la independencia del País Vasco. es una organización terrorista que quiere lograr sus objetivos mediante atentados.

Lista alfabética de los términos en las Destrezas

Bildquellen:

© akg-images, S. 100 (unten links), S. 102, S. 143, S. 147, S. 167, S. 225 (oben rechts) – © Associated Press, S. 93 (rechts); © Associated Press /El Mercurio, S. 177 (rechts); Associated Press: © Gay, S. 81 (links), © Llanquin, S. 182 – © Baird, Michael, S. 95 (oben) – © Biblioteca Nacional de España, S. 134 – Bildarchiv Preussischer Kulturbesitz: © Graf, S. 101 (Mitte rechts); Ethnologisches Museum/Staatliche Museen zu Berlin: © Graf, S. 109; © Ibero-Amerikanisches Institut/Stiftung Preußischer Kulturbesitz, S. 107; Kunstbibliothek/ Staatliche Museen zu Berlin: © Knud Petersen, S. 105, S. 110 – Cagle Cartoons: © Arcadio Esquivel, S. 71 (oben), S. 79, S. 119, S. 187 – © Calatrava, Santiago. http://www.calatrava.com, S. 42 (unten) – © Comisión Nacional por el Derecho a la identidad (CONADI), S. 183 – © Consejería de Educación. Dirección General de Juventud. Comunidad de Madrid S. 20 – © Corbis/Archivo Iconografico, S. A., S. 45, S. 145; Corbis: © Bettmann, S. 137, S. 154; © Corral, S. 120 (links); © Crandall, S. 165 (Mitte rechts); © Karnow, S. 68 (unten links); © Pitamitz, S. 104 (rechts); © van der Hilst, S. 100 (unten rechts); © Wilson, S. 19; © Corbis/ Reuters, S. 37, S. 43 (Mitte rechts) S. 74 (rechts); Corbis SABA: © Butow, S. 71 (unten); © Gilabert, S. 117; Corbis/zefa/Lemmens : © Frans, S. 92 – Cornelsen, Alonso, S. 6 (unten links); Corel Library, S. 35, S. 42 (oben links), S. 44 – © Cuesta Solera, J. Luis, S. 6–7 (oben und unten), S. 8, S. 9, S. 11, S. 25 – © Diario El País S. L., S. 157 – Diario El mundo: © García, S. 93 (oben u. unten links) – DIZ München/SV-Bilderdienst: © Kovacs, S. 86 (oben rechts) – dtp kartografie + grafik: © Borrell, Carlos, S. 136 (links) – © Echanges Cultures Latinoamericains (ECLat). http://assoeclat.free.fr, S. 114 – © Éditions Ruedo ibérico. http://www.ruedoiberico.org, S. 155 – © Forges, S. 202 – © Fundación García Lorca, S. 142 – © Fundación Francisco Largo Caballero. http://oliba.uoc.es/nens/index_esp.html, S. 132 – © Generalitat de Catalunya, S. 223 – GEO-Grafik: © Stefanie Peters, S. 101 (Mitte) – © Giraudon Bridgeman, S. 113 – laif: © Biskup, S. 17 (rechts); laif/REA: © Attal, S. 68 (Mitte links), S. 76, S. 78; © Bessard, S. 199; © Fourmy, S. 68–69 (oben), S. 6 (unten Mitte); laif/REA-LAVIE: © Boisseaux, S. 122 – La Voz de Galicia: © Xosé Castro, S. 150 – Magnum Photos/© Robert Capa, 2001: © Cornell Capa, S. 141 – Mauritius/age fotostock: © Greenberg, S. 85; © Real, S. 17 (links); © Welsh, S. 51 – mediacolors: © Peters, S. 95 (unten) – © Museum Bochum / VG Bild-Kunst, Bonn 2005, S. 144 – © Nusch, S. 7 (rechts unten), S. 42 (Mitte links), S. 100 (oben links), S. 123 – © Parodi, S. 6 (unten rechts) – © picture-alliance, S. 158, S. 159, S. 177 (links); picture-alliance/akg-images : © Forman, S. 86 (oben links); © picture-alliance/dpa-Bildarchiv/EFE, S. 206; picture-alliance/dpa-Fotoreport/EFE: © Albir, S. 216 (unten); picture alliance/dpa-Fotoreport: © Wieseler, S. 51; © picture-alliance/KPA, S. 63 (unten) – PromPerú – Comisión de Promoción del Perú: © Auriol, S. 116; © Balaguer, S. 101 (unten); © Martin, S. 125; © Pilares, S. 101 (oben rechts); © Sala, S. 100 (Mitte links), S. 111; © Uccelli, S. 104 (links), S. 100–101 (Mitte) – © Romeu, S. 204 – © http://www.salamanca.com, S. 15 – Schapowalow: © Atlantide, S. 30, S. 31, S. 246; © Kliem, S. 165 (unten links) – © Secretaría de turismo – Argentina, S. 164–165, S. 168, S. 170, S. 171, S. 174, S. 188 – Sipa press: © Hadj, S. 33 – © Superbild/ Incolor, S. 164 (unten rechts) – © terre des hommes, Deutschland e. V. – Hilfe für Kinder in Not, S. 100–101 (oben), S. 118, S. 120 (rechts) – © Travis, http://www.downtheroad.org, S. 74 (links) – © TURESPAÑA: Oficina Española de Turismo, Berlin, S. 42-43 (oben, Mitte), S. 43 (oben und unten Mitte), S. 217, S. 224–225 – VG Bild-Kunst, Bonn 2005/© Botero, S. 50, S. 66 (rechts); VG Bild-Kunst, Bonn 2005/© Goya, S. 44, S. 45; VG Bild-Kunst, Bonn 2005/© Miró, S. 152; VG Bild-Kunst, Bonn 2005/© Picasso S. 12, S. 48, S. 66 (links), S. 130–131; VG Bild-Kunst, Bonn 2005/© Velázquez, S. 42 (oben links), S. 46; VG Bild-Kunst, Bonn 2006/© Clemente Orozco, S. 63 (unten) – visum: © Goettlicher, S. 7 (rechts oben und Mitte rechts), S. 86 (unten rechts).

Nicht alle Copyrightinhaber konnten ermittelt werden; deren Urheberrechte werden hiermit vorsorglich und ausdrücklich anerkannt.

PUNTO DE VISTA
Texte und Aufgaben für den Spanischunterricht in der Oberstufe

Im Auftrag des Verlages erarbeitet von
Wolfgang Steveker, Ursula Vences, Dr. Christine Wlasak-Feik

Redaktion: Heike Malinowski
Assistenz: Gabriela Alonso, Nadine Stephan
Projektleitung: Dr. Yvonne Petter

Beratende Mitwirkung: Klaus Amann (A-Hörbranz), Virtudes González Rodríguez (Berlin), Dr. Ute von Kahlden (Heidelberg), Dr. Wolfgang Schöberle (Stuttgart), Kathrin Sommerfeldt (Lübeck), Frauke Wegener-Höllings (Bremen)

Gesamtgestaltung und technische Umsetzung: werkstatt für gebrauchsgrafik, Berlin
(Umschlagfoto: © It Stock)

Begleitmaterialien zu Punto de vista:

Audio-CD:	ISBN 978-3-464-20357-6
DVD:	ISBN 978-3-464-20358-3
Handreichungen:	ISBN 978-3-464-20356-9

www.cornelsen.de

1. Auflage, 2. Druck 2007

Alle Drucke dieser Auflage sind inhaltlich unverändert und können im Unterricht nebeneinander verwendet werden.

Druck: CS-Druck CornelsenStürtz, Berlin

ISBN 978-3-464-28921-1

Inhalt gedruckt auf säurefreiem Papier aus nachhaltiger Forstwirtschaft.